高原湖滨城市化地区典型城-镇-村节地研究

张 洪 金 杰 袁 磊 李 彦 等 著

科 学 出 版 社

北 京

内 容 简 介

本书针对高原湖滨生态脆弱区的城-镇-村发展与湖泊保护的尖锐矛盾，从构建生态和谐视角，以昆明滇池为例，力图通过研究高原湖滨区的城-镇-村用地扩张对湖泊生态影响的机理，节约集约利用土地与生态、经济社会协调发展的关系和测度方法，生态约束下高原湖滨城市化地区生态经济良性循环的节地模式和节地标准等内容，为高原湖滨区域城-镇-村联动的建设用地节约集约利用提供技术支撑。

本书可作为从事国土资源管理、环境管理和城市管理的政府相关部门工作人员，高等院校土地资源管理、城市规划、资源环境与城乡规划管理、区域与城市经济、资源环境经济等专业领域的研究人员、教师、研究生和本科生的参考用书。

图书在版编目（CIP）数据

高原湖滨城市化地区典型城-镇-村节地研究/张洪等著. —北京：科学出版社，2017.9

ISBN 978-7-03-054409-4

Ⅰ. ①高… Ⅱ. ①张… Ⅲ. ①城市土地–土地利用–研究–中国 Ⅳ. ①F299.232

中国版本图书馆 CIP 数据核字（2017）第 218739 号

责任编辑：张 展 孟 锐/责任校对：王 翔
责任印制：罗 科/封面设计：墨创文化

科 学 出 版 社 出版
北京东黄城根北街 16 号
邮政编码：100717
http://www.sciencep.com
成都锦瑞印刷有限责任公司 印刷
科学出版社发行　各地新华书店经销

*

2017 年 9 月第 一 版　开本：787×1092　1/16
2017 年 9 月第一次印刷　印张：16
字数：380 400
定价：**160.00 元**
（如有印装质量问题，我社负责调换）

前　言

城市扩张是人类社会发展的必然结果，是一个国家阶段性发展的标志。但是，城市快速扩张必然带来一系列环境问题。对于湖滨城市来说，城市快速扩张所产生的水环境污染问题，近几年已成为我国的重大生态经济问题，受到国家、地方政府、广大民众和国际社会的广泛关注。

我国云贵高原、青藏高原的高原湖泊众多，它们不仅起着调剂高原气候、支撑高原生态系统的特殊作用，湖滨区域也是高原人类文明的摇篮和社会经济发展的主要地区之一。高原湖泊与我国中、东部平原湖泊相比，由于没有大江大河流经，集水面小，湖泊水循环周期长，其生态系统更脆弱，抵抗人类干扰的能力更弱。因此，高原湖滨城市化区域是生态脆弱的城市化区域。

本书主要包括以下四方面内容。

第一，高原湖滨城市化地区城-镇-村用地扩张对湖泊生态影响的机理研究。该部分主要探求高原湖滨城-镇-村用地扩张与高原湖泊生态恶化的相互关系及其作用机理，为高原湖滨城市可持续土地集约利用模式设计提供科学依据。

第二，高原湖滨区域生态、经济社会协调发展的节地综合测度方法研究。该部分以生态学和生态城市理论为指导，借鉴国内外城-镇-村土地扩张生态与经济社会效应评价和土地可持续利用的理论、方法，结合高原湖滨城-镇-村与湖泊特殊的生态关系，研究设计城-镇-村用地扩张的生态与经济社会效应测度模型与计算方法，并以样本区——昆明滇池湖滨地区 1990 年至今的土地利用、城市建设、环境监测、社会经济和生态变化的数据、图件以及遥感影像等，进行高原湖滨城-镇-村用地扩张的生态与经济社会效应的实证分析，进而以滇池湖滨地区为例，研究高原湖滨区域生态、经济社会协调发展节地综合测度方法以及指标体系。

第三，生态约束下湖滨城市化地区城-镇-村节地模式与技术标准研究。该部分着重探索高原湖滨城市构建经济高效、生态合理、能尽量减少城-镇-村发展对湖泊生态负面影响的土地节约集约利用模式及其技术标准。该部分以本书前面的研究成果为基础，建立各典型年份昆明滇池湖滨地区土地利用、城市建设、社会经济等基于 GIS 的时空数据库，运用神经网络模型、计量经济学模型、CA 模型（元胞自动机），并与 GIS 技术结合，采用模型构建与计算机模拟等技术手段，研究经济高效、生态合理、对湖泊生态负面影响最小的高原湖滨城-镇-村土地节约集约利用模式。在此基础上，该部分还结合现行城市建设与规划、土地管理、环境管理等法规，研究生态约束下湖滨城市化地区城-镇-村节地技术标准。

第四，生态经济良性循环的节地管理技术和示范实施方案设计。该部分是在本书前面各部分研究的基础上，以现行我国土地管理法规体系为依据，研究实现高原湖滨地区生态经济良性循环的城-镇-村土地节约集约利用的管理技术和考核评价指标体系。同时，本书在昆明市和晋宁县研究设计了一个示范实施方案，为昆明市国土资源局和晋宁县国土资源局示范工程建设提供科学依据，进一步验证本书对应课题的研究成果。

本书是我主持科技部国土资源公益性科技计划课题"生态型城市化地区典型城镇村节地技术研究与示范（课题编号：201111014-4）"成果的一部分。该课题主要承担单位是云南财经大学城市与环境学院，协作单位是云南省国土资源厅国土规划与整理中心。参加该课题研究的主要人员是我和云南财经大学城市与环境学院研究团队教师金杰、袁磊、李彦、张静、孟春林、雷冬梅和研究生石文华、王晓霞、张雯喜等。另外，云南省国土资源厅国土规划与整理中心雷朋才主任、杨明全主任、姜景云高级工程师、张斌工程师，云南大学段昌群教授、阎凯博士，云南省城乡规划设计研究院任洁教授、许勇工程师，昆明理工大学李伟副教授等参加了部分研究或技术成果示范方案设计工作。本书是大家共同研究的成果。感谢云南大学杨树华教授，课题项目组首席科学家、中国地质大学郑新奇教授，云南省国土资源厅车学文高级工程师在课题研究过程中给予的指导。

本书写作分工如下：第一章，张洪、金杰；第二章，段昌群、阎凯、张洪、雷冬梅；第三章，金杰；第四章，张洪、金杰；第五章，张静、张洪、雷冬梅；第六章，袁磊、张洪；第七章，李彦、张洪；第八章，张雯喜、袁磊、张静、张洪；第九章，任洁、许勇、袁磊；第十章，李伟、袁磊、张洪。全书由张洪统稿，张静校稿。

本书得以出版，首先应感谢科技部国土资源公益性科技计划的资助和国土资源部科技司特别是单卫东处长、马梅处长的关心和指导。其次，感谢作者所在学校云南财经大学的大力支持，为本书研究和写作提供时间、设备和经费支持。还要感谢参加课题研究的同事们和研究生，没有他们的辛勤劳动，不可能取得本书的研究成果。

城-镇-村土地节约集约利用是我国的基本国策。本书只是一个初步探索，一些机理关系还需要更深入的实验研究，一些理论模型还有待完善，一些参数还需要更多的工作积累进行修正。所以，本书难免存在不足，需要在未来的研究工作中予以解决和完善，也欢迎读者给予斧正。

张　洪

2015 年 6 月于昆明云南财经大学康园

目　录

第一篇　高原湖滨城市化地区城-镇-村用地扩张对湖泊生态影响研究

——以滇池流域为例

第一章　滇池流域历史时期多年土地利用变化与城市扩张分析

第一节　滇池流域1974年以来土地利用变化

根据研究需要，结合研究区域的土地利用方式属性特点，本书将土地利用按一级分类分为五大类，即：耕地、林地、建设用地、水域及其他地类。利用 ERDAS 遥感影像处理软件和 ArcGIS 地理信息系统软件对 1974 年、1988 年、1998 年、2008 年 4 个时点 Landsat-5（TM）遥感卫片进行校验配准及增强处理。Landsat-5（TM）原始数据分辨率为 30m，通过野外 GPS 实地考察，获取遥感影像的解译标志，并对每个时期的影像进行人机交互解译，得出 4 个时点的土地利用分布状况。利用 ArcGIS 中的 ArcMap 模块进行图层叠加分析，根据马尔柯夫模型建立土地利用空间动态变化转移矩阵，并通过土地利用面积变化率和土地利用动态度这两个指标来定量分析研究区域土地利用结构变化状况。最后，运用马尔柯夫预测模型，对 2015 年、2020 年和 2030 年的土地利用结果进行预测，并分析滇池流域土地利用结构变化与滇池水质的相关关系。

研究区数据来源于 1974 年、1988 年、1998 年及 2008 年 Landsat-5（TM）遥感卫片，采取 TM_Band_4（R），TM_Band_3（G），TM_Band_2（B）波段合成影像，通过几何校正及 ERDAS 遥感影像处理软件和 ArcGIS 地理信息系统软件人机交互解译得来。

利用 ArcGIS 地理信息系统软件中的面积统计功能，得到 4 个研究时点的五大地类的面积及其所占的百分率（表 1-1）。

表 1-1　4 个研究时点土地利用状况结构表

地类	1974 年		1988 年		1998 年		2008 年	
	面积/km²	所占比率/%	面积/km²	所占比率/%	面积/km²	所占比率/%	面积/km²	所占比率/%
耕地	492.2	17.3	442.2	15.6	403.2	14.2	265.1	9.3
建设用地	86.8	3.1	129.8	4.6	181.9	6.4	397.1	14.0
林地	1272.3	44.8	1256.7	44.2	1252.6	44.1	1252.8	44.1
水域	320.4	11.3	323.2	11.4	322.9	11.4	320.7	11.3
其他地类	669.0	23.6	688.7	24.2	680.1	23.9	605.0	21.3

从表 1-1 中可以看出，4 个研究时点的林地所占比率最大，最大是 1974 年的 44.8%，且与其他 3 个时点并无太大变化，这与流域的地质地貌特点有很大关系。耕地面积和建设用地面积变化较大：耕地由 1974 年的 17.3%下降到 2008 年的 9.3%，建设用地则从 1974 年的 3.1%上升到 2008 年的 14.0%，如图 1-1 所示。

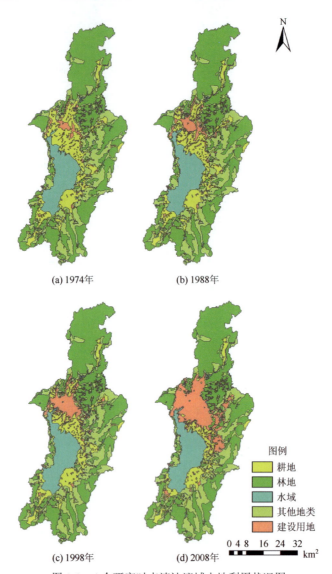

(a) 1974年　　　　　　(b) 1988年

图例
- 耕地
- 林地
- 水域
- 其他地类
- 建设用地

0 4 8　16　24　32 km²

(c) 1998年　　　　　　(d) 2008年

图 1-1　4 个研究时点滇池流域土地利用状况图

　　我们采用土地利用动态度和土地利用面积变化率两个指标,定量描述滇池流域土地利用类型的变化。

　　土地利用动态度(D_c)可显示某种土地利用类型的面积年变化速率,是描述土地利用变化的一项重要指标。它可以定量地描述一个地区的土地利用变化速率,其计算公式为

$$D_c = \frac{A_{t_2} - A_{t_1}}{A_{t_1}} \times \frac{1}{t_2 - t_1} \times 100\%　\qquad (1\text{-}1)$$

式中,　A_{t_1}——该种土地利用类型 t_1 时刻的面积;

　　　　A_{t_2}——该种土地利用类型 t_2 时刻的面积。

　　根据式(1-1),对 3 个时期的土地利用类型转变的动态度进行计算,结果如表 1-2 所示。

表 1-2　滇池流域土地利用动态度 （单位：%/a）

时期	耕地	建设用地	林地	水域	其他地类
1974～1988 年	−0.73	3.54	−0.09	0.06	0.21
1988～1998 年	−0.88	4.01	−0.03	−0.01	−0.12
1998～2008 年	−3.43	11.83	0.00	−0.07	−1.10

从表 1-2 中可以看出，滇池流域各研究时段中，建设用地的变化方向一直为正，表现为面积增加，最大年变化率达到 11.83%。其他四类变化方向基本为负，总体面积表现为减少，其中耕地的年变化率最大达到−3.43%。

土地利用面积变化率（C）是指某种土地利用类型在两个不同时期的面积差值与初始时期面积的比值，计算公式为

$$C = \frac{A_{t_2} - A_{t_1}}{A_{t_1}} \times 100\% \qquad (1\text{-}2)$$

式中，A_{t_1}——该种土地利用类型 t_1 时刻的面积；

　　　A_{t_2}——该种土地利用类型 t_2 时刻的面积。

根据式（1-2），对 3 个时期的土地利用面积变化率进行计算，结果如表 1-3 所示。

表 1-3　滇池流域土地利用面积变化率 （单位：%）

时期	耕地	建设用地	林地	水域	其他地类
1974～1988 年	−10.16	49.54	−1.23	0.87	2.94
1988～1998 年	−8.82	40.14	−0.33	−0.09	−1.25
1998～2008 年	−34.25	118.31	0.02	−0.68	−11.04

从表 1-3 中可知，滇池流域各研究时段中，建设用地、耕地的利用面积变化率最大，其中建设用地在 1998～2008 年的利用面积变化率为 118.31%，其他地类次之，而林地和水域面积变化率最小。

第二节　昆明主城 30 多年来的用地扩张

一、昆明城市化进程测算

为了客观认识 1998 年以来昆明城市化水平发展趋势及其特征，运用复合指标法，遵循针对性原则、层次性原则、全局性原则、可操作性原则和动态性原则，从经济、人口、生活方式及基础设施方面选取 20 项指标构建以城市化水平为评价目标的城市化测度指标体系，运用层次分析法确定各层指标的权重。

因所选取的各指标的量纲、数量级和变化幅度均不同，会影响各指标的可比性和分析计算的精度，所以，有必要对各评价指标的原始数据进行标准化处理。

经检验，研究中的判断矩阵一致性指标 $PC_i=0.0000007<0.001$，通过检验可知，系统层的权重分别为 0.32、0.21、0.26 及 0.21。同理，目标层也采用相应的检验方法，均通过检验，得到相应的权重，如表 1-4 所示。

表 1-4　昆明城市化水平评价指标体系及其权重

系统层（权重）	目标层	权重	系统层（权重）	目标层	权重
人口城市化 B_1（0.32）	非农业人口占全市总人口比重	0.30	生活方式城市化 B_3（0.26）	人均生活用水量	0.20
	第二、三产业从业人口占就业总人口比重	0.23		每万人拥有在校大学生数	0.17
	第三产业从业人口占就业总人口比重	0.21		每万人拥有医疗技术人数	0.14
	人口密度	0.26		每万人拥有医院病床数	0.17
				每万人拥有公交车辆数	0.17
经济城市化 B_2（0.21）	人均 GDP	0.18		燃气普及率	0.15
	第二、三产业产值占全市 GDP 比重	0.16			
	第三产业产值占全市 GDP 比重	0.18	基础设施城市化 B_4（0.21）	人均公共绿地	0.29
	城镇人均可支配收入	0.21		人均道路面积	0.29
	人均全社会固定资产投资总额	0.16		建成区绿地覆盖率	0.24
	人均全社会消费品零售总额	0.13		污水处理率	0.19

本书采用线性加权求和法（周海丽等，2003）对昆明城市化水平综合值进行计算，基本公式为

$$F=\sum_{i=1}^{n}S_iW_i \qquad (1\text{-}3)$$

式中，F——某一区域城市化发展水平的综合评价指数；

$\quad\quad W_i$——该区域第 i 项指标的权重；

$\quad\quad S_i$——该区域第 i 项指标的无量纲化值。

通过式（1-3）计算得到昆明市 1998～2008 年的城市化水平，如表 1-5 所示。

表 1-5　昆明市 1998～2008 年城市化水平

年份	1998	1999	2000	2001	2002	2003	2004	2005	2006	2007	2008
城市化水平	0.24	0.27	0.28	0.28	0.28	0.34	0.31	0.48	0.60	0.61	0.75

表 1-5 显示，1998～2008 年，昆明市的城市化水平从 1998 年的 0.24 上升至 2008 年的 0.75，增加了 0.51，年平均增长速度为 0.046。另外，从图 1-2 中可以看到，这期间的城市化过程呈现为 J 形曲线，即 11 年间昆明城市化进程可以总结为缓慢—快速发展的过程。1998～2004 年增长缓慢，而 2004～2008 年则表现为快速增长势态。这说明昆明城市

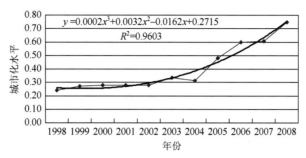

图 1-2 昆明城市化水平变化趋势

化进程在 2004 年以后进入了快速发展期,人口和产业迅速集聚、城市用地快速扩张,是该阶段的特征,从而对滇池湖泊生态环境产生了前所未有的巨大压力。如何在快速城市化进程中,通过调整城市用地的利用方式和布局,节约集约利用城-镇-村建设用地,最大限度地保留流域的生态及农林用地,减缓高原湖滨地区城市化对湖泊生态的负面影响,实现可持续发展,是本书对应研究的核心问题。

二、昆明主城的城市用地扩张时空特征分析

(一)数据与研究方法

为了深入研究昆明主城的城市用地扩张动态变化特征和规律,以 1974 年、1988 年、1998 年和 2008 年四期遥感影像数据为基础,构建元胞自动机仿真模型的技术方法,多角度研究 30 多年来昆明主城建设用地扩张的时空特征。研究的技术路线如图 1-3 所示。

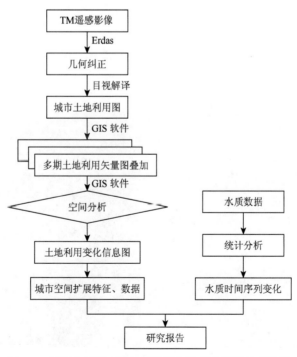

图 1-3 昆明主城城市用地扩张时空特征分析的技术路线

具体的数据提取和分析方法如下：

1）在 Landsat-5（TM）遥感数据的基础上，利用 GIS 软件提取 1974 年、1988 年、1998 年、2008 年 4 个时点的城市用地范围，重建昆明主城 30 多年的空间扩展过程。

2）分别对各时期的昆明主城建设用地面积变化进行分析，计算各时期城市建设用地面积。采用城市用地利用动态度、土地利用面积变化率、扩张速度等指标来衡量昆明主城建设用地在时间序列上的扩张速度。

3）利用空间重心转移模型、八象限及重心缓冲区，分析昆明主城 30 多年来城市建设用地在空间上的扩展方向及特征。

4）从景观生态学角度，选用典型的景观格局指数对昆明主城发展进行测算。

5）分析昆明主城扩展对湖滨湿地的侵入情况。

结合研究的实际需要及数据的可获取性,本书所采用的遥感卫星影像资料是美国陆地卫星 Landsat 系列所获取的 1974 年、1988 年、1998 年及 2008 年的 TM/ETM+影像,主要参数见表 1-6,影像见图 1-4～图 1-7。

表 1-6　各时期遥感数据参数表

序号	卫星	接收日期	轨道号	波段	分辨率/m
1	Landsat-5	1974-01-20	20760	1-4	57
2	Landsat-5	1988-01-26	20760	1-7	30
3	Landsat-5	1998-04-27	75282	1-7	30
4	Landsat-5	2008-04-06	128173	1-7	30

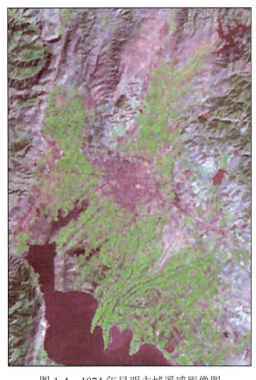

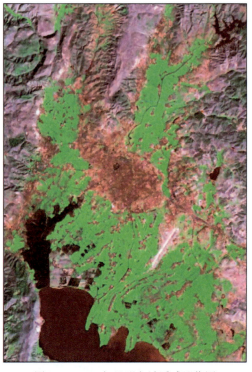

图 1-4　1974 年昆明主城遥感影像图　　　　图 1-5　1988 年昆明主城遥感影像图

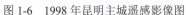

图 1-6　1998 年昆明主城遥感影像图　　　　图 1-7　2008 年昆明主城遥感影像图

多时期的影像往往在时相或者所获得的遥感器上有所不同，本书要求把这些影像统一到一个坐标系统下，并且要求同一地物的像元在不同影像中的位置相互重叠。本书以 2008 年遥感影像为基准图像，对另外三个时期的影像进行像元配准，所采用的坐标系为 WGS_1984_UTM_Zone_48N，通过 ERDAS 软件实现。

1974 年的 TM 影像由于时间较早，只有 4 个波段，其余 3 个时期均有 7 个波段，不同的波段反映了地物不同侧面的信息，分别适用于不同地物的分类和探测。最优波段的选择主要有：①所选的 3 个波段的信息总量要大；②所选的 3 个波段的相关性要弱；③目标地物类型要在所选的波段组合内与其他地物具有很好的可分性。在 ArcGIS 软件里统计出各波段的信息值，通过相关分析得出能最佳反映实物的波段为 TM_Band_3（R），TM_Band_4（G），TM_Band_5（B），通过野外 GPS 实地考察，获取遥感影像的解译标志，根据判读的直观性及简易性，选取的波段组合为 TM_Band_4（R），TM_Band 3（G），TM_Band_2（B），这个组合能通过地物及植被的红外反射强度更方便地解译出 4 个时点的城市用地状况。

（二）昆明主城建设用地扩张分析

本书主要从时间和空间两个方面对昆明主城建设用地扩展进行分析，着重研究昆明主城 30 多年来的用地扩张速度、强度、方向，并通过土地利用面积变化率、土地利用动态度、扩张土地占用其他地类的数量等指标来定量分析主城用地扩张变化特征。

1. 昆明主城用地扩张的速度及强度分析

通过 ArcGIS 软件得出 4 个时期的城市用地数据及 3 个阶段的用地增长量，如图 1-8、图 1-9 所示。

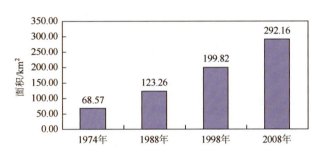

图 1-8　昆明主城各时期建设用地面积图

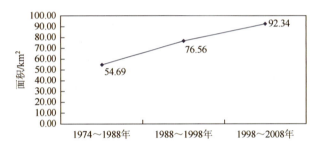

图 1-9　昆明主城各时期建设用地增长量趋势图

以上两图直观地反映出，30 余年昆明主城建设用地呈直线上升趋势，各时期的城市用地增量也呈上升趋势，特别是 1998～2008 年用地增长尤其明显。为了定量地说明昆明主城的扩张速度情况，引入以下指标进行分析。

（1）城市扩张年速度分析

城市扩张年速度是指在研究时期内的城市实体的年平均扩张面积（章剑龙等，2007）。其计算公式为

$$V = \frac{U_{ib} - U_{ia}}{T} \tag{1-4}$$

式中，V——研究时段内城市实体的扩张速度，主要表示城市实体的年平均扩张面积；

U_{ib}、U_{ia}——分别表示研究末期和初期城市实体的面积；

T——研究时段长，单位为年。

同时，参考扩张速度划分标准，将城市扩张分为 5 类：①高速扩张型（年扩张速度＞10km^2）；②快速速扩张型（年扩张速度为 6～10km^2）；③中速扩张型（年扩张速度为 2～6km^2）；④低速扩张型（年扩张速度＜2km^2）。根据式（1-4）并参照划分标准得出表 1-7，图 1-10。

表 1-7 各时期昆明主城扩张年速度统计表

时期	扩张面积/km²	扩张年速度/（km²/a）	扩张类型
1974～1988 年	54.69	3.91	中速扩张型
1988～1998 年	76.56	5.47	中速扩张型
1998～2008 年	92.34	6.60	快速扩张型

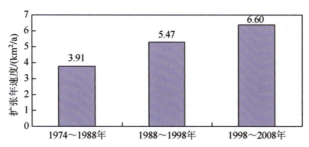

图 1-10 昆明主城各时期用地扩张年速度图

从图 1-10 所示的扩张年速度看出：昆明主城建设用地在 1974～1988 年和 1988～1998 年两个时期的扩张类型均为中速扩张类型，其中 1988～1998 年的扩张年速度要高于 1974～1988 年，这主要与国家自 1978 年改革开放的进一步深化落实所带来的快速发展有关。1998～2008 年，扩张面积为 92.34km²，扩张年速度达到 6.60km²/a，属于高速扩张类型，主要原因是 1999 年昆明举办国际园艺博览会，及自 2000 年国务院召开西部地区开发会议后，扎扎实实地推进西部大开发战略，形成了一轮昆明城市快速发展期。

（2）城市扩张动态度分析

城市扩张动态度指城市土地利用类型面积的年变化速率，是城市扩张的一项重要指标，它可以定量地描述城市用地面积变化速率，计算公式为

$$K = \frac{U_{ib} - U_{ia}}{U_{ia}} \times \frac{1}{T} \times 100\% \qquad (1-5)$$

式中，K——研究时段内城市实体扩张的动态度；

U_{ib}、U_{ia}——分别表示研究末期和初期城市用地类型的面积；

T——研究时段长，单位为年。

根据参考文献的划分标准，可将城市扩张动态度分为四种类型（王丽萍等，2005）：①高速扩张型（扩张动态度＞20%）；②快速扩张型（扩张动态度为 14%～20%）；③中速扩张型（扩张动态度为 8%～14%）；④缓慢扩张型（扩张动态度＜8%）。根据式（1-5）并参照划分标准得出表 1-8，图 1-11。

表 1-8 昆明主城扩张动态度统计表

时期	扩张面积/km²	扩张动态度/%	扩张类型
1974～1988 年	54.69	5.70	缓慢扩张型
1988～1998 年	76.56	6.21	缓慢扩张型
1998～2008 年	92.34	4.62	缓慢扩张型

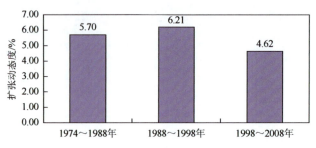

图 1-11　昆明主城各时期用地扩张动态度

从扩张动态度的角度看，昆明主城各时期的扩张类型均属于缓慢扩张型。

（3）城市扩张强度分析

城市的扩张强度实质是用空间单元土地面积来对其扩张动态度进行标准化处理。计算公式为

$$UII = \frac{U_{ib} - U_{ia}}{TLA} \times \frac{1}{T} \times 100 \qquad (1\text{-}6)$$

式中，UII——研究时段内城市实体扩张的强度；

U_{ib}、U_{ia}——分别表示研究末期和初期城市用地类型的面积；

T——研究时段长，单位为年；

TLA——土地总面积。

根据文献的划分标准（刘盛和，2004），可将城市扩张强度分为五类：①高速扩张型（UII＞1.92）；②快速扩张型（1.05＜UII＞1.92）；③中速扩张型 0.59＜UII＞1.05）；④低速扩张型（0.28＜UII＞0.59）；⑤缓慢扩张型（0＜UII＞0.28）。根据式（1-6）及划分标准得出表 1-9 及图 1-12。

表 1-9　昆明主城的扩张强度统计表

时期	扩张面积/km²	扩张强度	扩张类型
1974～1988 年	54.69	0.19	缓慢扩张型
1988～1998 年	76.56	0.37	缓慢扩张型
1998～2008 年	92.34	0.44	低速扩张型

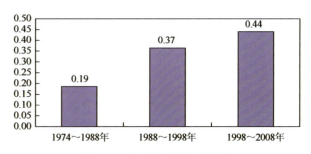

图 1-12　昆明主城的扩张强度

表 1-9 和图 1-12 表明：昆明主城各时期的扩张强度均不高，其中 1974～1988 年和

1988~1998 年处在缓慢扩张阶段，虽然 1998~2008 年扩张强度有所增加，但仍属于低速扩张过程。

（4）城市扩张综合指数分析

以上三个指标某种程度上在某个单方面反映出了城市扩张的情况，但由于它们计算的方法不一样导致了不同的结论，不能准确地反映出城市的综合用地扩张情况。影响城市扩张类型判别的因素主要包括扩张面积、原有城市实体面积以及城市土地总面积三个方面。但是城市扩张年速度只反映了扩张面积一个因素，扩张动态度只反映了扩张面积以及原有城市实体面积两个因素，扩张强度只反映了扩张面积以及城市土地总面积两个因素，都不能全面地反映城市扩张状态。因此，综合考虑以上三个因素，进行归一化处理，最终得出反映城市扩张状态的综合指数。其计算公式为

$$\text{SI} = \frac{U_{ib} - U_{ia}}{U_{ia}} \times \frac{1}{\text{TLA}} \times \frac{1}{T} \times 10000 \qquad (1\text{-}7)$$

式中，SI——研究时段内城市实体的扩张综合指数；

U_{ib}、U_{ia}——分别表示研究末期和初期城市用地类型的面积；

T——研究时段长，单位为年；

TLA——土地总面积；

系数 10000 的目的是为了改变数值过小引起的统计的不便。由式（1-7）可以看出，城市扩张综合指数其实质是用各空间单元的土地面积来对其扩张动态度进行标准化处理。

根据城市扩张综合指数将城市扩张分为四类：①高速扩张型（>0.50）；②快速扩张型（0.35~0.50）；③中速扩张型（0.20~0.35）；④低速扩张型（0~0.20）（李雪瑞，2010）。

根据式（1-7）的计算结果得出表 1-10，图 1-13。

表 1-10　昆明主城各时期综合扩张指数统计表

时期	扩张面积/km²	扩张综合指数	扩张类型
1974~1988 年	54.69	0.27	中速扩张型
1988~1998 年	76.56	0.29	中速扩张型
1998~2008 年	92.34	0.37	快速扩张型

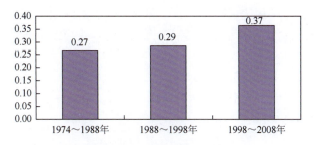

图 1-13　昆明主城各时期扩张综合指数

通过以上分析可以得出：昆明主城的综合扩张指数在 1974~1988 年和 1988~1998 年这

两个时期分别是 0.27 和 0.29，为中速扩张型；1998～2008 年达到 0.37，为快速扩张型。也就是说，1998 年以后（即昆明世界园艺博览会以后），昆明主城进入了快速扩张时期。

2. 昆明主城建设用地扩张的空间特征分析

通过 ArcGIS 软件，得出 4 个时期的昆明城市建设用地范围，将不同时期的城市建设用地范围进行叠加，得到图 1-14 所示的昆明市主城实体扩张分布图。

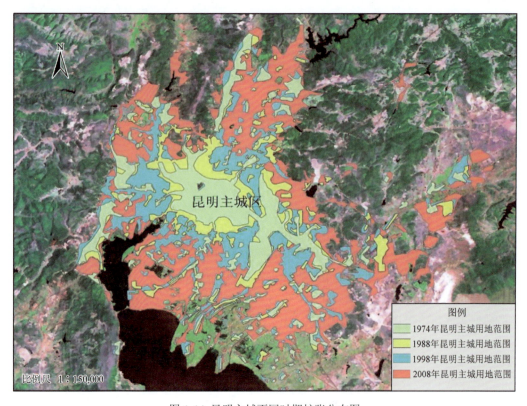

图 1-14 昆明主城不同时期扩张分布图

图 1-14 直观表示出，昆明主城在 1974 年只是非常小的一部分，随着时间的推移，呈现出不断向外扩张的趋势。由于昆明的地理位置特殊，三面临山，因此昆明主城主要向滇池周边扩张，侵占了原来的湿地、农田和牧草地等对湖泊污染有一定减缓作用的用地类型，滇池湖滨地区土地利用类型发生了巨大变化，是导致滇池湖泊水质迅速下降的重要原因之一。

（1）昆明主城城市用地的重心分析

为了更好地描述昆明主城空间分布的特征，引入重心转移模型。

重心的转移距离公式为

$$d = \sqrt{(x_1 - x_2)^2 + (y_1 - y_2)^2} \tag{1-8}$$

其中，d——转移的距离；

x_1、y_1——转移后重心坐标；

x_2、y_2——基准重心坐标（李雪瑞，2010）。通过式（1-8）计算得出表 1-11、图 1-15。

表 1-11　昆明主城重心坐标及转移情况统计表

	1974 年		1988 年		1998 年		2008 年	
	x	y	x	y	x	y	x	y
城市重心	34,572,800	2,770,240	34,573,100	2,770,240	34,572,800	2,770,320	34,573,800	2,769,980
与上一年重心变化			300	0	−300	80	1000	−340
转移方向			向东转移	不变	向西转移	向北转移	向东转移	向南转移
转移距离			300.00m		310.48m		1056.22m	

注：该坐标采取平面坐标的表示方法，单位为 m。

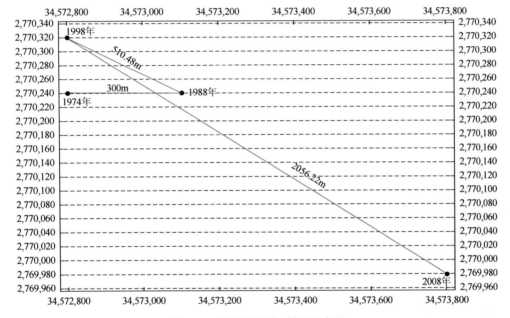

图 1-15　昆明主城重心转移示意图

从以上重心坐标及转移数据中可以看出：昆明主城在 1974～1988 年重心向东偏移，距离为 300m，速度不是很快；1988～1998 年，重心突然转向北面，这主要与昆明北市区的发展有直接的联系，转移的距离为 310.48m，速度也不是很快；1998～2008 年，重心转向东南方向（滇池方向），而且转移距离达到 1056.22m。主要是 2000 年后昆明采取围绕滇池、一湖四片的"新昆明"城市空间发展战略，大力发展呈贡新城以及呈贡新城与主城的连接线，带动主城建设用地迅速向滇池湖滨地带扩张。

（2）城市用地扩张的方向分析

为了进一步分析城市的扩张方向，采用象限-缓冲区综合测度法，分析 30 多年来昆明主城建设用地扩张的方向特征。其技术思路为：在 ArcGIS9.2 的支持下，以 1974 年昆明主城建设用地重心坐标为原点，做 10 个 2km 的缓冲区，以正东方向为轴线，按逆时针方向，将研究区分割为 8 个象限。计算 1974～2008 年各个象限建设用地扩张量占本象限面积的比例，统计各时期缓冲带内建设用地扩张量，绘制各建设用地类型扩张量曲线图（图1-16）。

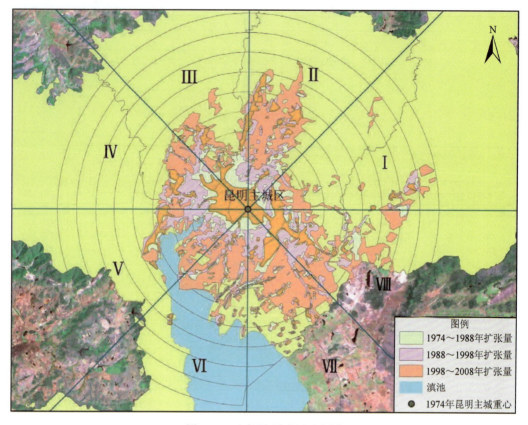

图1-16 八象限-缓冲区示意图

通过图1-16所示8个象限的划分，利用ArcGIS软件计算得出各象限三个时期的扩张情况如表1-12所示。

表1-12 昆明主城三个时期在各象限的扩张量

象限	面积/km²	1974～1988 年/km²	1988～1998 年/km²	1998～2008 年/km²
I	436.10	4.44	3.87	13.71
II	257.67	5.96	10.09	28.44
III	316.22	6.78	5.05	14.13
IV	423.35	5.31	10.35	10.39
V	159.59	4.94	9.03	13.98
VI	275.65	4.71	6.84	23.57
VII	74.74	4.61	9.49	30.34
VIII	153.51	7.20	11.11	27.03

在得出三个时期各象限的扩张量后,计算出各扩张量占该象限的百分比,如表 1-13 所示。

表 1-13 昆明主城三个时期的扩张量占相应象限面积的百分比 (单位:%)

象限	1974~1988 年	1988~1998 年	1998~2008 年	总计
I	1.02	0.89	3.14	5.05
II	2.31	3.92	11.04	17.27
III	2.14	1.60	4.47	8.21
IV	1.26	2.44	2.45	6.15
V	3.10	5.66	8.76	17.52
VI	1.71	2.48	8.55	12.74
VII	6.16	12.69	40.60	59.46
VIII	4.69	7.24	17.61	29.54

从表 1-13 中可以看出:1974~1988 年昆明主城扩张量最大的方向为第 V、VII、VIII 象限,但是均没有超过 10%,总体来说扩张得不是很快。1988~1998 年扩张量最大的方向仍为第 V、VII、VIII 象限,其中最大的第 VII 象限达到了 12.69%。1998~2008 年昆明主城扩张得很快,扩张较快的方向分别是第 II、VII、VIII 象限,其中最快的扩张方向是第 VII 象限,达到 40.60%。通过对三个时期各象限的扩张量进行加总,得出昆明主城 30 多年来扩张量超过 10% 的方向有第 II、V、VII、VIII 四象限,这恰好与前述昆明主城往北市区、环滇池及呈贡方向发展相对应。

同时,引入的 10 个 2km 缓冲区主要用来分析各缓冲区内的扩张量,进而分析扩张峰值距离主城重心的距离,在 ArcGIS 中运用剪裁功能得出三个时期在 10 个缓冲区内的扩张量如表 1-14,图 1-17~图 1-19 所示,表 1-15。

表 1-14 昆明主城各时期缓冲区内扩张量

距离/km	1974~1988 年/km²	1988~1998 年/km²	1998~2008 年/km²
2	3.01	0.17	0.00
4	9.39	12.53	1.78
6	12.11	17.03	23.12
8	8.54	15.62	38.70
10	4.24	8.84	42.38
12	3.34	7.24	28.40
14	2.19	1.78	12.94
16	0.19	0.74	8.32
18	0.92	1.59	3.10
20	0.04	0.15	2.19

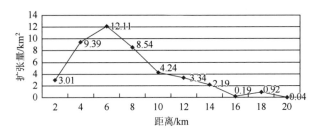

图 1-17　1974～1988 年缓冲区内的扩张量

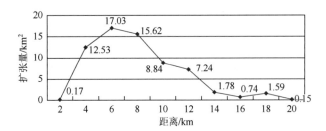

图 1-18　1988～1998 年缓冲区内的扩张量

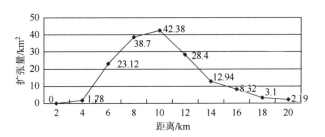

图 1-19　1998～2008 年缓冲区内的扩张量

表 1-15　昆明主城各时期的扩张峰值统计表

时期	扩张峰	
	峰值/km²	距离重心/km
1974～1988 年	12.11	6
1988～1998 年	17.03	6
1998～2008 年	42.38	10

以上得出：昆明主城在各时期内的扩张峰值逐步从中心向外移，在 1974～1988 年，最大峰值为 12.11km²，距重心 6km；1988～1998 年最大峰值为 17.03km²，距重心 6km，但是其第二个扩张峰值为 15.62km²，距重心 8km，表现为在原有基础稳步扩张的情况下逐步外移；1998～2008 年，其扩张峰值和距离重心值均为最大，表现为在前 8km 处的 38.7km² 逐步外移到 10km 处的 42.38km²，不过三个时期均表现为越往外面其扩张量逐渐减少的特点。

（3）城市用地扩张的景观指数分析

景观格局及其变化是自然和人为多种因素相互作用所产生的一定区域生态环境体系

的综合反映，景观斑块的类型、形状、大小、数量和空间组合，既是各种干扰因素相互作用的结果，又影响着该区域的生态过程和边缘效应。本书采用 Fragstats 相关景观指数，从宏观角度进行测算。Fragstats 是由美国俄勒冈州立大学森林科学系开发的一个景观指标计算软件，可以计算出 59 个景观指标。本书所得出的 9 个景观指数如图 1-20 所示。

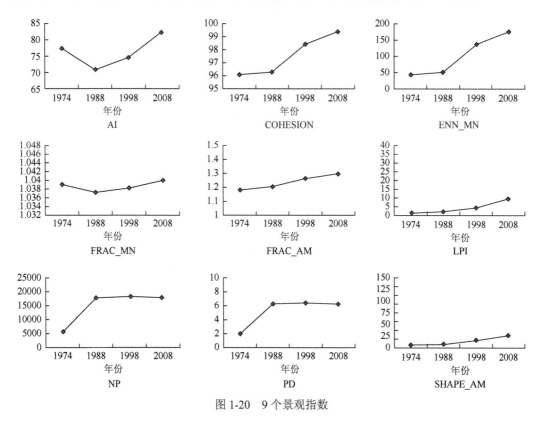

图 1-20　9 个景观指数

图 1-20 所示的指标中，AI 为聚集度指数，用来描述景观中不同景观要素的团聚程度，反映一定数量的景观要素在景观中的相互分散性。COHESION 表示斑块结合度，用来表示同一斑块类型之间的自然衔接程度，反映景观组分的空间分配特征。ENN_MN 表示某类斑块与其最近的同类斑块的平均距离，该值大，表明同类斑块间相隔距离远，分布较散，反之说明同类斑块之间相距近，呈聚集分布。FRAC_AM 和 FRAC_MN 分别表示面积加权的平均斑块分维数和平均斑块分维数，取值为 1~2，该值越大，表示图形形状越复杂。当＜1.5 时，说明图形趋向于简单；当等于 1.5 时，表示图形处于布朗随机运动状态，越接近 1.5，稳定性越差；当＞1.5 时，则图形更为复杂。LPI 为最大斑块占景观面积比例，是斑块水平上优势度的度量。NP 为斑块数量，反映景观的空间格局，经常被用来描述整个景观的异质性，其值的大小与景观的破碎度有很好的正相关性，一般规律是 NP 大，破碎度高；NP 小，破碎度低。PD 表示斑块的密度，即单位面积的板块数，反映景观破碎程度，斑块密度越大，则斑块越小，破碎化程度越高。SHAPE_AM 为形状指数，形状指数越小，表明斑块形状越有规律，斑块的几何形状越简单；相反，斑块形状指数越大，表明斑块形状越复杂。

通过相关景观指数可以看出，昆明主城在1974～1988年有简单的跳跃发展，斑块相对较多、较散。1988年以后昆明主城表现为聚拢集中同心圆方式扩展，通过分形维数、破碎度以及形状指数可以看出，后期的发展也不是很复杂，主要表现为外延式扩张。同时，LPI一直呈上升趋势，进一步说明昆明主城后期的"摊大饼"扩张所形成的主城大图斑面积的增大。

3. 昆明主城建设用地扩张对滇池湖滨湿地的侵入

湖滨带湿地是陆地和湖泊水体的缓冲区，也是控制水体污染的最后一道防线。滇池湖滨带生态环境历经了三次大的破坏，前两次是20世纪70年代围海造田和80年代修建防浪堤，部分防浪堤阻断了滇池水体与陆地的交错联系，使滇池自净功能大大降低，致使滇池湖滨生态环境发生急剧变化，水陆交错带湖滨生态系统转变为农田生态系统，湿地被蚕食，生态系统退化。之后，随着人口急剧增加、城市规模扩张和经济发展，部分湖滨区土地利用又由农业用地转化为城市建设用地，滇池天然湖滨湿地消失殆尽，已经丧失了其原有的调节气候、涵养水源、降解污染物、为动植物提供生存环境、改善湖滨带景观、保证湖滨生态良性循环、维持湖滨生态平衡的作用，滇池湖滨带生态功能严重退化。

研究过程中，选取昆明主城所在的滇池北岸区域，分别沿滇池湖泊岸线做20m、50m、100m和200m的四类缓冲区，计算各缓冲区中昆明城市扩张所导致的城镇建设用地在各类缓冲区内的增长变化，得出如表1-16所示的结果。

表1-16 昆明主城建设用地扩张对滇池湿地缓冲带的侵入分析表

年份	20m	50m	100m	200m
1974	0.06hm^2	0.16hm^2	0.35hm^2	0.76hm^2
1988	0.18hm^2	0.45hm^2	0.91hm^2	1.82hm^2
1998	0.24hm^2	0.64hm^2	1.34hm^2	2.81hm^2
2008	0.39hm^2	1.01hm^2	2.12hm^2	4.62hm^2

表1-16显示：1974年滇池北岸湖滨湿地缓冲带的城镇建设用地比较少，湖岸20m内基本上没有建设用地，50m内只有0.16hm^{2}少量村庄建设用地，200m内有0.76hm^{2}建设用地，湿地和农田对滇池湖泊的生态保护功能还能正常发挥，滇池水质较好，湖水清澈。1988年以后，随着昆明主城扩张，滇池北岸湖滨湿地带被建设用地侵占加剧，湖泊污染问题开始出现。1998年以后沿湖建房成为时尚，至2008年，滇池北岸湖岸线50m内有建设用地1.01hm^2，比1974年增长531.25%；200m内有建设用地4.62hm^2，比1974年增长507.9%，滇池湖泊水质污染形势严峻。

因此，随着昆明城市用地向湖滨湿地带扩张，湖滨生态用地被严重侵占，影响了湿地功能的发挥，增加了滇池负荷。目前，滇池湖滨土地利用极其混乱，住宅区、休闲度假区、工厂企业用地、商贸、旅游观光区等与农田交织，天然湖滨湿地消失殆尽，湿地生境不复存在。2008年以来，昆明市人民政府已经意识到湖滨湿地带被侵占的严重后果，出台了《滇池保护条例》，稳步推进以退塘、退田、退房、还湖、还湿地、还林等"三退三还"为主的环湖生态建设，在滇池草海实施生态修复，在滇池外海北岸、东岸、南岸、西岸环湖公路以内开展退塘、退田、退房、还湖、还湿地、还林的"三退三还"，开展滇池环湖湿地建设，明确湖滨生态带的范围和功能布局，从而基本稳定了滇池水质迅速恶化的趋势。但是，要改善滇池湖泊水环境，重新恢复滇池清澈的湖水，还需要包括湖滨及流域土地利用调整的综合措施。

三、小结

昆明城市化加速，使昆明主城建设用地迅速扩张。受滇池流域地形条件限制，30多年来昆明主城扩张的方向主要是逼近滇池，滇池北岸的湖滨湿地和农田不断被城市建设用地取代，湖滨湿地基本消失，湖滨地区土地利用格局发生重大变化，滇池北岸湖滨的生态系统遭到严重破坏，湖滨土地对流域污染的减缓功能逐步丧失。因此可以认为，昆明主城建设用地的盲目扩张和对湖滨湿地带的侵占，是导致滇池湖泊水污染加剧的原因之一。恢复湖滨湿地等生态用地类型，控制滇池流域的建设用地规模，严禁建设用地侵占湖滨湿地带，是控制滇池湖泊水质进一步恶化的重要途径。

第三节　滇池流域城乡建设用地时空变化分析

一、城乡建设用地的时空变化特征

总体上看，1996～2008年滇池流域城乡建设用地总量呈现持续增长的态势，增长率在2001年出现拐点。由图1-21可见，滇池流域城乡建设用地总规模的变化趋势可分为两个阶段。第一阶段为1996～2001年的快速增长阶段，滇池流域城乡建设用地总规模从1996年年初的23686.16hm^{2}增长到2001年年底的31398.85hm^2，净增长7712.69hm^2，年均增长1542.54hm^2，年均增长率为5.80%。第二阶段为2002～2008年的缓慢增长阶段，滇池流域城乡建设用地总规模从2002年年初的32464.37hm^{2}增长到2008年年底的41704.23hm^2，净增长9236.86hm^2，年均增长1539.98hm^2，年均增长率为4.26%。由图1-22可见：分别就滇池流域城-镇-村建设用地总规模的变化趋势而言：三者同样呈现两个阶段，城市和建制镇基本类似，1998～2000年增速较为明显；但农村居民点呈现先增加后减少（1999～2006年）再增加的波动趋势，这也吻合城-镇-村建设用地三者总规模的变化趋势；另外由图1-23可见：独立工矿用地规模都明显超过以上三者，且与总规模呈现一样不断增加趋势；随着"一湖四片"、"现代新昆明"和"西部大开发"等战略的推进与落实，昆明逐渐增加对滇池流域地区的投资，全社会固定资产投资变化趋势与城乡建设用地增长趋势相吻合。

从空间分布看，滇池流域的城镇建设用地主要分布在市辖主城区。2001年年初，五华区、盘龙区、西山区和官渡区的城镇建设用地面积之和占全流域的76%，而五华区、盘龙区的面积之和只占全流域的10%；到2008年年末，其比例关系变为71%和7%。从各区县来看，研究期内：五华区占全流域城镇建设用地总面积比例从1996年的8%降为4%；官渡区的城镇建设用地面积增长较为明显，12年间净增长8289.25hm^2，增长幅度为

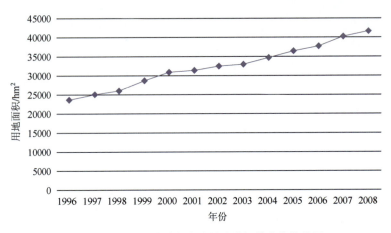

图 1-21　滇池流域城乡建设用地总规模变化趋势图

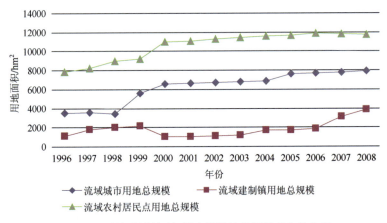

图 1-22　滇池流域城-镇-村建设用地总规模变化趋势图

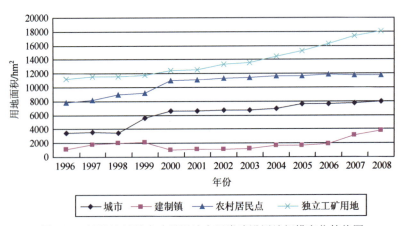

图 1-23　滇池流域城乡建设用地中四类建设用地规模变化趋势图

93.19%，占全流域城镇建设用地总面积比例从 1996 年年初的 38%增长到 41%；西山区的城镇建设用地 12 年间共增长 3601.05hm²，增长幅度为 61.54%；盘龙区、晋宁县的城镇建设用地在研究期内略微缩小，呈贡区的城镇建设用地在 2006 年之后快速增加。各区县建设用地规模变化趋势见图 1-24。

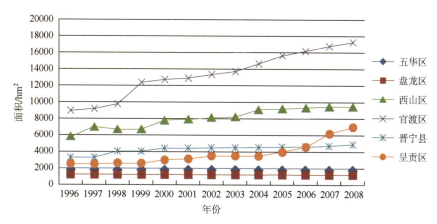

图 1-24 滇池流域各区县城镇建设用地规模变化趋势图

从各区县城乡建设用地的净增长来看，研究期内：西山区、官渡区和呈贡区的城乡用地面积增长较大，分别为 3601.05hm²、8289.25hm² 和 4821.88hm²，晋宁县略有增长，五华区、盘龙区却基本没有增长。从增长率来看：官渡区增长了 93.19%，呈贡区增长了 194.13%，西山区增长了 61.54%。

二、农村居民点用地的时空变化特征

1996～2008 年，滇池流域农村居民点用地总规模大体上呈现持续增长态势，2000 年后基本保持平稳且略有下降（图 1-25）。12 年间，滇池流域农村居民点用地共增长 3899.06hm²，增长幅度为 50%。其变化趋势大体上又可以 2000 年为界，划分成两个阶段：1996～2000 年增长相对较快，5 年间净增长 3153.20hm²，年均增长 630.64hm²；2000～2008 年用地规模增长面积略有下降。

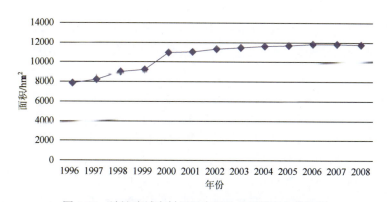

图 1-25 滇池流域农村居民点用地总规模变化趋势图

从空间分布的视角看，滇池流域的农村居民点用地主要分布在市辖区县。1996 年年初，官渡区、西山区、呈贡县和晋宁县的农村居民点用地面积之和共占全市的 100%，而盘龙区、五华区的农村居民点面积为零。从各区县农村居民点用地的净增长来看：研究期内，官渡区增长最多，共增长 1465.66hm²，其次是呈贡县（94.26hm²）、晋宁县（564.83hm²）。

三、人均城乡建设用地变化特征

研究期内，滇池流域城镇人口增加了 247 万人，城镇建设用地增加了 7194.78hm²。城镇建设用地的增长速率略快于城镇人口的增长速率，故人均城镇建设用地有一定幅度的增长：从 1996 年的 35m²/人增长到 2008 年的 38m²/人。滇池流域人均城镇建设用地的时序变异特征反映了其城镇人口规模与城镇建设用地规模逐渐协调发展（图 1-26）。

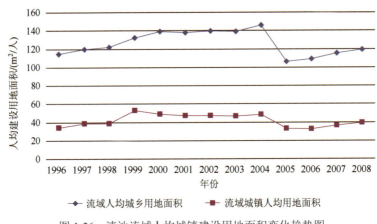

图 1-26　滇池流域人均城镇建设用地面积变化趋势图

分区县来看：官渡区的人均城镇建设用地面积相对增长明显，从 2000 年的 51.17m²/人增长到 2008 年的 72.94m²/人，人均增长 21.78m²；西山区的人均城镇建设用地面积在研究期内呈现起伏波动增长态势。

研究期内，滇池流域农村居民点人均用地发生明显变化，从 2000 年的 57m²/人增长到 2008 年的 120m²/人，人均增长 63m²（图 1-27）。分区县来看，官渡区和西山区的农村居民点人均用地变化趋势起伏波动比较明显，其余区县的人均农村居民点用地的变化趋势不明显（图 1-28）。

四、小结

昆明主城的加速城市化，推动了滇池流域城镇和村庄用地的快速增长，人均建制镇用地面积和人均农村居民点用地面积都呈上升趋势。尤其人均农村居民点用地从 2000 年的 57m²/人跃升到 2008 年的 120m²/人，增幅达 110%，农村居民点用地不集约问题较突出，"空心村"或低效利用的村庄普遍存在，不仅村庄用地效率不高，同时村庄因缺乏污染物处理设施也成为滇池湖泊污染的重要因素。因此，需要通过迁村并点、城乡建设用地增减挂钩等节地措施，适当集中布局村庄，改善村庄生态环境，提高村庄用地的集约利用水平。

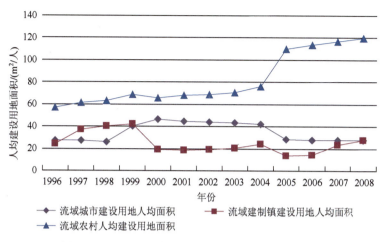

图 1-27　滇池流域城-镇-村人均建设用地变化趋势图

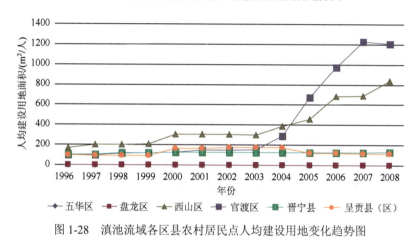

图 1-28　滇池流域各区县农村居民点人均建设用地变化趋势图

第二章 滇池流域城-镇-村土地利用的生态约束研究

前文研究表明，随着昆明城市化快速推进，滇池流域城-镇-村建设用地迅速扩张，流域中城乡建设用地总量大幅增长，改变了滇池流域土地利用结构类型，同时也改变了滇池流域污染排放总量和污染类型结构，对滇池生态环境造成了巨大压力。

作为高原湖滨城市化地区的滇池流域，城-镇-村用地扩张对湖泊生态产生了哪些影响呢？城-镇-村用地扩张和布局究竟面临哪些方面的生态约束呢？这些是本章研究的重点问题。

第一节 滇池流域生态经济承载力的特点

一、滇池流域生态经济承载力的约束条件

滇池流域位于云贵高原中部，地处长江、珠江和红河三大水系分水岭地带，流域面积2920km^2。该区域是云南开发利用较早、生态环境受人类影响最大的区域，目前，滇池已经成为昆明市的内湖，被昆明市的五华区、盘龙区、西山区、官渡区，以及呈贡区、晋宁县所包围，环湖而生的昆明是云南省的中心城市。2010年，滇池流域常住人口367.74万人，约占昆明市总人口的57%；流域GDP为1632.82亿元，约占昆明市的80%。昆明主城南濒滇池，是滇中城市群的核心圈，也是我国面向东盟的第一城。昆明是我国西南城市化进程的重要载体，多民族和谐发展的基石，面向东南亚和南亚的"桥头堡"，在我国未来空间开发格局中，具有举足轻重的战略地位和意义，是西部崛起的重要支点。

滇池流域是一个复杂的综合系统，它由人口、经济、资源、环境等子系统构成，其各个子系统的行为之间存在着相互关联，任何一个子系统的变化都将导致一系列的变化，它们互相联系，互相依存，互相制约。本书所述的生态经济承载力，是指在某一时期、某种状态或条件下系统所能承受的人类活动的阈值。随着社会经济的快速发展，一个地区的自然资源环境对社会经济活动的约束作用越来越明显。一个地区的社会经济活动超过其生态经济承载力，将会加剧资源的耗竭和环境的恶化，从而破坏社会经济的可持续发展（孙伟等，2007）。因此，研究区域的生态经济承载力，深刻认识和理解生态经济承载力的约束条件，具有十分重要的意义。

首先，流域作为一个生态系统，负担外力干扰和破坏的能力是有限的，超过这个限度，生态系统的结构就会遭到瓦解，生态系统的功能就会丧失。这个限度就是生态承载力。其次，流域作为一个经济系统，能够负担和接受的经济规模、经济发展的速度、经济发展的形式和类型也是有限的，超过这个限度，就会引起经济结构的失衡或畸形发展，经济效益就会降低，区域内经济的发展就会受到严重影响。特定经济系统存在的这个限度就是经济承载力。任何经济的发展，都需要环境和资源作为支持条件，自然生态系统和人类社会的经济系统的结合就构成了生态经济系统。在一定自然区域内，生态系统能

够提供良好的环境保障、充裕的资源服务的能力是有限的；在保障自然生态系统休养生息基本能力的前提下，人类经济活动只能在自然生态系统能够接纳和负担范围内，否则经济社会难以健康活动、可持续发展（刘丰等，2010）。生态承载力和经济承载力的耦合就形成了生态经济承载力。对于特定的生态经济系统，经济系统结构越优化，经济承载力也越大，单位经济承载力占据的生态承载力就越小，生态经济承载力就越大。任何一个生态系统成分越健全，结构越合理，单位生态系统能够提供给人类的环境支持和资源服务水平就越高，生态经济承载力也就越大。一个区域的生态经济承载力界定了经济发展的方式、规模、速度。

对于滇池流域这个复杂的综合系统，生态经济承载力最突出、最重要的限制要素是滇池水环境恶化的问题。而水环境问题，在本质上又是区域发展和土地利用格局破坏和影响了水资源与水环境自我更新和维持的问题。

对这个问题的分析，需要全面认识流域"先天"自然环境的特点和"后天"人类影响破坏的方式和程度。

1. 生态系统封闭，生态经济承载力小

滇池地区的土地由低向高依次为湖面、坝平地、台地丘陵、山地，面积比相应为1∶2∶3∶6。以湖面为中心，四周的地形起伏大，没有比较大的开口同外部环境相通。在这种立地条件下，区域内自然的物质流动呈向心性方向，湖面自然地成为大多数物质循环的归宿。包括滇池流域在内的滇中地区，山地—盆地—湖泊（河流）这类以地理界限为标志的生态系统比较典型。在这种生态系统内，物质基本上是从山地向湖泊单向流动，不成一个封闭的循环体系，从而先天性就比较脆弱。在人类的干扰和破坏下，特别是随着人口压力的加大和人类对环境影响能力的增大，这种脆弱的生态系统难以实现基本的功能。大量的植被破坏，导致严重的水土流失，加速了物质从山地向河流和湖泊运输的速度。这就是常说的"山顶戴帽子，山腰拉肚子，山下盖被子"。这种效应的结果是，山地区域长期的水土流失引起营养物质的大量外流，土地日益贫瘠，区域水土保持能力下降，生活和生产水源紧张，生态恶化与贫瘠化呈现恶性循环。山地下游的坝子地区，在农业生产中往往是旱季缺水灌溉、雨季水涝成灾。大量的营养物质注入河流和湖泊，成为水体富营养化的重要影响因素。

2. 湖泊老化萎缩

滇池是断陷构造形成的湖泊，在地质历史上，它一直处在湖底不断升高、湖盆变浅、湖面不断缩小的状态。按照湖泊的产生及发展规律，它正处于老年阶段，其老化速度很快。在13世纪中叶，滇池水位为1892.0m，以后随着滇池唯一出水口海口河的疏挖，湖面面积迅速减小，水深急骤下降。14世纪，现昆明市的翠湖为滇池湖湾，东北部的官渡、昆阳的镇海阁、市内弥勒寺等是当时的渡口。过去昆明三临水，明朝建云南城府，患水扰及，曾北移其址。15~16世纪，平均水位降到1886.0m，而今天平均水位仅为1885.14m。在七百余年中，滇池水位下降了6.86m。相应的，湖区面积也大大减小。古地质年代中，滇池面积达1000km^2，到18世纪后期，仍有"五百里滇池"之载，如今面积尚不到300km^2。从

滇池现状来看，水体湖面面积与入湖流域面积比仅为 10%，湖水浅，平均水深 2m；库承载力小，仅为 $15.82 \times 10^8 m^3$，蓄水量小，单位水面库容量为 $0.04 \times 10^8 m^3$，低于洱海、巢湖、鄱阳湖和洞庭湖，在全国各湖泊中，滇池的单位水面库容量是最低的。

3. 水资源短缺

滇池是云南高原面积最大的淡水湖，作为高原湖泊，地处珠江水系南盘江的西北、元江水系的东北、金沙江水系之南，为三江分水岭地带。在其海口以上（滇池唯一出水口）流域面积为 $2920 km^2$，湖面面积为 $305 km^2$，约占流域面积的 10.4%。集水区小，来水量小，补给系数仅 9.78，仅及太湖补给系数 15.6% 的 62.6%。滇池东、西、北三面山岭环绕，中部为冲积平原和湖面，滇池水体是滇池流域内地表径流及地下水在低洼湖面的暂时停留，从而湖水主要靠分水岭内 35 余条大小河流的地表水补给。

特殊的地理条件，使各河流水源源近，流程短，同时地域内广泛分布石灰岩地貌，地下渗漏率高，地表水补给量很小。流域内年降水量平均值为 960mm 左右，而蒸发量约 674mm，湖面蒸发大于湖面降水。滇池流域年总降水量为 $29.8 \times 10^8 m^3$，蒸发量为 $17.8 \times 10^8 m^3$，流域总产水量为 $12 \times 10^8 m^3$；入湖水量为 $9.235 \times 10^8 m^3$，出湖水量为 $9.24 \times 10^8 m^3$，即在正常年份，滇池水体仅能在目前这种水平上略保平衡，湖面高程为 $1885.9 \sim 1887.0 m$，年调节水量仅为 $3.36 \times 10^8 m^3$，辅以外源补充，多年水资源量仅为 $5.7 \times 10^8 m^3$。

昆明市属严重缺水地区，年均降水量为 938.06mm，结合多年引水工程和水资源再利用工程措施，多年平均水资源量为 $9.74 \times 10^8 m^3$，人均水资源量约为 $290 m^3$。近年来昆明连续大旱更是大大降低了城市的水资源量，《昆明市水资源公报 2011》指出，相比 2010年，全市水资源偏少 50.9%，比常年偏少 64.8%，其中地表水资源比常年偏少 64.8%，地下水资源比常年偏少 66.4%。滇池流域水资源本就比较贫乏，加之人口压力、城市规模扩大和水质下降等，滇池流域缺水问题日益突出。滇池流域比北京还缺水，人均水资源量处于全国极低水平。滇池流域人均水资源量仅为世界平均水平的 1/33，是我国平均水平的 1/9，云南省平均水平的 1/23。

4. 生态环境脆弱敏感

滇池地区位于北回归线附近，处于全球生态系统的脆弱区域，加上人为的影响，这里的地带性植被从常绿阔叶林转变为云南松林。这种次生演替反映了生境条件由湿性向旱性的逆向演潜，且植被覆盖率很低，高质量的林地仅为 16.5%，植被主要为次生植被类型，森林覆盖率仅为 22.9%，并以灌木林地居多。生态系统中生物成分单一、结构简单，自我保障能力差，为地区性的生态脆弱带。

滇池流域森林覆盖率在 1951 年为 37.5%，到 1998 年降低到 21.1%，最近几年开始回升。松华坝水源地森林覆盖率在 1961 年为 49.6%，到 1988 年降到 37.7%，由于是昆明市重中之重的水源保护地，近年来保护力度和治理速度增大，现在上升到 60% 以上。但更大区域内的植被覆盖率和植被质量恶化的趋势并未获得大的改观，水土流失已经由低等级向高等级发展，水土流失面积达到 $965 km^2$，占流域面积的 37% 左右。农业受损，水质恶化，水库淤积。

滇池地区是地球化学因素中磷的富集区，表面磷的本底值为 0.32%，比一般地区的 0.1% 高两倍以上。磷是湖泊富营养化的限制因子，磷的进入是藻类大量繁殖引起水体透明度下降的主导因素。有关研究结果表明，每增加 1g 磷可使藻类增殖达 110g。作为富集区，自然的淋溶作用加上水土流失，每年有大量的磷进入滇池，由于滇池的封闭性，经水体相互交换排出磷的机会较小，导致磷在区域内向心性移动，在滇池累集，使水体富营养化加深。

5. 水污染严重，流域生态系统超负荷运转

滇池流域的污染由来已久，主要来自工业污染、城镇生活污染和流域面源污染。在工业污染中，主要排污行业为饮料制造业、食品制造业、农副食品加工业、医药制造业、有色金属冶炼及压延加工业、造纸及纸制品业、电力及热力的生产和供应业、化学原料及化学制品制造业、非金属矿采选业、通用设备制造业等 10 个行业。滇池化学需氧量（chemical oxygen demand，COD）排放量约占流域工业 COD 排放总量的 75%。根据环境统计数据，2010 年废水排放量较 2005 年增长 45.3%；COD 排放量较 2005 年下降 62.7%。另外，滇池周围农田及城镇生活污水缺乏必要的处理，伴随水土流失产生的面源污染也已经占到滇池污染复合的重要份额。特别是随着工业污染和城市污染治理力度的加大，农村的面源污染已经成为滇池污染治理的核心环节。

调查结果表明，2008 年滇池流域农村养殖散户为 221915 户，牛出栏 16638 头，马出栏 242 匹，猪出栏 640893 头，羊出栏 57324 只，鸡出栏 9094465 羽。根据出栏量计算得出，粪尿产生量为 96.91×10^4t，排放量为 10.77×10^4t；污染物 COD、TN（总氮）、TP（总磷）、氨氮排放量分别为 1.37×10^4t、693.41t、142.53t、109.59t。滇池流域农村畜禽散户养殖共产生污水 167.38×10^4t，排放 117.68×10^4t，污水处理率平均为 30.39%。滇池流域各区县污水排放及处理情况见表 2-1。

表 2-1 滇池流域各区县污水排放及处理情况

区县名称	污水产生量/$\times 10^4$t	污水排放量/$\times 10^4$t	污水处理利用率/%	主要处理方式
五华区	2.41	1.51	37.60	无处理/无利用、灌溉农田
盘龙区	4.95	3.38	32.00	无处理/无利用、灌溉农田、生产沼气
官渡区	34.58	23.24	32.98	无处理/无利用、灌溉农田
西山区	29.82	19.50	34.77	无处理/无利用、灌溉农田
呈贡区	14.41	10.54	27.05	无处理/无利用、灌溉农田
晋宁县	69.13	50.83	26.67	无处理/无利用、灌溉农田、生产沼气
嵩明县	12.08	8.68	28.35	无处理/无利用、灌溉农田
合计	167.38	117.68		

根据产排污系数计算得出，滇池流域农村畜禽散户养殖污染物排放情况为：COD 1.37×10^4t、TP 142.53t、TN 693.41t、氨氮 109.59t。以上几种污染物排放量最大的区县均

为晋宁县，最小的是五华区（表 2-1）。

农业生产是面源污染最主要的来源，农业生产的各个环节都可能影响农村面源污染的产生、汇集和排放，影响范围从宏观的耕作方式到微观的土壤营养元平衡。

滇池流域农业生产涉及的各类型化肥组成成分如表 2-2 所示。

表 2-2　涉及化肥种类类型

肥料种类	肥料组成成分
氮肥	尿素、碳酸氢铵、硫酸铵、硝酸铵、氯化铵、缓释尿素
磷肥	普通过磷酸钙、钙镁磷肥、重过磷酸钙
钾肥	氯化钾、硫酸钾、硫酸钾镁
复合肥	磷酸二铵、磷酸一铵、磷酸二氢钾、硝酸钾、有机无机复合肥、其他二元或三元复合肥
有机肥	商品有机肥、鸡粪、猪粪、牛粪、其他禽粪、其他畜粪、其他有机肥

根据统计年鉴，滇池流域农村化肥施用量（折纯）为 47021.6t，化肥施用量结构特征为：48%为氮肥，22%为复合肥，20%为磷肥，10%为钾肥，见图 2-1。

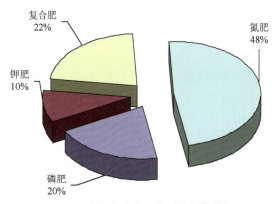

图 2-1　滇池流域化肥施用量结构特征

根据统计年鉴，获取滇池流域不同区县的化肥施用量，对比分析不同区县化肥施用量，按施用量由大到小排序为晋宁县＞呈贡区＞官渡区＞嵩明县＞五华区＞西山区＞盘龙区，如图 2-2 所示。

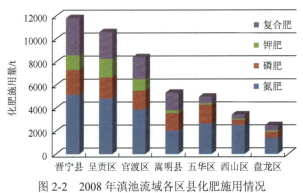

图 2-2　2008 年滇池流域各区县化肥施用情况

根据第一次全国污染源普查数据，按作物名称进行分类汇总，得出各类型作物的化肥施用情况。按单位面积化肥施用量（折纯量）大小排序为：花卉＞蔬菜＞水果＞烤烟＞粮食。从各类化肥的施用量看，各类作物的氮肥施用量占比均较高，花卉和烤烟的钾肥施用量占比略高于氮肥施用量占比，如图 2-3 所示。

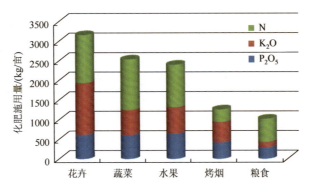

图 2-3　2008 年滇池流域各类作物化肥施用情况

由滇池流域农村生活污水排放系数及乡村人口计算出滇池流域各区县生活污水 CODcr、TP、TN、氨氮排放量。

滇池流域农村生活污水的污染负荷大小排序为：CODcr＞TN＞TP＞氨氮，CODcr 产生量为 4630.74t，排放量为 3704.59t；TN 产生量为 95.06t，排放量为 75.30t；TP 产生量为 52.71t，排放量为 41.41t；氨氮产生量为 19.39t，排放量为 15.06t。

由图 2-4 可知，各区县的农村生活污水各污染物的排放量大小顺序为晋宁县＞呈贡区＞嵩明县＞西山区＞官渡区＞盘龙区＞五华区。

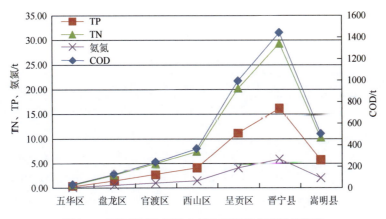

图 2-4　滇池流域各区县农村生活污染负荷排放情况

分析得出，2008 年滇池流域各区县单位国土面积农村生活污水的各污染物排放量与农村人均收入基本呈正相关性，表明农村生活污水的污染物排放量随着农民生活水平的提高而增加，如图 2-5 所示。

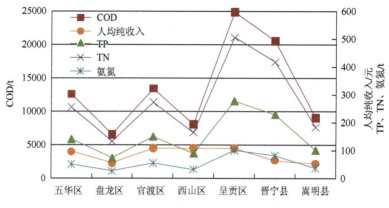

图 2-5　2008 年滇池流域生活污水污染负荷和农村人均收入

2010 年，滇池流域废水排放量 3.2×10^8t；COD 排放量 2.02×10^4t，其中，工业 COD 排放量占 6.0%，城镇生活 COD 排放量占 76.4%，农业源 COD 排放量占 17.6%；氨氮排放量 0.54×10^4t，其中，工业氨氮排放量占 1.1%，城镇生活氨氮排放量占 89.4%，农业源氨氮排放量占 9.5%。并且有增加的趋势，2011 年全市污水又较上年增加了 7.7%。

昆明市位于滇池北岸，全市 35 条河流常年汇入滇池，入滇河道所承纳的污染负荷是滇池最主要的外部污染源。2009 年 35 条主要入滇河流中 3 条达到地表水 II 类标准，1 条河流达到地表水 III 类标准，3 条达到地表水 IV 类标准，其余 28 条入滇河流水质未达到 V 类标准，污染程度有所降低。但滇池和昆明城市水环境仍未得到根本性改善，2009 年滇池草海和外海均为劣 V 类水质。草海主要超标指标为氨氮、TN 和 TP，为重度富营养化；外海主要超标指标为 TN，为中度富营养化。从水质演变趋势来看，草海 TN 和 TP 仍处于快速上升阶段，外海 TN 和 TP 开始出现下降趋势。

"十一五"期间滇池湖泊与入湖河流水质状况见表 2-3。

表 2-3　滇池湖泊与入湖河流水质状况

水体名称		2006 年	2007 年	2008 年	2009 年	2010 年	主要超标指标
滇池	草海	劣 V	劣 V	劣 V	劣 V	劣 V	BOD_5、氨氮、TP、TN、高锰酸盐指数
	外海	V	劣 V	劣 V	劣 V	劣 V	高锰酸盐指数、TP、TN
入草海河流	船房河	劣 V 类	劣 V 类	劣 V 类	劣 V 类	劣 V 类	高锰酸盐指数、氨氮、TP
	西坝河	劣 V 类	劣 V 类	劣 V 类	劣 V 类	劣 V 类	高锰酸盐指数、BOD_5、氨氮、TP
	新河	劣 V 类	劣 V 类	劣 V 类	劣 V 类	劣 V 类	高锰酸盐指数、BOD_5、氨氮、TP
	运粮河	劣 V 类	劣 V 类	劣 V 类	劣 V 类	劣 V 类	BOD_5、氨氮、TP
	乌龙河	劣 V 类	劣 V 类	劣 V 类	劣 V 类	劣 V 类	高锰酸盐指数、BOD_5、氨氮、TP
	大观河	/	劣 V 类	劣 V 类	劣 V 类	劣 V 类	氨氮、TP
	王家堆渠	/	劣 V 类	劣 V 类	劣 V 类	劣 V 类	BOD_5、氨氮、TP

续表

水体名称		2006 年	2007 年	2008 年	2009 年	2010 年	主要超标指标
入外海河流	盘龙江	劣Ⅴ类	劣Ⅴ类	劣Ⅴ类	劣Ⅴ类	劣Ⅴ类	氨氮、TP
	采莲河	劣Ⅴ类	劣Ⅴ类	劣Ⅴ类	劣Ⅴ类	劣Ⅴ类	BOD$_5$、氨氮、TP
	金家河	/	劣Ⅴ类	劣Ⅴ类	劣Ⅴ类	劣Ⅴ类	BOD$_5$、氨氮、TP
	小清河	/	劣Ⅴ类	劣Ⅴ类	劣Ⅴ类	劣Ⅴ类	高锰酸盐指数、BOD$_5$、氨氮、TP
	六甲宝象河	/	劣Ⅴ类	劣Ⅴ类	劣Ⅴ类	劣Ⅴ类	高锰酸盐指数、BOD$_5$、氨氮、TP
	五甲宝象河	/	劣Ⅴ类	劣Ⅴ类	劣Ⅴ类	劣Ⅴ类	高锰酸盐指数、氨氮、TP
	老宝象河	/	劣Ⅴ类	劣Ⅴ类	劣Ⅴ类	Ⅳ类	氨氮、TP
	新宝象河	劣Ⅴ类	劣Ⅴ类	劣Ⅴ类	劣Ⅴ类	劣Ⅴ类	氨氮、TP
	虾坝河	/	劣Ⅴ类	劣Ⅴ类	劣Ⅴ类	劣Ⅴ类	高锰酸盐指数、氨氮、TP
	大清河	劣Ⅴ类	劣Ⅴ类	劣Ⅴ类	劣Ⅴ类	劣Ⅴ类	高锰酸盐指数、BOD$_5$、氨氮、TP
	海河	/	劣Ⅴ类	劣Ⅴ类	劣Ⅴ类	劣Ⅴ类	高锰酸盐指数、氨氮、TP
	洛龙河	Ⅲ类	Ⅳ类	Ⅲ类	Ⅳ类	Ⅲ类	/
	马料河		劣Ⅴ类	劣Ⅴ类	劣Ⅴ类	Ⅴ类	氨氮、TP
	胜利河（捞鱼河）	Ⅲ类	Ⅳ类	Ⅲ类	Ⅲ类	劣Ⅴ类	氨氮
	南冲河	/	Ⅳ类	Ⅳ类	Ⅳ类	Ⅲ类	/
	大河（淤泥河）	/	劣Ⅴ类	劣Ⅴ类	Ⅳ类	Ⅲ类	氨氮、TP
	柴河	/	劣Ⅴ类	劣Ⅴ类	Ⅲ类	Ⅲ类	氨氮、TP
	白鱼河	劣Ⅴ类	Ⅴ类	劣Ⅴ类	Ⅴ类	Ⅳ类	/
	茨巷河（原柴河）	劣Ⅴ类	劣Ⅴ类	劣Ⅴ类	劣Ⅴ类	劣Ⅴ类	氨氮、TP
	东大河	劣Ⅴ类	Ⅲ类	Ⅲ类	Ⅱ类	Ⅱ类	/
	城河	劣Ⅴ类	劣Ⅴ类	劣Ⅴ类	劣Ⅴ类	劣Ⅴ类	氨氮、TP
	古城河	Ⅴ类	劣Ⅴ类	劣Ⅴ类	Ⅴ类	Ⅴ类	TP

　　昆明市城市污水的来源主要为生活污水。根据 2008 年昆明市环境状况公报，废水排放总量为 $2.64×10^8 m^3$，其中 $2.20×10^8 m^3$ 来自生活污水排放。城市污水处理厂污水处理量为 $2.21×10^8 m^3$，城市污水处理率为 82.23%，其中城市生活污水集中处理率达 74.64%，城市再生水利用率为 5.45%。

　　昆明市现有污水处理能力为 $110×10^4 m^3/d$，其中 16.86 万 m^3/d 的尾水用于河道补水，其余污水就近直接排入河道，汇入滇池草海或外海。其中，"十一五"期间，昆明市滇池流域污水处理能力新增共 $53.5×10^4 m^3$，处理出水标准提高到《城镇污水处理厂污染物排放标准（GB18918—2002）》的一级 A 标准。"十一五"期间滇池流域水环境质量总体得到明显改善，滇池水质恶化趋势得到遏制，水体生态环境得到改善，河道水质及景观明显改善，集中式饮用水源地优于或达到Ⅲ类水。按照《地表水环境质量标准（GB3838—2002）》

表 1 中 21 项指标（不包括水温、TP、粪大肠菌群）评价：2010 年，滇池外海处于中度富营养状态，水质为劣Ⅴ类，主要超标指标为高锰酸盐指数和 COD；滇池草海处于重度富营养状态，水质为劣Ⅴ类，主要超标指标为 COD、氨氮、BOD₅ 和 TP。2010 年，滇池流域 8 个河流国控断面中，Ⅰ～Ⅲ类、Ⅳ～Ⅴ类和劣Ⅴ类水质断面的比例分别为 25%，25% 和 50%。滇池主要入湖河流水质为重度污染，劣Ⅴ类水质断面主要集中在盘龙江、老运粮河、柴河、新宝象河等。主要污染指标为 COD、氨氮和 TP。2010 年，滇池流域集中式饮用水源地除大河水库、柴河水库和洛龙河水库修固水坝未供水外，其余水源地水质保持良好。其中：松华坝水库、云龙水库水质达到Ⅱ类，宝象河水库和自卫村水库水质达到Ⅲ类，水质达标率 99.7%，与 2005 年相比提高了 9.6%。

总之，滇池流域水资源先天紧缺，水资源的配置错位和环境污染加剧了水资源的供需矛盾，水荒问题突出，水污染严重。经过持续多年的综合治理，滇池污染持续恶化发展的情况得到遏制，但水质状况依然不容乐观，水环境对人类保障能力很低。特别是面临巨大的发展压力，滇池污染产生的速度依然没有达到不产生新债、努力偿还旧债的期望，滇池生态环境问题对区域社会经济的影响已初见端倪。如果这个问题得不到尽快、很好地解决，昆明很可能因水环境恶化而使城市走向衰退。

二、滇池流域的生态承载力分析

1. 水环境承载力

昆明市位于滇池北岸，全市 35 条河流常年汇入滇池，入滇河道所承纳的污染负荷是滇池最主要的外部污染源。滇池流域城-镇-村发展产生的污染排放迅速增长，是滇池水质下降、水环境恶化的重要原因。因此，滇池水环境承载力首先是考虑如何控制滇池流域城-镇-村污染排放，使其在滇池水环境容量范围内。

然而，"十一五"期间，滇池流域河流污染主要表现为氮、磷及有机污染，主要超标指标为 COD、BOD、TN、TP、氨氮。纳入监测的 29 条主要入湖河流中，进入草海的 7 条河流水质均为劣Ⅴ类，污染最严重的是乌龙河、新河。进入外海的 22 条河流中，除洛龙河、东大河、南冲河和白鱼河等河流能达到Ⅴ类水的阶段保护目标的要求外，其余均为劣Ⅴ类，污染最严重的是大清河、海河等。

根据水污染指数评价，各入湖河道的入湖断面污染程度如下。

1 条河定性评价良好：洛龙河，占入湖河道总数的 3.3%。

2 条河定性评价轻度污染：捞鱼河、东大河，占入湖河道总数的 6.7%。

27 条河定性评价重度污染：南冲河、白鱼河、船房河、老宝象河、盘龙江、大河（淤泥河）、古城河、中河（城河）、姚安河、虾坝河、新宝象河、五甲宝象河、马料河、茨巷河、金家河、大观河、老运粮河、王家堆渠、小清河、采莲河、西坝河、六甲宝象河、新运粮河、金汁河、大清河、海河、乌龙河，占入湖河道总数的 90.0%。

从污染物排放量来看，考虑 2009 年污水处理能力，工业源和城镇生活源经治理后排放的 COD、TN、TP 分别为 14293m³、4341t、11054m³ 和 748m³。除 COD 以外，TN、TP 均远未能完成"十一五"规划的目标。

根据综合研究结果，按照外海 1887.40m、草海 1886.8m 的水位，两个湖区分别达到预期的功能水质标准（Ⅳ类），滇池主要污染物的水环境承载力为：TN 为 2364t/a，TP 为 102t/a。而 2009 年各污染物的入湖量为：TN 为 7014t，TP 为 208t。到 2011 年 TN 入湖量上升为 7438t，TP 上升为 1318t，引起水体富营养化污染的主要污染物 TN、TP 远超过水环境承载力。

由于工业和生活等用水急剧增加，挤占滇池流域入湖河流的生态用水，整个滇池流域已经没有清洁水补充入滇池中。虽然"十一五"期间部分入湖河流水质有所改善，但《昆明市水资源公报 2011》评价全市 9 条主要河流的结果显示，符合地表水Ⅱ～Ⅲ类标准，水质优良的河长 133.3km，占评价总河长的 17.0%，Ⅴ～劣Ⅴ类标准，水质重度污染的河长 651.1km，占评价总河长的 83.0%。磷大大超过了水环境承载力，短期内难以从水体中去除，而磷又是水体富营养化的最重要的限制性因素。这样，昆明即使不增加任何新的工业污染，不对滇池补充任何新的污染源，要达到预期的水功能标准，在相当长的时间内都是不可能的。

滇池水环境承载力的第二个问题，是水资源量不能满足迅速增加的流域人口与社会经济发展的需要。人口增长和城市的发展必然引起用水量的增加，滇池流域用水量特别是城市生活用水量增加较快。据有关方面统计，滇池流域人均生活用水 1990 年为 135L/d，1996 年增加到 179L/d，2000 年达到 191L/d，预计到 2020 年将达到 217L/d。供需矛盾尖锐，水资源的可持续利用和稳定供给形势不容乐观。而另一项调查结果发现，滇池流域人均水资源占有量已从 20 世纪 50 年代的 900m^3，降到目前的 250m^3，分别为世界、全国和云南省平均水平的 1/40、1/10 和 1/25。

因此，滇池水环境承载力有限，是滇池流域城-镇-村发展的重要生态约束。

2. 土地对人口的承载力

滇池流域湖滨区的土壤以冲积、湖积为主，岩性以砂、砾石、黏土、钙质黏土、淤泥及泥炭为主，土壤类型主要有红壤、水稻土、沼泽土、棕壤、冲积土、紫色土等，土壤肥力高，有机质和氮磷含量高，适合湿生植物生长。滇池西部湖滨临西山山脉，无河流入湖，湖滨狭长；北部、东部及南部湖滨区接纳入湖河流输移的沉积物，在水深小于 1.5m 的湖滨带内均以细砂螺壳沉积为主。沉积物主要是泥及粉砂，由大量挺水、沉水植物遗体聚集形成泥炭，有丰富的螺及介形虫等。草海各入湖口为岸线砾石带，粒径小于 2cm（局部 4～5cm），圆度分选好。山地土壤类型以红壤为主，还有棕壤、水稻土、黄棕壤、冲积土等。

土壤养分是植物生长的必要物质基础，氮、磷元素是土壤养分中的大量元素，二者的含量均直接影响植物生长。滇池流域 TN 平均含量为 0.421%，TP 平均含量 0.15%。在流域内不同类型的土壤中，TN 含量最高的土壤是沼泽土，冲积土的 TN 含量最低，二者相差 14 倍；TP 含量以红棕壤最高，紫色土的含量最低，二者相差约 4 倍（夏运生等，2010），如图 2-6、表 2-4 所示。

滇池流域土壤富含氮、磷元素，存在潜在促进滇池湖泊富营养化的威胁。随着滇池流域城市化加速和城-镇-村用地以及农业耕地快速扩张，流域内原有生态用地迅速减少，水土流失加重，加速了滇池湖泊的老化。

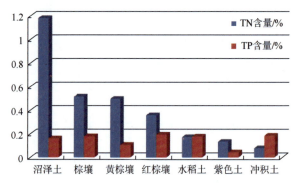

图 2-6　滇池流域不同土壤类型氮、磷含量

表 2-4　滇池流域不同土壤类型氮、磷含量

序号	土壤名称	TN 含量/%	TP 含量/%
1	棕壤	0.516	0.180
2	黄棕壤	0.498	0.107
3	红棕壤	0.359	0.195
4	紫色土	0.135	0.044
5	水稻土	0.174	0.178
6	冲积土	0.080	0.186
7	沼泽土	1.183	0.163
	平均值	0.421	0.150

　　从滇池流域水土流失分布区域范围分析，水土流失相对严重区域为流域北部、东北和南部山，涉及饮用水源地、磷矿开采区、面山区域。从垂直高度分析，滇池流域水土流失主要发生在海拔 1900～2100m 范围，以低山、台地和丘陵地貌为主。这一区域处于自然生态系统向农田生态系统过渡的地带，同时由于相对高差较小，人为活动频繁，成为水土流失发生的重点区域。各类土地土壤侵蚀从大到小依次为：旱地、园地、荒坡、疏林、灌草丛、水田、针叶林和常绿阔叶林，其中旱地、园地是流域占优势的类型，土壤侵蚀最为严重。流域水土流失涉及的主要问题如下：

　　1）滇池流域属高原亚热带常绿阔叶林带，地带植被水源涵养能力高。长期以来，由于人类的生产和生活进行的大量砍伐，原生植被已被破坏殆尽，目前滇池流域人工造林的树种以云南松为主的针叶林比例增加，水平地带性的阔叶林比例下降，林种、林龄比例结构不合理，林分质量趋于下降。

　　2）由于针叶林的层间结构简单，涵养水源、保持水土的功能不及常绿阔叶林，加上空间分布不均，滇池流域森林生态系统的蓄水保土功能得不到有效发挥，水土流失加剧，流域的生态环境恶化。

　　3）滇池流域城镇建设用地增加，表明该流域人口的增加和社会经济的发展，不仅使其他类型的土地面积减少，也增加了滇池流域的水污染负荷。

　　4）从土地利用类型情况来看，滇池流域的可开发利用土地较少，面积仅占全流域面积的 1.34%，所以需要科学合理地编制流域土地利用规划。

5）水源地是流域内森林植被分布较集中的区域，但由于坡地耕作普遍、森林质量差等原因，水源地水土流失现象仍十分明显。

6）由于整个滇池流域存在大量的坡耕地、荒山荒坡、疏幼林地，还有大型开发建设工程项目在实施过程中会扰动地表、破坏植被，造成人为水土流失，所以治理难度比较大。

7）水土流失治理过程中"边治理，边破坏"的现象屡禁不止，各级部门对水土流失治理的必要性和紧迫性认识不够。水土流失治理工程投资大，见效慢，至今滇池流域水土流失治理仍然依托"长治"工程项目的实施，没有专项治理资金投入，而且"长治"项目工程投资标准低，每平方千米仅 15 万元左右，只能达到示范治理的效果。在无专项资金投入的情况下，水土流失治理粗放，治理工程标准偏低，有效治理速度缓慢。

通过 USLE（通用土壤流失）方程估算出滇池流域的土壤侵蚀量，结果如表 2-5 所示。根据中国水利部 1997 年制定的《土壤侵蚀分类分级标准》，确定土壤侵蚀分级指标，进行再分类，得到滇池流域的土壤侵蚀强度分级图，如图 2-7 所示。

表 2-5　土壤侵蚀分类分级标准

等级编号	侵蚀强度级别	平均侵蚀模数/[t/(km²·a)]	平均流失厚度	侵蚀模数值
1	微度侵蚀	<500	<0.4	150
2	轻度侵蚀	500~2500	0.4~2.0	1500
3	中度侵蚀	2500~5000	2.0~4.0	3000
4	强度侵蚀	5000~8000	4.0~6.4	6500
5	极强度侵蚀	8000~15000	6.4~12.0	9000
6	剧烈侵蚀	15000~20000	12.0~17.6	17000
7	极剧烈侵蚀	>20000	>17.6	235000

根据 USLE 方程计算出来的结果，滇池流域总面积为 2920km²，无明显流失面积为 2260.7km²，占总面积的 78.09%；水土流失面积为 634.22km²，占流域总面积的 21.91%。其中轻度流失面积为 262.7km²，占水土流失面积的 40.63%；中度流失面积为 217.91km²，占水土流失总面积的 34.36%；强度流失面积为 111.02km²，占水土流失总面积的 18.29%；极强度流失面积为 42.59km²，占水土流失总面积的 6.72%。滇池流域年土壤侵蚀总量为 103.424×10⁴t，土壤侵蚀模数为 1156.58t/（km²·a），年平均剥蚀厚度为 0.3mm（按土壤容重为 1.35g/cm³ 计算）。

根据土壤侵蚀类型区划标准，滇池流域土壤侵蚀类型包括水力侵蚀、重力侵蚀和工程侵蚀。主要的侵蚀方式有面蚀（层状与鳞片状侵蚀）、细沟侵蚀、冲沟侵蚀，崩塌、滑坡、泥石流等重力侵蚀以及部分开发建设项目造成的水土流失。这些侵蚀类型往往互相作用、互相影响、互相制约，形成一个复杂的侵蚀过程。面蚀、沟蚀与流域内广泛分布的坡耕地和荒坡地密切相关，冲沟发育与河流强烈切割与山高坡陡的地形相关，而构造活跃和岩层疏松所潜伏的不稳定性与泥石流、滑坡、崩塌密切相关（刘阳等，2008）。

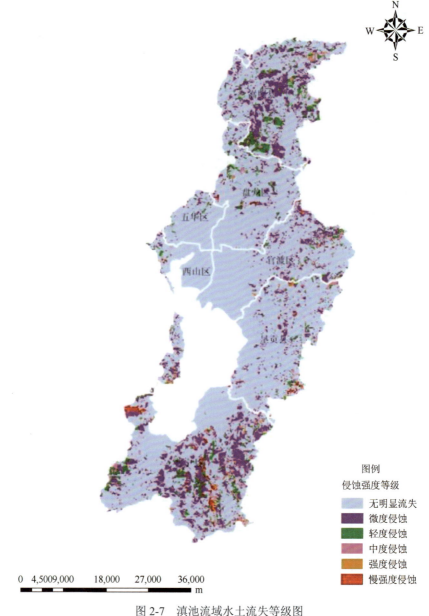

图 2-7　滇池流域水土流失等级图

图例

侵蚀强度等级

- 无明显流失
- 微度侵蚀
- 轻度侵蚀
- 中度侵蚀
- 强度侵蚀
- 慢强度侵蚀

0　4,5009,000　18,000　27,000　36,000 m

滇池流域现有建设用地面积达到 478.23km²，主要分布在滇池的北部，集中在官渡区、五华区、西山区和盘龙区。一级建设用地面积为 26.49km²，占总面积的 5.54%；二级建设用地面积为 267.38km²，占总面积的 55.91%；三级建设用地面积为 184.36km²，占总面积的 38.55%。

滇池流域现有农业用地面积为 578.25km²，一级农业用地面积为 194.48km²，占总面积的 33.63%；二级农业用地面积为 226.75km²，占总面积的 39.21%；三级农业用地面积为 157.02km²，占总面积的 27.16%。

从滇池流域建设用地和农业用地现状中可以看出，三级用地比例高，说明流域建设用地和农业用地布局不合理。1988～2008 年共减少 209.27km²，特别是 1994 年以后减少呈加速趋势。林业、草地、水域面积变化不大，城乡用地显著增加，增加了 286.93km²，未用地面积不断减少，共减少 108.90km²。

滇池流域是全省人口密度最大的区域，人地供需矛盾突出。2001 年人均土地面积只有 0.098hm²（1.47 亩），人均耕地面积仅 0.019hm²（0.28 亩），远远低于昆明市和云南省的平均水平。2003 年云南提出 2020 年昆明城市将由一个城区发展为 4 个城区，城市人口将由 245 万人发展到 450 万人，主城区用地将由约 180km² 扩大到 420km² 以上，这必将占用大量的土地（尤其是耕地）。加之环湖公路、环湖截污和环湖生态建设还将占用相当数量的耕地，届时该流域总耕地面积将大幅度减少。

因此，滇池流域面临的土地压力将越来越大，维持必要的生态用地，促进城-镇-村用地和农业耕地生态化利用，是滇池流域又一个重要的生态约束。

第二节　滇池流域城镇建设的生态约束与对策

一、生态约束对流域城市化发展的客观要求

滇池流域水资源和水环境的保障能力在客观上决定了滇池流域城市（镇）发展的生态承载力。如果以保持Ⅳ类水质为控制条件，在目前的经济技术条件下，滇池流域城市（镇）发展的生态承载力的主要特征数据如下。

1）主城区最大发展规模为 240km²，现在建设面积已经达到 478km²。

2）滇池流域最优人口承载力为 220 万～300 万人，现在常住人口已经达到 380 万人。

3）水资源量最大为 $6×10^8～8×10^8 m^3$，现在水资源实际利用量已经达到 $12.6×10^8 m^3$，超过水资源可接受能力 1 倍。

4）从水环境承载力来看，最大的限制因子是磷入湖导致富营养化问题。根据最小因子的限制原理（意即：水桶的短板状况决定其承载力），磷的环境承载力为 110t/a，而 2009 年实际入湖磷达到 1330t。即一年的磷污染负荷就占用了 10 年水环境可以接受的磷污染总量。

不仅如此，由于长期的富营养化，滇池底泥中积累了大量的污染物。据测算，草海底泥污染物含量厚度为 0.3～1.8m，总淤积量为 $550×10^4 m^3$，富含氮、磷、重金属、砷等有害物质。其中在表层底泥（0～5cm）中 TN 含量达到 7600mg/kg，TP 含量达到 4000mg/kg。草海底泥中氮、磷的积累量分别为 38010t 和 6300t；外海底泥中累积的氮、磷量分别为 92373t 和 46535t。这些内源性污染及其释放，也将对滇池水污染构成持续性影响。

从人口当量看，可以把滇池流域人口承载力分为三个层次。

第一层次：从自然环境承载力看，目前滇池流域水资源严重不足和水环境恶化，人口总量已超过生态承载力。

第二层次：如果不考虑增加生态用水，主要通过科技手段和人文治理，使水环境恶化

的状况有所改善；仅考虑城市自来水可供人口，在清水海供水后，主城的自来水资源量可供人口为 420 万人左右。目前城市人口规模已经达到或超过该人口当量。

第三层次：如果牛栏江和金沙江调水工程能够实施，滇池流域的生态用水和生活用水能够保证，则主城人口可以达到滇池盆地的土地人口容量 500 万～550 万人，到达土地承载力的极限后，未来再无人口增长的空间。

可见，滇池流域现有资源与环境条件已经支撑了过大的人口规模、城市规模、经济总量。

解决滇池水污染瓶颈问题的关键环节，可以概括为：

1）滇池流域任何生产废水和生活污水不只是达标排放，还要尽可能努力实现零污染排放；

2）滇池流域的发展不仅不能对滇池产生任何新的环境压力和生态破坏，而且还应还清历史欠账，清除积累已久的污染物；

3）滇池流域的水资源利用率远远超过滇池水环境可以提供的能力和水平，不能只是减少对水资源的索取，还应努力从流域外大规模调水缓解滇池流域水资源短缺的矛盾，尽可能用高质量的水体置换污染的水体。

二、拓展城市（镇）建设发展生态承载力的对策

1. 适度控制昆明城市发展规模

"十二五"期间，昆明市人口保持稳定增长的趋势，流域人口压力问题突出。按照滇池流域 2% 的人口增长速度，2015 年流域常住人口达到 420 万人左右，人口密度达到 1394 人/km^2。同时，滇池流域城镇化水平进一步提高，城市化率将达到 90%。

根据滇池流域生态环境的特点，滇池难以支持这样规模庞大的经济实体。长期以来滇池流域虽然获得了很快的发展，但是是以巨大的环境代价换取的。昆明市所在的滇池流域，空间狭小，水资源及其环境的承载力较小，这已经成为影响区域经济社会发展的重要制约因素。认真研究昆明市的适度规模问题，并制定约束力强的发展规划刻不容缓。

所以，应合理规划布局昆明城镇体系，结合滇中城市群以及新昆明建设规划，避免昆明市城区"摊大饼"式发展，充分发挥昆明中心城市的辐射作用，以实现人口合理分流和产业分工转移为目的，依托安宁、嵩明、宜良、呈贡，以及曲靖、玉溪、楚雄等城市和地区，科学合理地确定昆明在滇中城市群的定位，突出昆明商贸、金融和旅游城市的特色，实现昆明与曲靖、玉溪、楚雄四州市功能的优势互补，避免重复建设和恶性竞争，打造滇中城市群规模优势，缓解人口向昆明过度集中，减轻昆明生态环境的压力，凸显昆明的城市特色和魅力。

应控制滇池流域人口快速增长的趋势，制定安宁、宜良、石林等流域外次级城市发展规划，出台相关配套政策措施，控制昆明主城发展规模，引导人口转向次级城市集中，抑制流域生活污染持续增长的势头。

2. 优化昆明城市功能和产业结构

昆明市的产生离不开滇池对它的滋养和补给，它的发展也离不开目前经济结构、环境

承载力对它的限制。一旦超越了这种限制，将导致生态环境的不可逆转变化，继而对经济以及社会其他诸方面产生影响。就目前的生态环境经济系统的承载力而言，昆明不宜在滇池流域布局有污染性的工业，应该加快发展旅游业、高新技术产业、无污染的工业、电信产业、高端服务业尤其是金融、保险和物流等行业。依托现有的工业园区布局，实现流域内主导产业逐步向工业园区集中。严格执行各工业园区制订的生态环境保护规划，落实预定的各项污染治理措施。限制发展高耗水、高污染和劳动密集型产业，减少工业企业用水量和排污量，以产业发展布局带动人口向流域外转移。

自 2010 年到 2013 年，滇池流域每年分别调减 10%、20%、40% 和 30% 的农业种植面积（包括城市建设规划用地减少的耕地面积）。用三年半的时间将 34.3 万亩农业种植区全部调整为园林园艺、苗木、经济林木种植和湿地生态园区、农业休闲观光区，加快农业产业结构调整。

滇池四周的山地、丘陵、台地，是滇池水体的保证系统。为了使这里的环境保护和经济取得同步发展，生态农业是必由之路。应加强这些地区高科技的注入和生态农业的实验、示范工作，提高单位面积农业产值水平，减少水耗和农业污染。

3. 调整昆明城市的用地结构

从空间分布情况来看，滇池流域主要由山地、盆地组成。山地是海拔 1990m 至流域分水岭之间的区域，属于饮用水水源涵养区，面积 1600km^2，占流域面积的 54.7%。这一区域作为饮用水水源涵养区，不宜增加人口，现有的人口也要尽可能转移迁出，保护水源地。

滇池盆地是滇池流域海拔 1990m 以下的陆地和水域，面积 1320km^2，占流域面积的 45.3%，由滇池、滇池湖滨地区和丘陵缓坡组成，包括现在的主城区及呈贡、晋宁的 12 个乡镇分布于此。其土地主要分布在滇池的北岸、东岸和南岸，地势由滇池向外由低到高。滇池水面在 1886.5m 水位时，面积 300km^2。按照《滇池保护条例》的规定，滇池湖滨海拔 1885.5～1887.4m 水位线向陆地延伸 100m 的范围（基本是滇池水位变幅区），为滇池湿地建设区，面积 42km^2，盆地的陆地面积只有 978km^2。海拔 1910～1990m，面积 200 多平方千米的丘陵地区作为建设用地条件较差，比较适宜用作生态林地建设。适宜于人口发展的土地主要集中在湖滨地区海拔 1887.4m 以上、1910m 以下，面积 700 多平方千米的区域。这一区域呈狭长形分布，城市只能按组团发展，中间以农田、园地等生态系统作为隔离带。滇池湖岸及 29 条向心状注入滇池的河流两侧要留出生态保护绿地。区域内铁路、高等级公路密布，要占用一部分土地。能够用于城市建设的土地只有 500km^2 左右，现城市建成区面积为 478km^2。滇池盆地一方面土地紧张，要求较高的容积率；另一方面容积率又不能过高，否则会导致城市拥挤、热岛效应等城市病，降低环境质量。所以，土地和生态环境成为对城市人口容量的限制因素。综合来看，城市建设用地已接近极限，发展空间近乎饱和。

从发展速度来看，随西南桥头堡、东南亚大通道、新昆明国际大都市和滇池流域城乡一体化建设的进程，流域城市建成区面积迅速扩展。1974～2010 年流域城市建成区扩展强度增长了 4 倍，依据《昆明市总体规划修编（2008—2020）》，截至 2020 年，流域内城市面积将达 1037km²，其中昆明市主城区 568km²、呈贡新区 160km²、空港经济区 54km²、高新区 85km²、晋宁新城 91km²、海口新城 68km²、海口 10km²。城市将占据滇池流域湖盆区的 81.62%。如果按此规划发展下去，整个滇池流域该开发的和不应开发的，都得到了开发，占用的空间主要是挤占了生态用地、环境用地。

从城市用地地表特征来看，城市区域透水下垫面占 47.7%，主城区占 42.5%，呈贡新区 37.2%。不透水下垫面占 52.3%，其中道路 7.4%，建筑物 44.9%。在建的呈贡新区地面扰动较大，许多建筑工地现在表现为不透水下垫面。

4. 实行昆明生态建设和环保措施的分区分类控制

（1）分区方案

滇池流域自然分区包括山地区、台地区和湖滨区，这种分区并不适用于面源污染的防控和管理。与《滇池流域"十二五"水污染防治规划编制大纲》"一湖三圈"分区控制的思路衔接，基于滇池流域自然、社会环境特征，以及生态系统结构、土地利用类型、面源污染物输送特征、政策管理现状等的空间分异，整个流域划分为水源控制区、过渡区和湖滨区三个向心圈层（图 2-8）。

水源控制区：截留入湖河流的各级水库和坝塘以上的汇水区。水源控制区的径流及其携带的面源污染物通过管道供给城镇生产和生活用水。由于水库和坝塘的拦蓄净化作用，该区域的面源污染物不易直接进入滇池，经水库泄水、灌溉用水进入此区的微量氮、磷则直接进入滇池水体。对应于《滇池流域"十二五"水污染防治规划编制大纲》控制分区的水源涵养圈层，重点任务是水源涵养和保障滇池流域饮用水安全。

过渡区：与《滇池流域"十二五"水污染防治规划编制大纲》控制分区的引导利用圈层相当，指最后一级水库或坝塘控制区域以下到滇池环湖公路的区域，包含环湖山区/半山区、台地区、湖盆区。该区域是流域面源山地径流和部分农田径流形成的主要区域，同时也是传统农业最集中的区域，坡耕地、梯地比例大。暴雨期间面源污染物由散流方式弥散进入支流，再汇入干流入滇池。

湖滨区：滇池环湖公路至滇池水面，主要是环湖冲积平原，农田径流和村落污水是该区域的主要面源污染来源，而且农田大多为设施农业所主导。该区虽然面积不大，但单位面积污染负荷大，因临近滇池，对湖泊的直接影响大，暴雨期间面源污染物由散流方式直接进入滇池。同时，湖滨区也是面源污染负荷入湖前最后的屏障。目前，该区已被确定为环湖生态修复核心区，为《滇池流域"十二五"水污染防治规划编制大纲》控制分区中的生态防护圈层，执行"四退三还一护"政策，规划建成平均宽度为 100m 的环湖生态带，以点（湿地示范点）、线（环湖风景林带）、面（带状公园）相结合的原则进行生态修复和生态建设。

（2）分区防控总体思路

系统方案的分区防控总体思路为"圈层截留，分区控制"。系统方案设计以整合水源控制区、过渡区和湖滨区的面源污染发生圈、流域规划管理圈、面源污染控制技术圈为突破，贯穿基于"面源污染发生-面源污染控制目标-面源污染控制措施"的综合流域管理理念，以土地利用调整和农业产业结构调整为重要环节，以"土地利用调整-行政管理-控制技术"相结合的手段，实现"源头削减，过程截留，末端化解"的流域综合防控体系（图 2-8）。

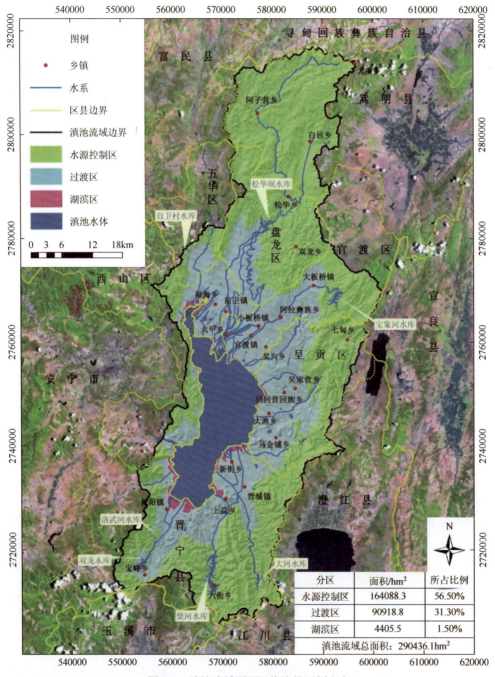

图 2-8　滇池流域面源污染防控区划方案

5. 需要从流域外大规模向昆明调水

滇池流域内水资源先天不足和污染加剧了水资源的短缺，流域内现有水资源难以维持昆明市未来的发展和滇池水环境整治。解决滇池流域的水资源问题，一般有以下几种途径，见表2-6。

表2-6　解决滇池流域水资源问题的途径及其评价

途径	基本评价	结论
1. 加强管理，节约用水	可以部分缓解水资源的短缺，但城市规模的扩大和经济社会的发展对水资源需求总量增加的趋势不可逆转，该途径作用较为有限	有限，但永远重要
2. 加快污染的治理，污水资源化	污染治理无论什么时候都需要加强，但极其缺乏的水资源在高强度使用的情况下是不可能不被污染的；将高度污染的水体净化到很洁净的水，成本很高	有限，但目前很重要
3. 挖掘潜力，充分利用当地水资源	现有潜力基本挖掘完毕，现有水资源已经被过度利用	有限
4. 流域外调水	在上述1、2、3条都必须坚持到位的基础上，根据国家对主要江河水资源调配战略和现有经济社会的支持能力，从流域外大规模地引水，已成为昆明市、滇池流域及至整个滇中地区可持续发展的基础	尽可能及早准备

　　从更大尺度、更广泛的视野来看，滇池流域水资源的短缺只是整个云南中部地区水资源匮缺的一个窗口。虽然整个云南水资源比较丰富，但整个滇中地区都是水资源比较匮缺的区域，见图2-9。

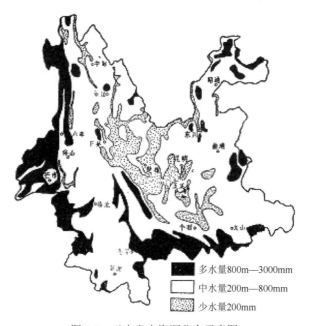

多水量800m—3000mm

中水量200m—800mm

少水量200mm

图2-9　云南省水资源分布示意图

　　滇中地区是我省经济社会发展的核心区域。从经济社会地位上来看，滇中包括7个地区，41个区县，面积$12×10^4km^2$，人口1800万，面积分别占全省的30%，工业和农业分别占全省的79%和51%，GDP占全省的70%，人均财政收入水平高于全省平均水平的1.8倍。而从水资源条件来看，该区域地处四大水系腹部地带，云南降水低值区（少于全省均值的 20%)，蒸发量大，年降水不均，地区水资源分布不均，水资源总量仅为全省的 3.6%，单位面积水资源量仅为全省均值的 1/3。

包括昆明在内的滇中地区严重缺水将成为区域发展的最大瓶颈，未来人口增长、经济发展、城镇化发展，将使水资源短缺的问题更为严峻。云南实施的四大战略大都与滇中地区密切相关；云南培植的五大支柱产业有四大产业主要布局在滇中地区。滇中地区水资源短缺，是一个牵动云南经济社会和未来发展的全局性问题，已经对滇池流域及滇中其他地区的发展构成严重制约。引水滇中已经势在必行。

目前，已完成掌鸠河引水供水工程，日均向昆明主城集中供应优质饮用水 $6.5 \times 10^5 m^3$，完成了清水海引水工程，正在全面推进牛栏江—滇池补水工程，相关工作进展顺利，2013 年工程竣工并向昆明供水。在"十二五"期间滇池流域水资源格局将发生改变，2013 年牛栏江滇池补水工程将实现向滇池输水约 $5.6 \times 10^8 m^3/a$（多年平均），与目前滇池流域本地水资源量相当，将为缓解流域水资源短缺，实现水资源的合理调配、进行水污染的全面治理提供战略机遇。

昆明在全国率先制定城市雨水收集利用技术规范，引导和鼓励再生水利用，城市再生水利用率达 66.27%。主城万元 GDP 取水量降至 $19.33m^3$，万元工业增加值取水量降至 $9.28m^3$，低于全国平均值 50% 以上，节水型企业（单位）覆盖率达 18.78%。加大再生水利用设施建设，不断强化和落实各项节水工作措施，积极引导和鼓励再生水利用，累计建成 265 座再生水利用设施，日处理总规模达 $9.05 \times 10^4 m^3$。

6. 昆明城市规划应该注意的生态红线

从土地承载力人口计算，滇池流域相应的城市人口规模警戒值为 659 万；从流域生态环境安全、社会经济可持续发展、土地承载力、水土资源可持续利用等方面综合考虑，滇池流域城市人口规模警戒值为 436 万。如果仅考虑维持目前流域生态环境现状和城市良性发展，流域总的城市人口规模控制在 400 万以内比较合适；而如果在区域环境污染得到有效控制和生态环境质量显著改善的前提下，基于资源－生态－环境的最佳人口容量为 300 万左右。可见，目前以及今后规划的滇池流域城市及人口规模已远远超过流域城市发展的警戒值，如不采取相应的对策措施，未来将对滇池的水生态环境造成比现在更大的压力，严重抑制滇池流域社会经济的可持续发展。

划定生态红线，保证一定量的生态用地，同时控制城市（镇）建设用地规模，提高城市（镇）用地人口密度和集约利用水平，是确保滇池流域城市（镇）发展与流域生态可持续性的重要措施。研究表明：在 5% 显著性水平下 TP 和 BOD 与土地利用类型之间存在相关关系，建设用地对 TN 的弹性为 15.31，即城镇建设用地每增加 $0.067hm^2$，会对 TN 产生 15.31mg/L 的正向影响；耕地对 TN 弹性为 10.47，牧草地对 TN 弹性为 –153.74。建设用地对 BOD 的影响为 543.79，耕地对 BOD 影响为 –272.49，林地对 BOD 影响为 160.88。不难看出，城-镇-村工矿建设用地和耕地显著提高了流域 TP 的排放，然而牧草地显著减少了流域 TP 的影响；城-镇-村工矿建设用地的增加显著提高了流域污染的排放。确保流域一定的林业用地、湿地面积及相关的生态用地，是实现流域基本生态环境质量的关键（表 2-7）。

为此，城市规划中应根据确保生态环境质量的基本需要，重构土地利用的功能定位，不突破流域的生态红线。滇池流域生态功能分区如表 2-7 所示。

表 2-7　滇池流域生态功能分区（部分自《昆明市生态功能分区》）

功能定位	面积/km²	生态环境现状	生态功能恢复和建设方向
滇池湖泊水生生态系统多功能生态区	639.04	滇池水体污染严重，旅游活动造成一定的生态环境破坏	加强污染治理，防治富营养化，严禁开展不符合保护目标的生产和旅游活动，重点保护：①滇池水质及海菜花、轮藻、篦齿眠子菜、金鱼藻等水生植物和星云白鱼、多鳞白鱼、云南盘鮈、昆明裂腹鱼、中华倒刺鲃、长身刺鳑鲏、青鳉等 22 种土著鱼类；②西山森林公园、筇竹寺、黑龙潭、金殿、大观楼、翠湖、圆通山及咸阳王赛典赤墓、晋宁郑和公园等历史文化遗迹和风景名胜；③残存的森林类型（主要有滇青冈林、元江栲林、云南油杉林以及云南松、华山松人工林）和古树
松华坝中山山原水源涵养生态功能区	516.79	森林质量差，水源涵养能力低，人为活动造成了一定的生态环境破坏，不合理的农业生产导致了一定的水体污染	封山育林，提高森林的数量和质量，加强水源涵养能力，规范保护区管理，严禁不符合保护目标的生产和旅游活动，限制化肥、农药的施用，推行清洁生产，重点保护水源地水质
滇池湖滨城市生态功能区	1049.44	滇池水体和其周围面源污染严重，土地利用结构不合理，城市发展加剧了水资源和土地资源的紧缺，并侵占了一部分农田，森林覆盖率低，树种单一	按照昆明市城市总体规划的要求，严格控制城市发展规模，调整土地利用结构，治理"城中村"现象；增加城市绿化面积，提高森林覆盖率；加强滇池污染治理，严格化肥农药的施用，防治面源污染；调整产业结构，推行清洁生产，发展循环经济

第三节　滇池流域农村发展的生态约束与对策

一、滇池流域农村发展的生态约束特点

滇池流域城市化快速推进，农业和农村快速萎缩，农业用地急剧减少，城市化发展中没有很好解决农村的问题，从而使农村发展对生态环境的影响反而呈现更加突出的趋势。

1. 农村和农业快速萎缩

长期以来，流域中的农村和农业发展始终未从根本上摆脱传统经济观念，对农业采取掠夺性经营，一直延续着"资源—产品—废弃物排放"单向流动的线性农业发展模式。在这种经济行为中，农业生产以农副产品在数量上的高速增长为驱动力，无节制、高强度地开发农业资源，同时采用粗放型低利用工艺生产，导致产生大量污染物并排放到自然环境中，这种传统的农业生产模式产生的危害和问题随着时间的推移日益显现出来。昆明市在农业可持续发展中存在的主要问题的突出表现就是在城市大规模扩张的情况下，人均资源占有率低，不可再生的资源逐年减少。

全市人均土地 6 亩，人均耕地 0.9 亩，远远低于全国、全省的人均占有水平。耕地中有 76%的中、低产田地，单产水平低。随着农业结构调整和城乡建设的发展，耕地数量减少，1980～2000 年，耕地面积由 212889hm² 下降到 192054hm²，20 年减少耕地 20835hm²，年平均减幅 0.5%左右；2000～2005 年，耕地面积由 192054hm² 下降到 175037hm²，5 年减少耕地 17017hm²，年平均减少耕地 3403.4hm²（51051 亩），年平均减幅已达 2%左右。

水资源的短缺问题更为突出，人均水资源占有量为 1250m³，为全省人均水资源占有量的 1/5，全国人均水资源占有量的 1/2，而人口密集，工农业发达的滇池流域人均水资源占有量仅为 300m³。加之降水时空分布不均，水资源的有效利用率低，在农业生产上冬春干旱，夏秋雨涝是影响农业可持续发展的重要因素。

随着人民生活水平的提高和农产品国际贸易的快速发展，农产品的质量安全问题日益突出。化肥、农药、含激素的饲料添加剂、兽药和其他农业投入品的不合理使用，导致农产品污染和有毒有害物质残留的情况比较严重，蔬菜农药残留超标曾经在全国大中城市中名列前茅，经过专项治理后有所改善，但农产品的质量安全仍是农业发展中的重大课题。

2. 农业用地急剧减少

2003～2008 年，滇池流域各类土地利用/覆盖类型都有转入和转出，且类型间的相互转移量比较大，土地利用结构属于快速调整和不稳定阶段。按绝对数计算，土地利用转出面积最大的是自然保留地 17186.66hm²，其次是耕地，达 8716.74hm²，转出最小的是滩涂沼泽，为 48.48hm²。转出面积大小排序是：自然保留地、耕地、林地、牧草地、园地、其他建设用地、其他农用地、城乡建设用地、水域、交通水利用地、滩涂沼泽。转入面积最大的是林地 8414.21hm²，其次是城乡建设用地 6643.25hm²，最少的是滩涂沼泽 42.47hm²，转入面积大小排序是：林地、城乡建设用地、牧草地、耕地、自然保留地、其他农用地、其他建设用地、交通水利用地、园地、水域、滩涂沼泽。按相对百分比计算，转出比例最高的是自然保留地，为 48.46%，其次是耕地 23.46%，最低的是水体 0.35%，转出比例高低排序是：自然保留地、耕地、其他建设用地、滩涂沼泽、其他农用地、牧草地、交通水利用地、园地、林地、城乡建设用地、水域。转入比例最高的是城乡建设用地 20.69%，其次是自然保留地 15.88%，转入比例最低的是水域 0.23%，转入比例高低排序是：城乡建设用地、自然保留地、牧草地、耕地、其他建设用地、其他农用地、交通水利用地、林地、滩涂沼泽、水域。

2003 年昆明市非农业人口为 202.12 万人，非农业人口占总人口的比重为 40.36%；2008 年非农业人口为 220.52 万人，非农业人口占总人口的比重为 42.10%。2003～2008 年昆明市非农业人口占总人口的比重增加了 1.74%。可见，昆明市的城镇化水平提高得很快。采用土地利用城镇化指数 E 来定量地表示土地利用的城镇化水平：

$$E=(城乡建设用地+交通水利用地)/耕地$$

经计算，昆明市 2003 年、2008 年的 E 值分别为 0.758 和 1.065，其值随着时间的变化而迅速增加了 40%。大量的农业土地在城镇化发展中转化为建设用地，因此，说明城镇化是引起滇池流域土地利用/覆盖变化的重要原因之一。

3. 农村发展环境友好程度低

滇池流域面源污染已经成为最重要的污染源，其中来自农业、农村的各类面源污染又是其中的主要来源，这包括三个方面：水土流失，农业耕作区水土流失、水源保护区水土流失、城市水土流失；农业生产污染，种植业污染源、畜禽养殖业污染源、水产养殖业污染源；农村生活污染，农村生活污水、农村生活垃圾。

（1）农业用地水土流失严重

据卫星遥测调查，昆明市水土流失面积占国土面积的42%，每年流失的土壤达1516.12×10^4t，每年土壤流失的厚度达0.78mm。耕作土壤由于过量施用化肥，以及连作和覆盖地膜而造成的土壤退化现象也日益严重，表现最为突出的是滇池沿湖的菜区、花区，由于多年大棚覆盖、种植同一种作物，耕地缺乏必要的休闲期和不同作物轮作，致使土壤结构破坏、耕性变劣、肥力下降、病害增加，造成农产品生产成本增加，产品质量下降，农药和有毒物质超标，一些农户不得已放弃自己的土地到外地租用土地耕种。

水土流失的泥沙大量进入滇池湖盆，使得滇池湖底40年中升高约48cm。滇池流域土壤侵蚀模数为1098.9t/（km²·a），年侵蚀量320.9×10^4t，年平均剥蚀厚度0.81mm。每年因水土流失进入滇池的氮素可达701t，磷564t。

水土流失与流域环境内的地质、地形、土壤、气候、地表覆盖物（植被、森林）和土地利用现状等因素直接相关。此外，流域内土地垦殖率达30.07%，为全国平均水平（10.42%）的2.89倍，为全省平均水平（7.20%）的4.2倍；流域人口密度859人/km²，为全国平均水平的6.8倍和全省平均水平的8.5倍。

城市水土流失问题会随城市化进程而加剧，但与此相对应的禁建区和限建区的限制，以及城市绿地、森林公园、河道防护带等生态建设，将很大限度削弱城市面源污染负荷，因此，城市水土流失不是目前流域面源污染的主要源区。

（2）农业生产污染严重

农业面源污染主要由降水径流、土壤侵蚀、地表溶质溶出和土壤溶质渗漏四个过程形成。人们对农业活动导致面源污染造成的生态环境危害及其对农业可持续发展的影响往往认识不足。

滇池流域经济活动频繁，是全省主要的经济中心。近年来随着城市化进程的加快，滇池流域农业生产结构发生了巨大变化，种植业由原来以粮食作物种植为主转变为以花卉、蔬菜经济作物为主，畜禽养殖业逐渐形成规模化经营。滇池流域是昆明市乃至全省重要的农产品生产、加工贸易基地。但是，流域农业产业结构单一，产业链简单。农业生产以农副产品在数量上的高速增长为驱动力，无计划、无节制、高强度地对农业资源进行过度掠夺开发，是一种典型的资源掠夺性的非可持续发展模式。加之，农业生产结构不合理、垦殖技术不当、水土保持措施不利，使得土地退化，面源污染加剧。

目前滇池流域7区县共有耕地和园地耕种面积约90万亩，根据2009年昆明市农业面源污染普查资料，单位面积氮、磷肥料用量0.064t（折纯）/亩，氮、磷比例为1：0.51。每年TN流失总量1609.50t，TP流失总量145.42t，磷、氮流失量占使用量的3.04%。种植业化肥流失占TN总排放的56.47%，TP总排放的37.12%，是农业面源污染的主要来源。

滇池流域畜禽养殖业污水产生量45.63×10^4m³/a，粪便量55.52×10^4t/a，COD 11.04×10^4t/a，TN 5276.58t/a，TP 998.57t/a，氨氮529.25t/a。畜禽养殖COD排放量占产生量的8.12%，磷排放量占产生量的18.15%，氮排放量占产生量的15.71%。

水产养殖业TN产生量32.17t（氨氮2.49t），排放量28.42t（氨氮2.23t）；TP产生量7.40t，排放量6.52t。水产养殖业氮、磷排放量占氮、磷产生量的88.30%。COD产生量

222.19t，排放量196.99t，排放量占产生量的88.66%。

滇池流域各类农药年使用量509011.90kg，平均每亩使用量0.56kg，流失量为7.81%，但设施农业等重污染区，使用量远远高于平均基数。滇池流域种植业秸秆产生量21.38×10^4t，利用率达79.47%，以饲料用途为主，随流域全面禁养的实施，农作物秸秆的综合利用需要新的循环经济模式。

（3）农村生活污染物缺乏处理或处置

滇池流域共有农村户籍户数225950户，户籍人口664526人，常住人口639108人，涉及330个行政村（2009年）。农业人口占全流域总人口的37.59%。滇池流域农村生活污水产生量955.61×10^4t/a，排放量862.73×10^4t/a，排放量占产生量的90.28%；COD产生量17432.66t/a，排放量15718.18t/a，排放量占产生量的90.17%；TP产生量62.79t/a，排放量55.97t/a，排放量占产生量的89.14%；TN产生量401.82t/a，排放量364.40t/a，排放量占产生量的90.69%；氨氮产生量59.82t/a，排放量53.02t/a，排放量占产生量的88.63%。滇池流域农村生活垃圾产生量8.48×10^4t/a，排放量0.75×10^4t/a（其中：有机垃圾产生量5.66×10^4t/a，排放量0.38×10^4t/a，分别占垃圾产、排量的66.74%和50.67%），排放量占产生量的8.84%；生活垃圾TN产生量220.64t/a，排放量18.78t/a，排放量占产生量的8.51%；生活垃圾TP产生量39.19t/a，排放量3.62t/a，排放量占产生量的9.24%。

村镇农村户口居民的居住地在城乡建设进程中，有部分已逐步被昆明市主要污水处理厂（8个已建或扩建，3个在建）、区县污水处理厂、集镇污染集中式污水处理站所覆盖，但城乡接合部的区域和范围也随之扩大，外来流动人口的涌入，增加了生活污染物的排放量。集镇居民点集中式污水处理设施建设不全，多数村庄没有污水处理措施，产生的农村生活污水直接排放进入农业沟渠和附近水体。村委会办事处居民点生活垃圾收集体制不健全，垃圾清运处置率较低，垃圾池存在建而不用的问题，生活垃圾的随意处置无任何排污经济代价。

流域农村生活污染呈现二元化的特征，体现为湖盆村庄和山区村庄的差异。湖盆区人口密集，是农村生活污染物产排量较大的区域，随着城乡一体化进程的推进，部分湖盆村庄逐步纳入城市治理的范围。重点治理的区域是滇池南部呈贡、晋宁、海口一带的湖盆村庄，以及北部盘龙江水源区、自卫村水库水源区、柴河水源区、古城河水源区等山区村庄。

二、拓展农村发展生态承载力的对策

根据昆明及滇池流域农村的自然-经济-社会的特点，提出农村用地结构、产业布局、空间配置、环保及农村未来发展规划等要求。

1. 优化农村产业结构与布局

滇池流域的农业面源污染1/2以上的氮流失量和1/3以上的磷流失量源于种植业，因此，通过农业产业结构优化调整减污，是控制面源污染最为行之有效的途径。应解读整合目前已提出的滇池流域的农业产业布局调整和规划性发展方向，以昆明市农业产业结构

"北移东扩"和滇池流域农业中心南移重心外转的战略目标为指导,优化流域农业产业结构和农业分区布局。

昆明是典型的集大都市和大农村于一身的边疆省会中心城市。长期以来,围绕保障城市供给,实行"依托城市、发展农村、富裕农民"的城郊型农业发展方针。流域现有耕地面积 34.3 万亩,其中蔬菜种植面积 23.5 万亩、花卉种植面积 7.55 万亩。滇池流域种植业高度集中,复种指数较高,商品率高,长期以来大量耕地用于种植花卉、蔬菜、烤烟等农药、化肥施用量大的作物。化肥、农药的大量施用及农田废弃物、养殖业排泄物等成为滇池流域农业面源污染的主要因素。调整滇池流域农业产业结构是面源污染治理的关键。

滇池流域农业产业结构调整定位为"滇池流域生态农业服务区"和北部嵩明县的"生态特色农业区",充分利用昆明城市发展和滇池流域生态环境保护的契机,以农业现代功能拓展链接城乡一体化与新农村建设为推动,实现"农业中心南移"和"农业重心外移",构建农副产品加工、农业技术信息服务、农产品物流、生态农业示范工程等农业循环经济产业链,形成生态型农产品加工工业园区、农业科技信息服务中心、农产品物流中心、生态农业示范园区等互补的都市化生态型现代农业格局。

2. 调整农村用地结构

根据《昆明市人民政府关于滇池流域农业产业结构调整的实施意见（2010）》,2010～2013 年,滇池流域按年度分别调减现有耕地面积 10%、20%、40%和 30%（包括城市建设规划用地减少的耕地面积）。用三年半的时间将 34.3 万亩农业种植面积全部调整为园林园艺、苗木、经济林木种植,园林园艺景观和滇池湿地生态园区,农业休闲观光区。

通过农业产业空间布局调整实现面源污染的布局控污,对于环滇池区域四退三环地带的 30 多万亩耕地执行严格的退耕政策。滇池水体保护界桩及环湖公路外延 100m,实行严格的滇池保护和环境治理政策,种植业和养殖业全面退出,在退出种植、养殖的区域内开展天然湿地修复和湿地公园建设、生态公益林和城市森林公园建设,发展绿化苗木基地,发展观光旅游农业。

湖盆农区由保障供给型的城郊农业,加速转型为融生产保障、生态建设、休闲生活服务、生物技术载体于一体的都市生态农业,加速建设绿色农产品生产基地、生态农业园区、旅游休闲农业园区和农产品精深加工产业园区相结合的多元化农业循环经济。

水源保护区重点实施生态家园和农业清洁生产建设。结合社会主义新农村建设,建设农村能源建设生态示范村和生态家园农户,农村沼气建设与"改圈、改厕、改厨、改院"结合,实现农村家居环境清洁化、庭院（园）经济高效化、农业生产无害化,全面减少农村面源污染。种植业逐步少用或不用化学农药和化肥,推广病虫害生物防治和物理防治技术,配合绿色或有机食品生产基地,园林苗木清洁生产、中药材基地建设,把资源环境优势转化为经济优势。

3. 加强农村环保设施建设

根据滇池流域农业农村面源污染特征及滇池流域面源污染源强特征,确定面源污染控制的重要环节。

（1）村落污水管理、收集和处理

建设以"城市（区县）污水处理厂-农村集镇污水处理站-村庄分散污水收集和处理设施"三位一体的流域生活污水收集和处理体系。滇池流域现有村庄办事处 330 个，其中昆明市污水厂有 11 个、各区县污水厂纳污半径以外的农村办事处有 157 个，通过对这 157 个村庄分散处理设施进行建设，争取在 2015 年实现滇池流域村落生活污水处理率≥90%。

（2）村落生活和生产垃圾管理、收集和处理

按照"六清六建"昆明市农村环境综合整治行动与"三清一绿"清洁工程，实行清理垃圾，建立垃圾集中处理制度。实行"组保洁、村收集、乡（镇）集中、县（市）区处理"模式，村配备专职保洁人员，50 户设置 1 垃圾收集点，生活垃圾定点存放、统一收集、定时清理、集中处置。滇池流域面源污染控制重要环节如图 2-10 所示。

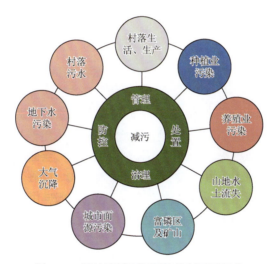

图 2-10　滇池流域面源污染控制重要环节

农业生产废弃物也是重要污染来源，主要包括农业生产、农产品加工、畜禽养殖业生产过程中排放的废弃物。这里主要指农田固体废弃物，对农业生产环境影响较大的作物有秸秆和农用地膜两类，其管理、收集和处理要以促进农田生产废弃物资源化综合利用为原则，以农业清洁生产和农村清洁能源建设为基础，实现农业循环经济的可持续发展道路。

1）作物秸秆能源化利用。以沼气建设为核心，把"一池三改"农村沼气建设与农民生活、农业生产、生态环境保护、农业面源污染治理和农民增收结合起来。以农户为基本单元，利用人畜粪便、废弃秸秆、生活污水进行沼气无害化处理，施行政府补贴的推广计划。重点水源区、流域北部区县建设"一池三改"沼气池。开展秸秆气化集中供气工程建设。选择有一定集体经济实力的小城镇、中心村、安置小区作为示范点，以农作物秸秆为原料，建设秸秆气化集中供气站，生产清洁燃料，实行集中供气。

2）作物秸秆还田资源化利用。滇池流域年种植业秸秆产生量每年 $21.38×10^4$t，利

用率 79.47%，低于昆明市的平均水平（92.86%）。农作物秸秆中含丰富的有机质、氮、磷、钾、钙、镁等养分，可以改良土壤，提高土壤肥力，减少化学肥料施用，有利于降低生产成本，减轻农业面源污染。机械粉碎还田：如水稻、小麦在机收过程中一次性粉碎还田。覆盖栽培还田：秸秆覆盖栽培技术，减少土壤水分蒸发、增加地表温度、抑制田间杂草生长、减少施肥量。堆沤还田：将农作物秸秆通过双室堆沤发酵，作为有机肥还田，培肥地力，降低农业成本，生产有机、绿色食品，促进农业生态系统良性循环。鲜汁秸秆直接还田：主要是针对蔬菜秸秆，喷施微生物菌剂直接还田，养分在田间降解并被利用。

3）可降解生物地膜替代塑料地膜。农用地膜的大量使用给土壤造成了严重的污染，破坏耕作层结构，妨碍耕作，影响土壤通气和水肥传导。对农作物生长发育不利。而且，农用地膜面临不易回收的难题，难于再利用，是农业固体废弃物的顽疾。滇池流域种植业地膜使用量为 1817.21t，残留量 161.80t，回收率 91%。通过可降解地膜筛选和推广试验示范，逐年加大可降解地膜推广面积，逐步替代塑料地膜。

（3）种植业污染管理和处理

种植业污染防治的重点是肥料、农药和农田用水的管理与处理，紧密与生态村建设工程、清洁农业生产工程、无公害花卉蔬菜农业生态园区及都市生态农业观光园区建设相结合，统筹实施，全盘考虑。

农业生产逐步推行清洁农业生产农户准入制度，建设生态农业观光园区，以市场引导绿色农业、有机农业的托管种植生态经营模式。在滇池流域设施农业重点区域内，全面实施作物品种搭配、精准平衡施肥、植保"IPM"综合防治、双室或三室堆沤池、滴灌微水灌溉系统、农用沟渠生物氧化塘、人工湿地恢复等多种技术措施组装的清洁农业生产技术。在包产增值的前提下，减量施肥，农业生产的固体废弃物资源化处理，禁止秸秆田间焚烧还田，降低面源氮、磷等污染物的排放量，减轻农业面源污染负荷。

测土配方施肥是农业节本增效，减少化肥流失，降低面源污染负荷的主要技术措施之一。加快在流域范围内传统农业种植区全面推广测土配方施肥，建立流域不同土壤、不同作物区域类型的施肥指标体系，加大生物有机肥、缓/控施肥的推广运用。禁止秸秆田间焚烧，通过农户堆沤肥、户用沼气池、大型沼气站等实行完全的资源化利用。农田配套建设拦蓄截留储水系统，保障旱期灌溉用水，实现农田径流的循环利用。

推行生物综合防治技术，到 2015 年现行化肥农药"双禁"。引导农民安全、合理使用农药，禁用、禁售高毒、高残留农药。在流域内全面推广病虫害高毒高残留农药替代技术，让农民学习掌握并在生产中使用各类物理、生物技术和高效低毒无残留农药。

实施农田径流水的减排技术，采取生物拦截工程和湿地处理相结合，恢复基本农田、耕地生态沟渠建设，种植水生植物，实施氮、磷拦截过滤工程，减少氮、磷流失，因地制宜建设生态湿地，末端处理氮、磷流失，达到清洁排放。

（4）养殖业的污染管理

2009 年实现滇池水体及滇池环湖公路面湖一侧区域（含湖面）和 35 条入滇河流

及河道两侧各 200m 范围内两个区域的全面禁养。滇池流域畜禽养殖业污水产生量 $45.63 \times 10^4 m^3/a$，粪便量 $55.52 \times 10^4 t/a$（2009 年），2015 年滇池流域畜禽粪便综合利用率实现≥95%的目标，全流域实现畜禽养殖污染物"零排放"。在农村综合环境整治中，按"六清六建"工作要求，清理粪便，建立人畜粪便规范化处理制度。农村养殖污染物与作物秸秆综合利用结合，作为"一池三改"户用沼气池的原料，实现完全的无害化处理和资源化利用。

流域内的养殖业管理应对流域内猪、奶牛、肉牛、蛋鸡、肉鸡专业养殖户和规模养殖户的存栏、出栏及生产污水等排放情况，以县级为单位进行统计上报，通过折算，分析畜禽粪便、污水排放量。

（5）山地及水土流失产生的面源污染管理与治理

山地面源污染的关键问题是水土流失，应以固土控蚀为重点，开展管理和治理工作（表 2-8、图 2-11）。其中包括：

1）集中式饮水源区生态建设。松华坝、宝象河、柴河水库等集中式饮水源区，加强水源涵养林和水土保持林保护工程建设。

2）滇池流域面山管理。滇池面山及控制保护区、松华坝水源保护区、滇池国家级风景名胜区、昆明长水国际机场保护区范围及滇池盆地区，为禁采区。滇池流域面山管理划分面山范围和面山保护控制区。滇池流域面山范围指以 1900m 等高线为内缘线、滇池周边标志性山峰为外缘线的区域，面积为 283 km^2；滇池保护控制区的范围指滇池面山以外、第一层主山脊线以内的区域，面积为 311 km^2。禁采区关停挖砂采石取土矿山，全面开展生态恢复治理。

3）面山绿化工程和"五采区"植被修复。依据《昆明市"一湖两江"流域绿化建设管理技术规范》（2008）进行面山绿化。随滇池流域房地产与城镇基础设施建设规模的不断扩大，石材的需求量急剧增加，导致采石场在昆明市周边遍地开花，成为导致水土流失和生态景观严重破坏的"城市疮疤"。采石场形成的山体创面包括废石堆放场、采石边坡、坑口迹地和废弃采石壁，其中后两者是绿化的重点和难点。

4）生态公益林建设。在集体林权制度改革的工作基础上，制定配套的公益林建设制度和改革措施，全面保护林地资源。通过人工造林、封山育林增加公益林地面积，低效林改造，提升林地的生态质量和景观价值。生态公益林建设与城市森林郊野公园、风景游憩林与绿化带、通道结合，构建融湖光山色的城市森林体系。

5）矿山废弃地修复。滇池流域是中国大型露天磷矿石生产基地之一，昆阳矿区是国内最大的露天磷矿采区。露天采矿生产对地表扰动较大，矿区雨季地表径流冲刷入滇的磷流失不容忽视，生产中应采取控制水土流失和地质灾害的作业方式，如等高线作业面开采、削坡卸载加固作业面、矿区地表径流的拦截和利用等。以企业为主，承担磷矿采空区、废弃区的水土流失治理，控制尾矿渣冲刷流失和土壤磷素淋溶，以工程治理为主，复土植被修复、封山育林等手段为辅。目前，云南磷化集团昆阳磷矿已成为国家首批 37 个绿色矿山之一，2007 年起开展实施"尖山高陡边坡治理工程"，2011年采用"客土喷播厚层基质坡面绿化"技术进行植被修复，通过"平整坡面—安装锚杆—挂网施工—喷浆覆土—播草灌种"进行边坡绿化，初见成效，2011 年 8 月云南磷化集团启动"矿山废弃区植被恢复造林"工程项目。滇池流域面源污染控制小流域单元控制分区如表 2-8、图 2-11 所示。

表 2-8　滇池流域面源污染控制小流域单元控制分区

序号	面源污染控制分区	分区类别	包含小流域	主要对策
1	主城区上游水源保护区	生态管养区	松华坝流域	农业面源防治、退耕还林、林分改造、生态补偿
2	主城区—呈贡新区面源污染控制区	城市面源污染重点控制区	新河—运粮河流域、船房河—采莲河流域、盘龙江流域、金汁河—枧槽河流域、东白沙河流域、洛龙河流域	城市绿地建设、城市河流植被带、城市森林建设、湖滨入湖河口湿地建设
3	东岸城市-村-镇面源污染控制区	城市农村过渡转型环境综合整治区	宝象河流域、马料河流域、捞鱼河流域、南冲河流域、淤泥河流域	农村环境综合整治、观光生态农业、农业产业结构调整、农村劳动力转型
4	南部农业面源污染-富磷区控制区	农业面源污染重点控制区	大河流域、柴河流域、东大河流域、古城河流域	农业产业结构调整、面源污染削减技术、固磷控蚀
5	西岸散流控制区	生态管养区	滇池西岸散流区	农业产业结构调整、森林管养、湖滨湿地建设

图 2-11　滇池流域面源污染防控与小流域单元控制简图

三、小结

　　滇池流域城-镇-村用地扩张对滇池生态环境产生了负面影响。滇池作为高原湖泊与我国东部平原湖泊比较，汇水面小，水量供给系数低，水量交换系数小，湖泊换水周期长，其湖泊生态更加脆弱，因此滇池流域-镇-村的节地研究必须考虑生态约束的条件。

第二篇　高原湖滨区域生态、经济社会协调发展的节地综合评价
——以滇池流域为例

第三章　滇池流域历史时期城-镇-村用地节约集约利用状况评价

第一节　城-镇-村土地节约集约利用理论研究综述

一、城-镇-村土地节约集约利用的内涵

有关土地集约利用的研究,起源于杜尔格和李嘉图等古典经济学家在地租理论中对农业用地的研究,他们发现并证明了农地集约耕作中的报酬递减规律。马克思在对古典经济学进行批判和继承的基础上,将集约利用定义为资本集中在同一土地上,而不是分散在若干毗连的土地上。随后,经济学、区位理论、城市规划理论开始涉及土地集约利用的内涵,将土地集约利用引入城市土地的研究中:从杜能(Thunen)农地利用区位的圈层理论到韦伯(Weber)的工业区位论,再到克里斯泰勒(Christaller)的中心地理论,从霍华德(Howard)提出的"田园城市"规划理论到伯吉斯(Burgess)同心圆理论、霍伊特(Hoyt)"扇形理论"、海瑞斯和尤曼的(Harris and Ullman)的"多中心理论"等。

我国学者对土地集约利用的内涵也做了大量研究,归纳起来有以下几种观点。

毕宝德认为,土地集约利用是在一定土地上增加投入,以获得更多产出的土地开发经营方式。

陈银蓉、梅昀、王传明等将土地集约利用理解为土地利用结构、布局的合理及生态环境的优越等。

甄江红认为,土地集约利用是指在合理布局、优化用地结构的前提下,通过增加存量土地投入、改善经营管理、充分发挥土地使用潜力等途径,不断提高土地利用效率、经济效益和生态效益的过程。

何芳认为,土地集约利用是在特定时段、特定区域的动态的相对概念。

杨重光认为,城市土地集约利用包括三个方面的内容:①城市单位面积的产出率不断提高;②通过土地利用规划和城市总体规划科学和合理利用土地,建立合理和经济的空间布局,并且使地区的经济、社会和环境得到协调发展;③通过旧城改造和房地产开发,结合调整产业结构,调整用地结构,提高地区土地的整体利用水平,最大限度地利用现有土地。

徐国忠等认为,城市土地集约利用是对现有城市存量土地加大人力、物力、财力的投入,提高土地的经营管理水平,在现有经济技术水平许可的条件下,尽可能提高土地的使用强度和效率,以获得单位面积更多的产品产量或土地负荷能力的经营方式。

迄今为止,中外学者对于土地集约利用的概念和内涵尚未达成共识,从已有的研究来看,土地集约利用的内涵可总结如下。

1)土地集约利用的基本含义是指在土地上增加投入,以获得土地的最高报酬。一般

用单位面积土地上的资本和劳动投入量来衡量土地与资本、劳动的结合程度，即土地利用的集约度。由于土地利用报酬递减规律的作用，土地利用集约度的提高是有限度的。

2）土地集约利用不仅是高投入、高产出，还是经济、社会和生态效益兼顾的最佳土地利用方式。

3）土地集约利用是一个动态的过程，而不是一个静态的终极目标。随着经济发展和科学技术进步，用地效率将会不断地提高。

4）土地集约利用水平衡量具有区域差异性，不同的地方由于土地条件不同，其衡量评价的指标也会不同。

5）土地集约利用发展自身具有阶段性。伴随着城市化进程，土地利用由最初的劳力资本集约型，过渡到资本技术集约型和更高层次的社会、生态集约型。

6）集约用地的目的是节约用地，就是各项建设都要尽量节省用地，不占或少占耕地。土地节约强调用地效果，集约用地强调用地方式。

二、城市土地集约利用的驱动力因素

按照对城市土地集约利用驱动力因素的分析，影响因素复杂且来自各方面，其中部分因素起主导作用。生态约束下的城市土地集约利用影响因素应该由主要因素来确定，使指标具有代表性和典型性。所以，本书首先参考已有研究成果的结论，为后续确定生态约束下城市土地集约利用的影响因素提供参考。主要文献研究如表 3-1、表 3-2 所示。

表 3-1　近期不同研究对象的土地集约利用影响因素比较

学者（年代）	研究对象	主要影响因素
吴郁玲等（2007）	我国土地	人口因素、经济增长、技术进步、政府管制
于春艳（2005）	城市土地	人口密度、城市规模、土地价格
王晓艳等（2008）	城市土地	人地关系、经济发展水平、城市规模、城市化水平、产业结构
韦东等（2007）	特大城市	人地关系、经济发展水平、城市规模
杨树海（2007）	城市土地	自然地理条件、城市规模、产业结构、技术进步、经济发展水平、交通运输、
王家庭等（2008）	城市土地	级差地租和土地价格、农业比较利益、国家有关土地利用管理制度
赵丽等（2008）	乡镇土地	自然环境、社会经济、技术因素、政策制度
刘杰（2008）	小城镇	自然因素、区位因素、经济因素、人口因素、政策因素
刘吉伟等（2008）	农村居民点	人口、经济发展水平、基础设施水平、生态环境、土地价格、城镇规划及相关政策法规
马佳（2008）	农村居民点	自然因素、社会因素、经济因素
孙志波等（2007）	城市土地	自然因素、社会因素、经济因素（宏微观）
廖青月等（2010）	城市土地	准则层为各个功能区的土地集约利用指数；控制层分为土地利用、土地投入、土地产出三个方面；指标层则都选取了 8 个指标
胡馨等（2010）	农村居民点	农村居民点土地利用强度、投入、结构以及效益
宋观平等（2010）	省辖地级市土地	土地利用强度、土地利用投入、土地利用产出和土地生态环境质量
张宇硕等（2010）	城市土地	土地利用的经济效益、社会效益、环境效益等

表 3-2　不同研究对象的土地集约利用共性影响因素

分类	共性因素
综合分析	人口因素、经济增长、技术进步、土地价格、人地关系、产业结构、政策法规、城市规模（单对城市）
自然—社会—经济	自然因素（地质条件、地形）、社会因素（人口状况）、经济因素（经济水平、土地价格）、政策制度（规划因素、宏观调控政策）
经济—社会—生态	经济效益、社会效益、环境生态效益

　　城市土地是社会、经济与环境等多因素共同作用下的产物，城市土地资源的开发利用均应以自然条件为基础，同时又受到来自规划、资金、人口、国家宏观调控等方面因素的影响。分析影响城市土地集约利用的驱动力因素必然要从自然、社会、经济与环境等多方面展开，如图 3-1 所示。

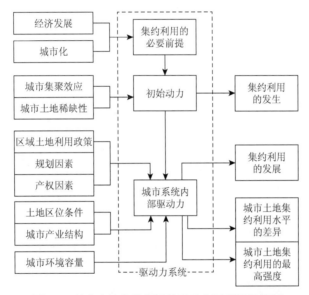

图 3-1　城市土地集约利用的驱动力因素运行机制

注：根据黄继辉等（2007）、王家庭等（2008）、张换兆等（2008）关于城市土地集约利用驱动力系统分析研究整理。

1. 自然因素

　　自然因素包括地形、地质条件。不同用途的土地利用对地形条件的要求不同，由此形成各具特色的城市土地利用结构和布局，进而决定了城市土地集约利用的方向。同时，城市土地开发利用很大程度上受地基承载力的影响和制约，地基承载力大，则比较适宜进行高密度、高强度的土地开发，有助于提高土地利用强度，促使土地利用集约化；反之亦然。

2. 社会因素

　　社会因素是指人口状况、资金投入、科技进步、城市规划、宏观调控政策、土地产权等。城市人口、资金和技术的集聚，人口规模的扩大，导致大量的土地需求，从而引导人们开展土地的空间利用；人口密度的增加，导致土地的空间利用程度提高，建筑容积率和建筑密度提高；资金的集聚和科技进步为土地集约利用创造了条件。因此，人口的增加、资金的集聚和科技进步共同促使土地利用由粗放向集约转变。规划因素和宏观调控政策是来自政府管理部门的驱动力因素。城市规划在宏观上指明了未来城市的发展方向，对城市性质和城市功能进行定位，对城市内部不同功能区域的土地集约利用有着较大的影响；城市规划确定的新商业中心、行政中心，必然会吸引人口和资金聚集，促进该区域的土地集约利用。国家政策在宏观上也指引着城市土地集约利用，如国家倡导土地节约集约利用的方针，以及用地定额标准的制定，都将有力地促进土地集约利用。另外，近年来国家为控制城市规模，出台了限制农用地转用的相关政策，这些政策的最终效果都是促使城市土地内涵挖潜，进而促进城市土地集约利用。

土地集约利用在空间上体现为垂直方向（包括地上和地下）高度的增长，而某一宗地上建筑高度的增加可能影响到周围土地利用的采光。如果土地的空间权利界定不清，容易产生纠纷，进而阻碍土地集约利用。因此，明晰的产权，尤其是土地空间权利的完善对土地集约利用有着积极的意义。

3. 经济因素

经济因素主要有：土地价格、土地区位条件及用途、资源供给、经济发展水平、产业结构等。地价水平是衡量城市土地集约利用程度的重要因素。从用地角度看，如果土地的获得成本高于提高建筑容积率所需费用，则用地单位会选择提高建筑容积率来规避高地价成本，从而促进土地的集约利用；反之，则会造成城市建设用地规模的外延扩张，不利于土地集约利用。不同用途的土地投入产出比不同，如区位条件相近的商业用地收益明显高于住宅和工业用途，因此，商业用地会吸引更多的资金和劳动力集聚，促进土地利用集约化。在竞争条件下，区位较好的地区其地租相对较高，不同用地类型的土地使用者其区位选择也会有很大差别。能获得较高土地收益的用途，占据区位条件较好的土地，土地利用的集约程度高；土地利用收益低的用途只能占据区位条件较差的土地，土地投入产出少，土地利用的集约程度低。

资源尤其是土地资源的稀缺性是城市土地集约利用最直接的推动因素。在香港、东京等土地资源较为紧缺的城市，土地集约利用程度很高。据中国宏观经济学会的数据显示，香港土地集约利用水平大约是内地城市的 3 倍。经济发展水平是集约利用的限制性因素，众多发达国家的实践证明，集约利用是经济发展到一定阶段的产物，只有较高的经济发展水平才能为土地集约利用提供更多的资金，推动土地集约利用发展。

产业结构也是影响土地集约利用的一个因素。各产业部门的土地生产率和利用率不同，一定的产业结构形成一定的土地利用结构。我国大量的土地资源从第一产业不断转向第二、三产业，土地利用逐渐趋于集约化；同时，经济活动逐渐向附加值高的行业和领域转变，土地产出效益明显增加，土地集约利用程度显著提高。

4. 环境因素

环境因素是指地块周围土地利用微环境、环境容量（生态承载力）。就城市内部而言，土地集约利用与周围土地利用的微环境密切相关。当某一宗地的土地利用与周围土地利用之间存在正外部性时，该宗地土地集约利用与土地利用微环境之间是协调的，周围土地利用能够促进该宗地的集约利用；反之，则阻碍了该宗土地的集约利用。例如，产业链的形成有利于提高土地利用的连贯性和承接性，由此达到土地利用之间的协调有序，进而促进土地集约利用。

城市生态环境是城市土地最高集约利用程度的重要限制性因素。其主要原因在于城市土地利用增加了环境的承载负荷，造成环境透支加剧，即城市环境容量决定了城市土地集约利用的最高强度。而高原湖滨城市脆弱的湖泊生态环境是高原湖滨城市土地集约利用的主要约束因素。

总之，城市土地集约利用的影响因素众多，从生态视角看，高原土地集约利用必须以保护湖泊生态环境为目的，城市发展不占用湖泊流域的生态隔离带；尽量节约集约用地，严格控制流域城、镇、村建设用地规模，保护流域的林地、园地、农田和水域；空间布局上尽量避免"摊大饼"扩张模式，提倡紧凑、集约、组团式的扩张模式，增加城市内部的绿地空间。只有从上述原则基础上提取土地集约利用主导因素作为评价和控制高原湖滨城市土地集约利用模式的指标，才能达到优化高原湖泊流域土地利用结构、促进生态经济良性循环和可持续发展的目标。

第二节　研究方法与数据

一、研究技术路线

本章首先从区域城市土地节约集约利用文献研究入手，梳理城-镇-村土地节约集约利用内涵和城市土地集约利用的驱动力因素，以滇池流域及各区县的城乡建设用地为研究对象，结合土地利用数据、社会经济数据利用城乡建设用地协调增减分析模型和区域建设用地集约利用评价等方法，实证研究滇池流域十几年来历史时期建设用地集约利用状况，并对滇池流域城乡建设用地集约利用时空特征、影响因素进行分析及提出促进滇池流域城乡建设用地节约集约利用的建议（图3-2）。

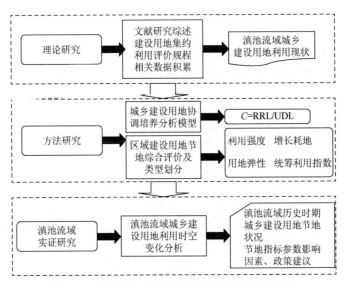

图3-2　滇池流域建设用地节地评价研究技术路线

二、数据来源

以滇池流域及各区县的城乡建设用地为研究对象，土地利用数据来源于《云南省土地利用变更年报（1996—2008）》，社会经济数据来源于《云南省统计年鉴（1996—2008）》。

需要说明的是，评价指标体系中包含人口、GDP 与城乡建设用地增长弹性系数，根据弹性系数定义，需要基准年前三年（包含基准年）的数据，1996 年的弹性系数计算需要 1995 年和 1994 年的数据，2001 年的弹性系数计算需要 1999 年的数据，个别缺失年份数据，计算时采用回归分析预测的数据（通过 t 检验和 F 检验）。

三、研究方法

1. 城乡建设用地统筹协调模型

一般来讲，在特定区域内，由于城镇建设用地在建筑密度、综合容积率以及所承载的经济活动、社会功能等方面远高于农村建设用地，所以该区域内的城镇建设用地的集约利用程度也就高于农村建设用地利用程度。引入城乡建设用地增减指数（朱喜刚，2005），即农村居民点用地变化量与城镇建设用地增加量之比，无量纲。它不仅可反映城乡建设用地内部结构变化对其总体集约度的影响，也能反映二者之间的协同增减演进情况。公式为

$$C=RRL/UDL$$

式中，C——城乡建设用地增减协调指数；

UDL——城镇建设用地增加量；

RRL——农村居民点用地变化情况。

根据二者的正负及变化情况综合划分协调类型（图 3-3）。

如图 3-3 所示：

第 I 区内，C 的取值范围为 $(+1, +\infty)$，表示城镇建设用地和农村居民点用地都发生增长，且农村居民点用地的增加量大于城镇建设用地的增加量，需结合农村人口的增减情况进行判定。

第 II 区内，C 的取值范围为 $(0, +1)$，表示城镇建设用地和农村居民点用地都发生增长，且城镇建设用地的增加量大于农村居民点用地的增加量，需结合农村人口的增减情况进行判定。

第III区内，C 的取值范围为 $(-1, 0)$，表示城镇建设用地发生增长，农村居民点用地规模在减少，但城镇建设用地的增加量大于农村居民点用地的减少量，说明城镇建设用地与农村居民点用地之间的协同增减演进机制正在形成。

第IV区内，C 的取值范围为 $(-\infty, -1)$，表示城镇建设用地在增长，农村居民点用地在减少，且农村居民点用地的减少量大于城镇建设用地的增加量，说明城镇建设用地与农村居民点用地之间的协同增减演进机制已经形成。

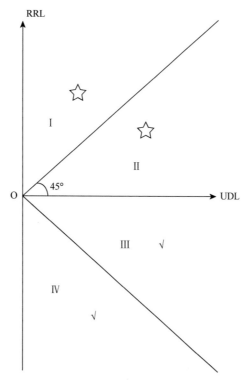

图 3-3　城镇和农村建设用地增减变化综合划分协调类型图

2. 滇池流域区域建设用地节地综合评价

滇池流域区域建设用地节地综合评价指标选取遵循系统性、可操作性、可比性和主导性原则，参考《建设用地节约集约利用评价规程》（TD/T 1018—2008）和《国土资源节约集约模范县市创建活动指标标准体系及考核办法》，结合城乡增减挂钩政策、新增建设用地考核办法、节约集约模范县评选等文件中出现的指标，构建本书的指标体系。指标体系包含城乡建设用地利用强度指数、增长耗地指数、用地弹性指数、城乡统筹利用指数等四个方面的 8 项指标，如表 3-3 所示。

表 3-3　滇池流域区域建设用地节地综合评价的指标体系

目标	指标	内涵
利用强度指数	人口密度指数	人口总量/城乡建设用地
	经济强度指数	GDP/城乡建设用地
增长耗地指数	人口增长耗地指数	基准年新增建设用地/人口增长量
	经济增长耗地指数	基准年新增建设用地/GDP 增长量
用地弹性指数	人口用地弹性指数	前三年人口增长幅度/城乡建设用地
	经济用地弹性指数	前三年 GDP 增长幅度/城乡建设用地
统筹利用指数	土地利用城市化指数	城市化率/城乡建设用地
	城乡建设用地增减指数	农村居民点减少量/城乡建设用地增加量

第三节 滇池流域城乡建设用地集约利用评价

一、滇池流域各区县城乡建设用地集约利用时序评价

依据上述评价方法和指标体系，以滇池流域各区县的城乡建设用地为研究对象，对其集约利用水平的时序变异规律进行分析。

1996～2008 年滇池流域城乡建设用地集约利用综合指数如表 3-4、图 3-4 所示。

表 3-4　滇池流域城乡建设用地集约利用综合评价指数

年份	滇池流域
1996	67.13
1997	70.72
1998	81.81
1999	74.47
2000	65.69
2001	63.50
2002	37.43
2003	40.43
2004	44.02
2005	53.55
2006	61.25
2007	60.11
2008	67.57

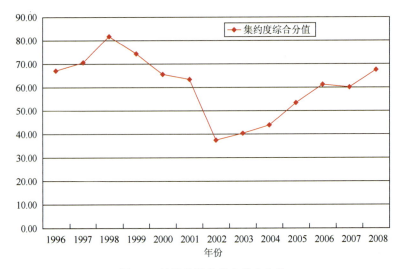

图 3-4　滇池流域集约度综合分值

从图 3-4 中可以看出，1996～2008 年，滇池流域城乡建设用地的集约利用水平在总体上并未呈现持续上升态势，而是呈现较有规律的三段：1996～1998 年呈上升趋势；之后至 2002 年明显呈现递减趋势；2002 年之后呈现持续增长趋势；各年份比较来看，1998 年的综合指数最高，为 81.81，该年度城乡建设用地总规模增长 141hm^2，净增长量仅次于 2000 年的建设用地减少量，但其固定资产投资和 GDP 增长相对较高，这样不仅地均投入和地均产出较高，而且弹性指标等动态指标值也较高，综合导致其综合指数最低，表现为高效率扩张。1999～2001 年的综合指数虽高但呈现递减趋势，期间虽城乡建设用地增长迅速，但其投入产出水平增长较慢；农村人口平稳，几乎无变化，但该时期内滇池流域农村建设用地增长非常明显，属于低效扩张型。2002～2008 年城乡建设用地总量增长都较小，但 2008 年的人口和 GDP 增长率高于2002 年，所以其弹性指标优于 2002 年，2002 年属于低效扩张型，而 2004 年属于高效扩张型。

从以上分析中可以看出，1996～2008 年，滇池流域及各区县的城乡建设用地集约利用水平总体上并未呈现持续上升态势，而是表现出波动变化态势。影响建设用地集约利用的因素是多样的，同时建设用地集约利用变化具有动态性，本书构建的指标体系既包含单年份 GDP、固定资产投入、人口密度，又包含人口增长、经济增长等弹性指数，体现人口和经济产出的变化对城乡建设用地集约利用水平变化的持续作用。具体到各区县，影响城乡建设用地集约利用水平的各因素不同，作用强度也不同，需具体分析。

二、滇池流域各区县城乡建设用地集约利用空间分异

本节以 1996 年、2000 年、2004 年、2008 年为时间节点，分析滇池流域四个市辖区（由于五华区和盘龙区一直属于城市主城区，没有农村人口和农村建设用地，未列入计算分析）的城乡建设用地集约利用水平的空间变异规律（图 3-5～图 3-8）。

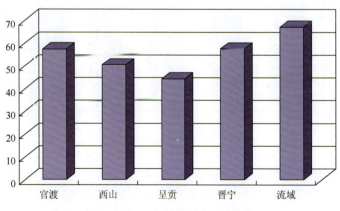

图 3-5　1996 年节地综合评价指数

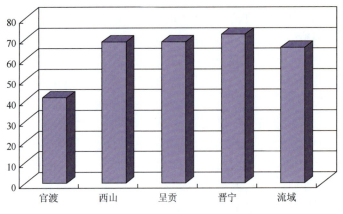

图 3-6　2000 年节地综合评价指数

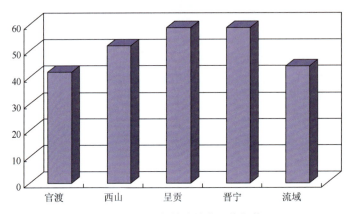

图 3-7　2004 年节地综合评价指数

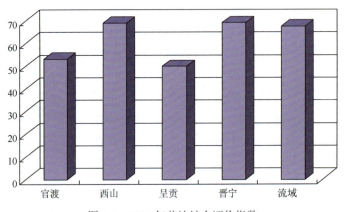

图 3-8　2008 年节地综合评价指数

　　滇池流域区域建设用地节约集约利用综合评价结果,基本反映了滇池流域经济社会发展和土地利用的实际情况,其建设用地节约集约利用水平呈现以下特点。

1. 滇池流域建设用地节约集约利用水平具有明显的时空差异

　　滇池流域各区县建设用地节约集约利用水平具有明显的时空差异。滇池流域建设用地集约度分值分布在 37.43～81.81 区间，其中 1998 年建设用地节约集约利用程度最高，为 81.81，2002 年建设用地节约集约利用水平最低，仅为 37.43。建设用地节约集约利用水平最高年份的集约度是建设用地节约集约利用水平最低的年份的 2.19 倍，集约度分值差距较大。

2. 滇池流域建设用地集约利用水平呈现中心向外围逐步递减的空间特征

滇池流域建设用地节约集约利用水平呈现明显的空间分布特征：建设用地节约集约利用水平以主城区为中心逐渐向外围递减，即由经济相对发达、人口集中的中心向外缘建设用地集约利用水平逐渐降低。表现在：在人口发展与城乡建设用地匹配程度方面，盘龙、官渡、西山、呈贡 4 个区的土地利用趋势类型为集约扩张型；建设用地与经济发展的匹配程度方面，盘龙区和东川区土地利用趋势类型为集约扩张型，其余区县属于低效扩张型，但总体上主城区的经济贡献指数高于其他区域，其建设用地节约集约利用程度较高，其余区县的土地利用趋势类型为低效扩张型，其建设用地节约集约利用程度相对较低，建设用地节约集约利用水平主城高于外围区县。

总体上，滇池流域建设用地节约集约利用水平时间上先高后低再高，主城高，主城周边区县低。

3. 滇池流域各区县建设用地节约集约利用水平与其经济社会发展水平密切相关

（1）滇池流域各区县建设用地节约集约利用水平与其经济发展间的相关性较强

滇池流域各区县建设用地节约集约利用水平与经济发展水平密切相关，滇池流域经济发展水平的变化趋势与建设用地节约集约利用综合指数的变化趋势基本一致，建设用地节约集约利用水平的高低与经济发展水平的发达程度基本吻合，二者密切相关，其相关系数达到 0.73。经济发展水平直接影响区域用地的投入产出，进而影响建设用地的节约集约利用。总体上，滇池流域主城区土地产出水平较高，主城周边区县建设用地地均生产总值低于主城区，滇池流域建设用地节约集约利用水平从经济发达的区域向经济次发达区域逐渐降低。一般而言，区域经济发展水平越高，则其建设用地节约集约水平越高，经济发展水平对建设用地节约集约利用有较大影响。

（2）滇池流域各区县建设用地节约集约利用水平与人口发展亦具有较强的相关性

滇池流域各区县建设用地节约集约利用水平与人口发展水平密切相关，滇池流域人口密度的变化趋势与建设用地节约集约利用综合指数的变化趋势基本一致，建设用地节约集约利用水平的高低与人口发展水平的发达程度基本吻合，二者密切相关，其相关系数达到 0.72。一般而言，人口密集区域其建设用地节约集约利用水平通常较高，因为人口密集区域通常通过提高居住用地建筑高度和综合容积率来实现高密度人口的容纳。主城四区建设用地节约集约利用程度远高于其他区县。人口聚集地区则因共享公共服务设施进而促进建设用地的节约集约利用，如呈贡区虽然城乡建设用地人口密度较其他区县低，但其人口集聚程度较高，实现公共设施共享，因此其土地集约利用程度也相应较高。

第四章 滇池流域城-镇-村节地与生态可持续综合评价指标及节地模式研究

前面的节地综合评价仅考虑节约集约利用城-镇-村建设用地的经济社会因素，并没有综合考虑生态因素。对于生态脆弱的高原湖滨区域，节地综合评价必须将生态因素纳入，节地与生态可持续性协调发展。因此，节地模式选择应该是生态约束下的模式，达到既节地又能促进生态可持续发展。本章运用 GIS 和元胞自动机（CA）结合的情景模拟分析技术（刘小平等，2007），研究高原湖区城-镇-村节地与生态、经济社会协调的综合评价指标和空间优化布局的技术方法，并以滇池流域为例进行实证研究。研究结果表明：只有生态约束下的城-镇-村节地模式是最节地、生态可持续的模式。这就从宏观层面探索了滇池流域合理的城-镇-村空间布局，为该区域构建生态可持续的城-镇-村发展布局和城乡建设用地空间布局调整提供了依据。本书研究不仅从理论和方法上探索了生态约束下滇池流域城-镇-村节地模式，还通过将生态约束类型区划分、生态约束下滇池流域城-镇-村节地模式等相关研究成果、技术方法应用于《昆明市城乡建设用地增减挂钩规划》（2010—2020年）的专题《昆明市滇池流域各区县生态约束下城乡建设用地增减挂钩节地潜力测算与空间布局专题研究》，作为《典型城镇村节地技术研究与示范》项目的一个示范成果。

第一节 滇池流域城-镇-村节地模式的综合评价因素与指标

一、滇池流域城-镇-村节地模式应考虑的生态因素分析

滇池作为高原湖泊，与我国东部平原湖泊比较，汇水面小，水量供给系数低；水量交换系数小，湖泊换水周期长，其湖泊生态更加脆弱。随着昆明主城扩张和滇池流域城镇化发展，滇池流域面临的生态问题比较突出，主要有以下几点。

第一，未经处理的城市生产生活污水直接排入湖泊，增大了湖泊污染负荷。因此，建立污水回收和处理设施，全面截留城市废水并处理为中水，再返还滇池，是减轻城市发展对滇池污染行之有效的工程措施。这就要求城市和城镇土地应尽可能集约利用，形成集中的污水、垃圾排放，以利于回收和处理，减少城市（镇）污水垃圾处理设施的建设和营运成本。

第二，滇池流域的湖滨湿地被侵占、面山森林植被被砍伐，使滇池流域失去了生态系统自我调剂、减缓污染的功能。恢复滇池湿地和面山植被，在流域中保留足够量的生态用地并合理分布，重塑流域生态系统，是减轻城市发展对滇池污染的重要生态措施。这就要求流域城-镇-村等建设用地规模必须控制，通过节约和集约利用土地，在有限的建设用地上承载尽可能多的人口和经济活动。

第三，十余年来，随着昆明城市化和城乡一体化进程加快，农村第二、三产业迅速崛

起，现代化设施农业迅速发展。由于农村居民居住分散，污染点多面广，治理成本高，目前农村产生的大量生产生活垃圾和污水都没有处理，导致农村非点源污染大幅增加，成为滇池水环境污染的主要方式。根据昆明环保部门监测，农村非点源污染约占滇池水污染的40%左右。所以，需要通过"城增村减""迁村并点"等方式，将农村居民点适当集中，以利于集中建设村庄污水垃圾处理设施，减少环境治理的经济成本。同时，在农业土地利用方式上，应摒弃高化肥、高农药的发展模式，大力发展高附加值的绿色生态农业和旅游观光农业，减少农田污染，使农田成为保护滇池水环境的绿色生态用地。

二、滇池流域城-镇-村节地模式选择应遵循的原则

1. 景观生态学原则

生态约束的城-镇-村集约用地模式首先必须符合景观生态学要求，合理安排城市地域的土地及地表覆盖物和空间关系，尽量保留具有自然生境功能的湿地、林地、草地、水体和农田，大力建设城市生态隔离带和绿色廊道，并使之与自然生境的湿地、林地、草地、农田等连通连片，构成良性循环的城市-流域生态系统，确保滇池流域环境生态可持续发展。

2. 集约用地原则

流域城-镇-村等建设用地必须集约利用，严格控制流域城乡建设用地总规模，严禁建设用地无序蔓延，为湿地、林地、草地、农田等具有自然生境功能的地类留足空间。应结合城乡经济结构调整和产业升级，逐步提高城市（镇）和村庄用地的集约利用水平，减少人均占地面积，提高容积率。应加快滇池流域城市（镇）化速度，尽量将农村人口转化为城市（镇）人口，并通过"城增村减"和"迁村并点"，实现产业向城市（镇）和工业园区集中，人口向城市（镇）和中心村集中，提高建设用地的利用效率和集约化水平；同时也有利于集中建设公益公共设施和污染处理设施，改善城乡人口的居住环境，减少城乡社会经济发展对滇池湖泊的污染。

3. 紧凑组团发展原则

应该遵循现代生态城市设计理念，在空间上实行紧凑组团布局。一是多中心、多层次地配置城市和城镇组团，避免中心城区"摊大饼"无序蔓延，形成中心城市-次级城市-城镇-村镇合理的城-镇-村空间布局体系。二是每个组团都应该高密度、集约化地紧凑发展，尽可能避免组团面积无限扩大，尽量少利用汽车交通满足居民日常生活的出行需求，减少污染。三是大力发展城-镇-村组团群之间的公共交通网络，实现紧凑的城市（镇）群和各组团连接。各城市（镇）群和组团之间有足够的绿地和林地、草地、农田等开放空间或生态隔离带和绿色廊道，形成山水园林的生态城市景观。

三、滇池流域城-镇-村节地模式设计与评价中的主要控制指标

1. 流域最小（适宜）生态用地量

必须在流域范围内，保留足够的生态用地和绿色空间，严禁建设用地无序蔓延，破坏

流域生态系统。因此，需要设置流域最小（适宜）生态用地量指标，反向控制流域建设用地最大规模。这个生态用地是广义的生态用地，包括所有具备自然生境功能的湿地、林地、草地、农田、水体（滇池水体除外）。根据《滇池流域水环境综合治理总体方案》，目前滇池流域核心区面积 2920km^2，仅 1992～2005 年，昆明市建成区面积扩大了近 3 倍，流域土地结构发生了较大的变化。滇池湖滨带面积 6.39 万亩，其中 96%的土地已经被开发利用，湖滨湿地消失殆尽。流域内人均水资源占有量仅为全国平均水平的 1/10，全省的 1/25；滇池流域人均生态承载力仅为 0.34hm^2，远低于全省 0.9hm^2 和全国 0.89hm^2 的平均水平。本书设置的最小生态用地量，根据《滇池流域水环境综合治理总体方案》，滇池流域人均生态承载力至少应参照全国 0.89hm^2 的平均水平测算。

除了全流域最小生态用地量外，在城市内部，也要设置最小生态用地量，分别用城市绿地率（%）、绿化覆盖率（%）、人均公共绿地（m^2）等指标表示。另外，本书将森林覆盖率（含灌木林）也作为最小生态用地量的一种控制指标。

2. 城市（镇）紧凑度

城市（镇）外围轮廓形态的紧凑度被认为是反映城市（镇）集约空间形态的一个重要指标。一方面，紧凑城市（镇）内部各部分之间联系距离较短，总体上增加了城市（镇）交通的方便性，提高了城市（镇）基础设施和土地利用效率、强度。另一方面，由于城市（镇）通过其规模效应、集聚效应、外部效应等作用对周边区域发展产生积极的带动作用，因此城市（镇）的形状越紧凑，越能够发挥其辐射带动作用。

衡量城市（镇）紧凑度的具体指标有多种。从外部形态衡量，可用形状紧凑性指数、形状指数、分形维数等景观布局指标表示。从土地利用衡量，可用建筑容积率、建筑密度和人均占地面积等指标表示。

3. 城市（镇）和村庄最低规模

为了控制滇池流域城-镇-村建设用地规模，节约利用建设用地，提高城、镇、村的集聚水平，更加充分地发挥城、镇、村作为不同层次区域中心的集聚经济效益，必须设置最低城、镇、村规模，促进人口和产业集聚，形成合理的中心城市-次级城市-城镇-村镇的城镇村布局体系。对达不到最低规模的城镇和村庄，在空间布局上应该进行合并，腾出的建设用地可复垦为耕地或作为生态绿化用地，从而实现现有城乡建设用地的布局优化。

4. 产业发展导向

按照中心地理论，不同等级层次的城市应有不同层级的中心地职能和产业类型；即使城镇也应该根据自身的资源特点，发展特色产业。因此，需要从宏观上设置各城市和城镇的产业发展导向，明确各城市（镇）的职能分工和产业发展方向，避免城市（镇）之间重复建设和恶性竞争，促进流域城镇村体系有序发展。同时，通过产业发展导向，引导具备条件的城市和城镇，逐步淘汰高污染、高消耗产业，实现产业结构的不断升级，促进流域经济发展与生态环境保护的协调。

5. 生态约束条件

生态约束条件主要依据对研究区生态约束指数的评价结果来确定，主要包括以下指标：生态约束指数，生态约束指数反映被评价区域生态约束程度状况；水土流失指数，水土流失指数是指被评价区域内水土流失的面积占被评价区域面积的比例，用于反映被评价区水土流失的程度，与评价区域面源污染控制程度相关；坡度指数，坡度指数反映评价区域城市建设用地的适宜程度；植被覆盖指数，植被覆盖指数是指评价区域内林地、草地、农田、建设用地和未利用地五种类型的面积占被评价区域面积的比重，用于反映被评价区植被覆盖的程度。

6. 限制因素确定

限制因素是指对滇池流域城-镇-村发展具有强约束性的生态限制因素，是生态约束下城-镇-村集约用地模式的红线指标。根据前面的研究和已有技术规范，确定以下 4 个限制因素，并以图层的方式对其进行空间定位，城-镇-村发展应该尽量避让这些地类。它们是：①湿地、水体、生态隔离带，禁止城-镇-村建设用地侵占；②面山林地、水源保护区、自然保护区、历史文化遗迹，原则上城-镇-村建设用地不得侵占；③基本农田保护区，城市和城镇建设应尽量避让；④大于 25° 的陡坡地和有地质灾害风险或水土流失严重的区域，原则上不宜建设城市（镇）和村庄。

四、滇池流域城-镇-村节地模式的比选方案设计

根据以上原则和控制指标，滇池流域城-镇-村节约集约用地模式应该符合以下基本要素。

1）具有足够的生态用地和完整的生态景观网络，能够保证城-镇-村发展不破坏滇池流域生态系统，不影响滇池生态环境的良性循环。

2）建设用地节约集约利用，能够在人口增长、经济发展的形势下，使滇池流域的城乡建设用地不增加或少增加，人口和产业集中度上升，城-镇-村紧凑度和综合容积率均有所提高。

3）城-镇-村体系规模等级结构合理，职能分工明确，空间布局紧凑有序、错落有致，形成有机联系的网络体系。

为此，根据能够收集的数据资料，本书设计了以下四种滇池流域城-镇-村集约用地模式的比选方案，并通过计算机实验的情景模拟计算，定量分析各比选方案的优劣，为确定高原湖滨城市土地集约利用最佳模式提供科学依据。

（1）比选方案一：自然发展模式

自然发展模式，是指滇池流域城-镇-村发展按照历史发展轨迹和现有趋势发展下去，不考虑对城市（镇）发展的生态环境约束和城乡建设用地最大承载规模。主要考虑交通条件、基础设施条件、社会经济条件、地形坡度（即 CA 考虑的基本因素）等基础性、限制性因素对城市（镇）建设用地扩张的影响。

（2）比选方案二：生态约束模式

生态约束模式，是指在自然发展模式基础上主要考虑滇池流域最少（适宜）生态用地量的控制，流域城-镇-村发展尽量不占滇池周边湿地和湖滨生态保护带，尽量少占林地、园地、农田等具有自然生境功能的地类，鼓励占用流域适宜建设区。城市（镇）内部应该保证足够的绿化生态用地。城-镇-村发展不考虑建设用地集约利用和城-镇-村体系结构的合理性。

（3）比选方案三：集约利用发展模式

集约利用发展模式，是指在自然发展模式基础上，按照昆明市"全域城镇化"的要求，加快滇池流域的人口城镇化，增加城市（镇）人口，减少农村人口，并按照"城增村减"政策减少农村建设用地，适当增加城镇建设用地和广义生态用地。同时，从构建合理的城-镇-村规模等级结构、集约用地角度，结合现有城市、城镇、村庄空间布局现状和城-镇-村最低规模要求，按照人口、产业集聚、土地集约利用、方便居民生产生活等原则，调整中心城市、次级城市、城镇、中心村、一般村庄的规模、布局和土地集约利用水平，提高城-镇-村土地利用效率和效益。但是，该方案没有考虑滇池流域的生态约束。

（4）比选方案四：生态约束下的集约利用发展模式

生态约束下的集约利用发展模式，又称综合发展模式，是在自然发展模式基础上，加上比选方案二和方案三的生态约束和集约用地要求，是一种综合发展模式。首先，它可以保证城-镇-村发展不破坏滇池流域生态系统，不影响滇池生态环境的良性循环，确保维持滇池流域生态平衡的最小生态用地量和生态景观网络的完整性。其次，它通过调整城-镇-村空间布局、提高城市（镇）综合容积率，促进城-镇-村建设用地节约集约利用，确保在人口增长、经济发展的形势下滇池流域的城乡建设用地不增加或少增加，人口和产业集中度提高，在满足滇池流域生态环境要求的前提下城-镇-村用地效益、集聚经济水平都有所提高，有利于滇池流域生态经济良性循环的形成。

第二节　滇池流域城-镇-村节地模式比选方案的实验实证研究

一、滇池流域城-镇-村集约用地模式比选方案实验模拟的数据库建设

（一）数据源及技术平台

本书的数据来源包括，1974 年 57m 分辨率的 Landsat MSS 影像，1988 年、1998 年、2008 年和 2011 年 30m 分辨率的 Landsat TM 影像，昆明市 100m 分辨率的数字高程模型（DEM）。此外，本书还收集了大量昆明市和滇池流域的城市建设与规划、土地利用、生态环境等方面的历史时期及现状图件和资料，如昆明历史时期和现状城市规划、全国第二次土地利用更新调查数据、土地利用总体规划（2006—2020 年）、滇池湿地建设规划、"十二五"滇池环境规划、滇池风景区规划、昆明市历史时期和现状城区交通图、昆明生态隔离带建设规划、新昆明建设规划、"十二五"昆明社会经济发展规划等。

本书主要的软件平台有：ERDAS IMAGINE 和 ArcGIS 系统等。ERDAS IMAGINE 是一个拥有影像制图、影像可视化、影像处理等高级遥感技术的完整的产品套件，该系统含

有矢量数据的输入、编辑、拓扑、匹配、显示等功能，支持遥感（RS）与地理信息系统（GIS）紧密地集成。ArcGIS 则是美国 ESRI 公司在整合 GIS 与数据库、软件工程、人工智能、网络技术等基础上，推出的一个集成地理信息系统平台，其功能包括：数据处理、数据管理、制图、地理分析和空间分析，以及 Internet 的地图服务等，直接支持 40 多种图形和图像数据格式。

（二）滇池流域历史时期土地利用信息的提取

1. 数据预处理

由于受遥感器平台的高度、经纬度、速度和姿态等的不稳定因素影响，遥感影像上像元相对于实际地物的位置往往发生几何畸变。几何校正的目的就是实现影像与标准图像或地图的几何整合。

在 ERDAS IMAGINE 软件支持下，以 1∶5 万的基础地理数据为参照地图，采用三次多项式及最近邻域插值法对 1974 年的 TM 影像进行几何校正。校正中，在每景影像中平均分布 15～16 个地面控制点，以保证校正精度。经检验，几何校正误差小于 1 个像元。然后以 1974 年 TM 的校正影像为基准，采用影像对影像方式校正 1988 年、1998 年和 2008 年的影像。

将土地利用/土地覆盖遥感解译所需的非遥感信息源的各类专题图件扫描后依据已有的参考图件进行几何校正和投影变换，使这些辅助图件与遥感影像数据具有统一的坐标系统，以便相互叠加。

2. 土地利用分类

土地利用分类体系是根据人类土地利用行为的目的、方式，将一定时期的土地利用行为分为若干种类型，土地利用分类体系是建立土地利用数据库并进行土地利用变化研究的基础。国内外都建立了适合自己国情的土地利用分类体系，如美国地质调查局（USGS）土地分类体系、欧洲环境机构（EEA）1994 年制定的 CORINE 土地覆盖分类体系、联合国粮农组织（UNEP/EAO）的 LCCS（Land Cover Classification System）。我国在 1984 年由全国农业区划委员会颁布了《土地利用现状调查技术规程》，依据土地的用途、经营特点、利用方式和覆盖特征等因素将全国土地分为耕地、园地、林地、牧草地、居民点及工矿用地、交通用地、水域和未利用地等 8 个一级地类，46 个二级地类。2007 年，我国发布了新《土地利用现状分类》，该分类休系采用一级、二级两个层次的分类体系，共分 12 个一级类、56 个二级类。20 世纪 70 年代，中国科学院根据我国土地利用的特点和现状，将我国土地利用分为 10 个一级类型，42 个二级类型和 35 个三级类型，编制了中国 1∶100 万土地利用图，并以此为基础，于 2000 年完成了 1∶10 万国家基本资源与环境本底与动态遥感调查数据库，该数据库将我国土地利用/土地覆盖划分为 6 个一级类型和 25 个二级类型。在本书中，参照中国科学院资源环境数据库土地利用分类体系，并考虑到各历史时期遥感影像的分辨率不同以及动态模拟的需求，将滇池流域土地利用分为耕地、林地、水域、建设用地和未利用地 5 种土地利用/土地覆盖类型（表 4-1）。

表 4-1　滇池流域历史时期土地利用分类系统

土地类型	含义
耕地	指种植农作物的土地，包括水田、旱地和水浇地
林地	包括天然林地、人工林地、灌木林以及果园
水域	指天然陆地水域，包括河流湖泊、水库坑塘等
建设用地	指城乡居民点及县镇以外的工矿、交通等用地，包括城镇建设用地、农村居民和工矿交通等其他建设用地
其他土地	指除以上四种地类之外的所有地类，包括草地、未利用地等

3. 土地利用的遥感信息解译

遥感影像分类可分为监督分类和非监督分类，监督分类方法包括：最大似然法、最小距离法、人工神经网络分类法、平行六面体法、马氏距离法、波谱角法、二值编码法。非监督分类方法包括：K-均值算法、ISODATA 算法、初始分类、专题判断、分类后处理、色彩重定义。

监督分类可根据应用目的和区域，有选择地决定分类类别，避免出现一些不必要的类别，主要适用于所需分类类别较少的情况。目视判读解译能综合利用地物的色调或色彩、形状、大小、阴影、纹理、图案、位置和布局等影像特征知识以及有关地物的专家知识，并结合其他非遥感数据进行综合分析和逻辑推理，因而在专题信息分类方面能达到较高精度。

因此，本书采用监督分类与目视判读解译相结合的方式进行滇池流域的土地利用遥感判读。本书首先进行监督分类，从待处理数据中抽取具有普遍性、代表性的数据作为训练样区，提取图像中的特征信息，采用最大似然法进行训练分类，将土地利用类型划分为表 4-1 中的 5 类。

（三）滇池流域动态模拟数据库

滇池流域数据库采用 ArcGIS9.2 制作而成，其地理坐标系统采用 GCS_Xian_1980，投影坐标系采用高斯-克吕格 3°分带投影。数据库格式为 Personal Geodatabase，其中包含的图层为 Shapefile 格式。数据库主要图层见表 4-2，共计 30 多个图层。

表 4-2　滇池流域数据库主要专题图层

图层名称	数据来源	内容	示意图
1974 年土地利用现状	1974 年遥感影像判读	遥感影像判读数据	

图层名称	数据来源	内容	示意图
1988 年土地利用现状	1988 年遥感影像判读	遥感影像判读数据	
1998 年土地利用现状	1998 年遥感影像判读	遥感影像判读数据	
2008 年土地利用现状	2008 年遥感影像判读	遥感影像判读数据	
2009 年土地利用现状	土地二调数据库	滇池流域范围内各区县的土地利用现状地类图斑数据	

图层名称	数据来源	内容	示意图
生态约束分区	根据滇池流域生态约束指标及评价分区研究成果得出的生态约束评价	基于 G2S 的生态约束评价分区图层	
禁止建设区	根据建设适宜性评价得出	基于 G2S 的建设用地适宜性评价图层	
水土流失	云南省水土流失规划	滇池流域水土流失规划图层	
植被覆盖	根据 2011 年遥感影像进行判读	遥感解释 2011 年滇池流域影像成果层次	

续表

图层名称	数据来源	内容	示意图
地质灾害	从全国地质灾害点中提取出来	已有资料人工整理汇总图层	
等高线	土地二调数据库	滇池流域范围内等高线	
土地规划地类	各区县土地利用总体规划（2006—2020）	滇池流域范围内各区县的土地利用规划地类（中间成果）	
建设用地管制区	各区县土地利用总体规划（2006—2020）	包括允许建设区、有条件建设区、限制建设区、禁止建设区	

续表

图层名称	数据来源	内容	示意图
规划基本农田保护区	各区县土地利用总体规划（2006—2020）	包括基本农田集中区和与其相关的耕地、园地、草地	
线状地物	土地二调数据库	滇池流域范围内各区县二调数据库的 XZDW 图层合并而成	
坡度图	土地二调数据库	滇池流域范围内各区县二调数据库的 PDT 图层合并而成	
流域范围	TM 影像、等高线	根据卫片提取的三维模型绘制而成	

图层名称	数据来源	内容	示意图
滇池水面	土地二调数据库	二调数据库图层提取而成	
水系	土地二调数据库	从二调数据库中 XZDW 图层中提取而成	
主要入滇河流	土地二调数据库	结合二调数据及水系图绘制（比例尺 1∶1 万）	
水库水塘	土地二调数据库	从二调数据库内 DLTB 提取出水库水面	

续表

图层名称	数据来源	内容	示意图
滇池流域三圈层次图	滇池流域水污染防治"十二五"规划	包括水源涵养圈、引导开发圈和生态防护圈	
滇池风景区规划	滇池风景区规划图	包括绝对保护区和主要风景点	
环湖路	各区县土地利用总体规划（2006—2020）	昆明各区县土地利用总体规划图层提取	
各历史时期昆明主城区道路	《昆明市城区交通图》，历史时期城市规划图	铁路、环城路、二环路、三环路及部分主要干道等	
规划湿地	滇池湿地建设规划	收集整理得到的滇池流域湿地建设规划图层	
隔离带	昆明城市生态隔离带范围划定规划	收集整理得到的滇池流域生态隔离带图层	

根据数据库图层，整理得到 15 个滇池流域专题图。它们是：20 世纪 80 年代昆明主城区道路图、2002 年昆明主城区道路图、2010 年昆明主城区道路图、滇池流域水系图、滇池流域数字高程模型图、滇池流域内线状地物图、土地利用现状地类图、土地利用规划地类图、建设用地管制区图、规划基本农田保护区图、滇池流域生态隔离带图、滇池流域三圈层次图、滇池流域风景区规划图、滇池流域规划湿地图、滇池流域适建区图等。

二、滇池流域城-镇-村节地模式比选方案实验模拟的模型研究

本书采用的模型是基于 SLEUTH 的元胞自动机模型（刘小平等，2007），经过我们自己开发改进形成的实验模拟模型。

SLEUTH 模型是一种自适应性元胞自动机，主要用于模拟城市增长及其土地利用变化，由美国加利福尼亚大学圣塔芭芭拉分校的 Keith C.Clarke 教授在城市增长模型的基础上开发而来。它包括两个子模型，即城市增长模型（urban growth model，UGM）和土地利用/覆盖 Deltatron 模型（land cover deltatron model，LCD），两者耦合在一起，其中 UGM 可以独立运行，只有当输入数据中包含土地利用数据时，LCD 模型才能被激活。SLEUTH 是其 6 种输入数据的首字母缩写的简称：即坡度图层（slope）、土地利用图层（land-use）、排除图层（excluded）、城市图层（urban）、交通图层（transportation）和山体阴影图层（hillshade）。该模型基于两个假设：未来现象可以由过去真实数据模拟预测获得，历史增长趋势是连续的。

SLEUTH 模型包括三个模块：测试模块、校准模块和预测模块。测试模块确保模型正确编译和运行，用于城市增长的历史重建；校准模块主要用于校准模型的预测参数，也是整个运行过程中最复杂、耗时最多的部分；预测模块用于产生预测结果，是整个模型里最重要的部分。该模型运行的基本流程如图 4-1 所示。

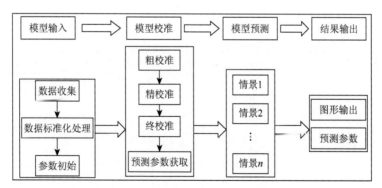

图 4-1　SLEUTH 模型运行流程图

城市扩展模拟中 CA 模型主要由元胞、元胞状态、元胞空间、邻域、演变规则等组成。散布在规则格网中的离散城市单元元胞选取有限的离散状态，依据确定的局部规则在离散的时间维上做同步演变，最终来反映城市整体动态系统的演变（黎夏等，1999）。

描述城市扩展一维元胞动态变化的数据空间组织结构有矢量和栅格两种方式。当前多

采用栅格数据格式，便于与 GIS 软件结合进行时空模拟。栅格的形状是对地理实体近似的模拟，直接影响所表示的空间结构。演变规则是根据元胞的当前状态及其周围元胞状态来确定下一时刻元胞状态的动力学函数，是地块单元演变的重要依据，是城市扩展模拟 CA 模型的核心。

基于地理实体的 CA 模型的扩展规则具体包括以下几个方面：①惯性自由扩展；②土地利用类型转变；③交通引力作用；④大城市辐射；⑤其他用地自组织和被组织过程；⑥限制约束条件；⑦决策修正行为。

滇池流域城市扩展动态模拟和预测采用自修正的城市动态模拟系统 SLEUTH。在各种分辨率遥感影像和各类专题图层数据的支持下，SLEUTH 模型能在宏观和中观尺度上模拟人为因素造成的城市扩展情况，并能在输入数据的基础上进行中长期预测。输入图层后，模型通过散布系数、繁殖系数、扩展系数、坡度系数、道路权重系数的控制，模拟城市自发增长、新扩展中心增长、边界增长和道路影响增长这四种增长方式。该模型通过自调节功能来调节增长系数，当增长率总和超过最高临界阈值时，散布系数、繁殖系数和扩展系数均乘以一个大于 1 的乘数，模拟"繁荣"增长模式；反之，乘以一个小于 1 的乘数，模拟城市"萧条"的增长模式。本书运用 SLEUTH 模型进行城市扩展动态模拟的技术路线，如图 4-2 所示。

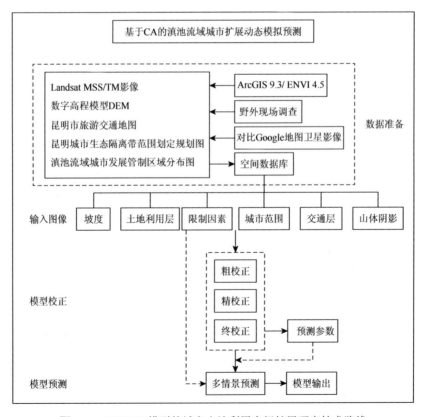

图 4-2　SLEUTH 模型的城市土地利用空间扩展研究技术路线

三、滇池流域城-镇-村节地模式比选方案实验模拟的步骤与方法简介

1. 基础数据准备

滇池流域城市扩展动态模拟使用到的原始数据有：1974 年 57m 分辨率的 Landsat MSS 影像，1988 年、1998 年和 2008 年 30m 分辨率的 Landsat TM 影像，昆明市 100m 分辨率的数字高程模型（DEM），20 世纪 80 年代、2002 年、2008 年昆明市交通地图，滇池流域生态隔离带范围划定规划图，滇池流域矢量边界文件等。所有的基础数据都经过配准和处理，统一投影坐标系，并用滇池流域边界裁剪到相同的空间范围。

各时期的城市范围通过遥感影像监督分类提取；各时期的道路交通数据通过对交通地图矢量化提取；坡度图由数字高程模型（DEM）计算得到，并通过实地采样进行校正，生成山体阴影图。这样，获得以下基本数据：

①土地利用（classification value 1=urban 2=forest…）；②现有城市化（0=not urban，0～255=urban）；③交通层（0=not road，0～255=road）；④坡度 25°以上禁止发展；⑤限制因素（0～99=not excluded，100=excluded）以下分析；⑥山体阴影（显示背景）。

2. 模式方案的主要控制指标确定

（1）城市和城镇建设用地最小规模确定

根据我国和发达国家城市规模等级的划分标准，结合我国人多地少、土地资源稀缺的国情，参考国内多个省会城市规划的技术资料，从集约利用土地角度，本书确定的各等级层次城市人均建设用地面积标准如表 4-3 所示。

表 4-3　城市规划人均建设用地指标标准

划分法	城市规模	人均建设用地面积/(m²/人)
四级划分法	特大城市	60～75
	大城市	75～90
	中等城市	90～105
	小城市	105～120
三级划分法	一般城市	≤100
	小城市	≤110
	特殊城市	≤120

根据以上标准，滇池流域城市最低人口规模首先按照不低于 6 万人，人均建设用地面积按照小城市人均用地不超过 110m² 计算：最小规模城市面积不小于 60000×110=6.6（km²）。

另外，滇池流域城镇最低人口规模依照以上资料分析不低于 2000 人，人均建设用地面积按照特殊城镇人均用地不超过 120m² 计算：最小规模城镇面积不小于 2000×120=0.24（km²）。

（2）村庄建设用地最小规模确定

《云南省村庄规划编制办法实施细则》①第3条村庄人口规划指出，"预测行政村的人口发展规模和人口结构变化，预测辖区内各自然村规划期内的人口数量和分布。按照规划期末人口数量将村庄分为特大、大、中、小型四级"。但是，该规划没有规定各级村庄具体人口数量和用地规模，只规定了村庄人均建设用地面积不超过150m²。为此，本书参考北京市地方标准《村庄规划标准》②，北京市村庄规模确定了四级村庄的人口规模：即小型村少于200人、中型村200~600人、大型村600~1000人、特大型村多于1000人，村庄人均建设用地应控制在150m²以内。我们认为，滇池流域由于有昆明主城等中心城市，正处在一个快速城镇化的过程，村庄人口是要向城市和城镇集聚的，因此，村庄人口应该不断减少，零散小村应该合并。为此，本书确定的小型村庄人口规模以不少于200人计算，最小规模村庄面积不小于200×150=0.03（km²）。

（3）城市用地结构指标

城市用地结构指标重点是安排居住用地、工业用地、城市对外交通、城市道路广场、绿地、公共设施用地等。根据城市规划的技术规范，结合昆明城市规划多年实践，确定各单项建设用地指标如表4-4所示。

表4-4 城市用地结构各单项建设用地指标要求

用地类别	居住用地	工业用地	道路用地	绿地
用地指标/（m²/人）	18~28	10~15	7~15	≥9 其中，公共绿地≥7
占建设用地比例/%	20~32	15~25	8~15	8~15

（4）流域最小（适宜）生态用地量确定

根据《滇池流域水环境综合治理总体方案》，滇池流域人均生态承载力参照全国0.89hm²的平均水平计算，滇池流域最小生态用地量为620×0.89=551.8（km²）。

其中，昆明市中心城区绿化规划指标，包括城市绿地率（%）、绿化覆盖率（%）、人均公共绿地（m²）、昆明森林覆盖率（含灌木林）、建成区绿化覆盖率等，指标规划情况如表4-5所示。

表4-5 昆明市中心城区各类生态指标规划情况

指标	2010年	2015年	2020年
城市绿地率/%	35	38	40
绿化覆盖率/%	40	45	46
人均公共绿地/m²	10	11	12
目前，昆明森林覆盖率（含灌木林）达到55%；建成区绿化覆盖率达到36%			

注：根据昆明城市总体规划修编（2008—2020）文本整理得到。

---

① 具体参见云南省住房和城乡建设厅关于印发《云南省村庄规划编制办法实施细则》的通知，云建村〔2010〕702号。
② 北京市地方标准《村庄规划标准》（征求意见稿）。由于国家和北京市都没有出台正式的"村庄规划标准"，为指导新农村建设，北京市政府在2011年编制完成了北京市3900多个村的村庄规划标准。该标准受北京市规划委标准化办公室的委托，由北京市城市规划设计研究院编制。

（5）城市和城镇发展紧凑度确定

城市（镇）外围轮廓形态的紧凑度具体计算公式如下：

$$C = \frac{2\sqrt{\pi A}}{P}$$ （4-1）

其中，A——城市（镇）的面积；

　　P——城市（镇）轮廓的周长。

城市（镇）紧凑度值越大，其形状越有紧凑性；反之，形状紧凑性越差。紧凑度的计算将圆形作为标准度量单位，从而便于对不同地物形态进行比较。当城市（镇）形状为圆形时，紧凑度 $C=1$。其他任何形状地物的紧凑度均小于 1。因为圆是一种形状最紧凑的图形，圆内各部分的空间高度压缩。当为正方形时，城市（镇）离散程度增大，紧凑度就变小；如果是狭长形状，紧凑度就会远远小于 1。

通过对滇池流域各个城市、城镇和村庄形状紧凑度的计算分析，并结合城-镇-村最小规模面积进行基于 GIS 的空间分析和筛选，得到滇池流域城镇化重点地区城-镇-村空间分布情况，如图 4-3 所示。

图 4-3　滇池流域城镇化重点地区城-镇-村空间分布

　　滇池流域各类城市、城镇综合容积率的确定，主要参考各城市和城镇已有综合容积率规划指标，结合流域最小生态用地量要求和流域城乡建设用地最大控制目标，从集约用地角度，对其进行适当调整和提高后确定。调整的原则是，在同等级规模城市或城镇，尽量选择相应技术规范偏高标准，以体现集约用地。

　　（6）限制因素的确定

　　本书将限制因素设计为四个排除因素图层。

　　1）排除因素图层一。该图层只有研究区内的水体区域，该区域不可能被城市化，模拟自然增长趋势下的城镇村扩张。

　　2）排除因素图层二。该图层包括规划湿地、生态保护区、基本农田保护区等生态功能地类和水体，按其不可能被城市化的程度赋予 20、40、60、80、100 的数值，模拟生态约束模式下的城-镇-村扩张。

　　3）排除因素图层三。该图层包括水体，并根据城市、城镇和中心村镇被管制的程度，对管制的区域赋予 20、40、60、80、100 的数值，模拟集约发展模式下的城-镇-村扩张。

　　4）排除因素图层四。该图层包括规划湿地、生态保护区、基本农田保护区等生态功能地类，城市、城镇和中心村镇等被管制的程度，水体按其不可能被城市化的程度赋予 20、40、60、80、100 的数值，模拟生态约束与集约发展相结合的综合模式下的城-镇-村扩张。

　　所有数据处理均在 ArcGIS 环境完成。主城区及空间分析得到的滇池流域中的中心城镇和村庄，赋予 0，表示无任何发展限制；其他城镇和村庄赋值情况如表 4-6 所示。

表 4-6　限制城镇和村庄赋值情况

城市		城镇		村庄	
面积	赋值	面积	赋值	面积	赋值
主城区及大于660hm²	0	中心城镇及大于24hm²	0	中心城镇及大于3hm²	0
		18～24hm²	20	2～3hm²	20
660hm²以下	经分析滇池流域无此类城市	10～18hm²	40	1.5～2hm²	40
		5～10hm²	60	1～1.5hm²	60
		5hm²以下	80	1hm²以下	80

　　按照城镇村最小规模标准，情景模拟按照城市面积不低于 6.6km²，城镇面积不低于 0.24km²，村庄面积不低于 0.03km²。通过对滇池流域建设用地现状进行 GIS 空间分析，得到滇池流域限制发展的城镇村面积分别是城市（144 个图斑）合计 330.98km²，城镇（593 个图斑）合计 47.20km²，村庄（522 个图斑）合计 9.23km²，合计 1259 个图斑，限制发展的城-镇-村面积合计 387.41km²。

　　（7）昆明城市（镇）生态隔离带划分

　　根据滇池流域土地利用现状情况分析可知：滇池水面为 296.90km²，流域水库水塘面积为 18.14km²，以上为绝对禁止建设区域；根据《滇池流域水污染防治规划》（2006—2010 年）和《昆明市林业局关于滇池流域面山生态植被恢复项目中长期发展初步规划》①，滇池水面周边湖滨湿地带总面积 20.37km²，为城市绝对禁止建设区域；根据《昆明城市生态隔离带范围划定规划》②和流域边界进行 GIS 空间分析和裁剪得到滇池流域城市（镇）扩张模拟的生态隔离带为 290.04km²。

昆明城市（镇）生态隔离带初步划定范围如表 4-7 和图 4-4 所示。

表 4-7　昆明城市生态隔离带初步划定范围

序号	隔离带名称	面积/km²	最窄/km	最宽/km	平均宽度/km	长度/km
1	主城与呈贡	22.29	1	3.37	2.23	10
2	呈贡新区、度假区大渔片区、马金铺	37.97	0.4	4.13	2.53	15
3	主城与空港	107.7	0.4	10.78	7.06	15.08
4	空港与经开区	4.24	0.498	1.76	0.843	5.03
5	马金铺与晋城	28.58	0.5174	5.6	3.3	14
6	晋城与昆阳	62.89	0.87	5.4	2.6	28
7	昆阳与海口	32.72	0.722	4.45	2.7	12.13
8	海口与太平及西山	50.96	0.33	3.3	1.89	27
	合计	347.35				

用于研究分析和模拟的 4 个排除（限制、管制）因素图层，基于 ArcGIS 的过程数据处理如图 4-4～图 4-7 所示。

3. 模型的校正

滇池流域主要包括昆明市五华、盘龙、官渡、西山、晋宁、呈贡、嵩明七个区县的 38 个乡镇，2010 年总人口为 446 万人，占全市的 63%，其中城镇人口 330 万，城镇化率为 74%。

根据《昆明市城市总体规划》，采用综合增长法、城乡劳动力转移聚集法、经济相关法对昆明市域总人口和城镇化水平进行预测，经过综合比较和分析，综合户籍人口、外来常住人口预测结果，可以得到昆明市滇池流域（七区县的 38 个乡镇）2020 年总人口为 620 万人，其中城镇总人口为 513 万人左右③，城市化率约为 83%。

为了获取城市在历史时期（本书中为 1974～2008 年）的增长规则，需要进行模型的校正。SLEUTH 采用蒙特卡洛迭代的方法，分粗校正、精校正、终校正三个阶段，确定模型各系数最佳取值范围，逐步缩小散布系数、繁殖系数、扩张系数、坡度系数、道路权

① 根据《昆明市林业局关于滇池流域面山生态植被恢复项目中长期发展初步规划》，昆明市林业局，2008 年 4 月有关资料整理。

② 根据《昆明城市生态隔离带范围划定规划》，昆明市规划局，2011 年 4 月有关资料整理。

③ 根据《昆明市城市总体规划》昆明市总人口规模预测表：2010 年 706 万人，2020 年 850 万人。

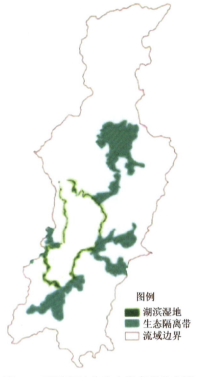

图 4-4　湖滨湿地和生态隔离带分布图

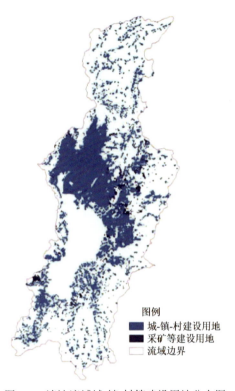

图 4-5　滇池流域城-镇-村等建设用地分布图

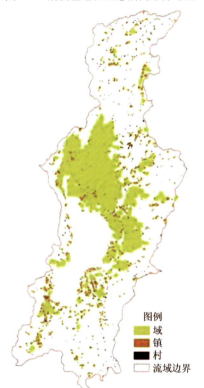

图 4-6　限制（管制）发展的城-镇-村建设用地分布图

图 4-7　禁止发展的水库水面分布图

重系数的取值范围,最后得到一组最优参数,由此获取一组预测参数,用以重建历史时期各年份的城市范围。并以 2008 年为起始年份,预测城市在未来 20 年的城市增长。本书分别以 2015 年、2020 年和 2028 年三个时期为最终预测年份。

从模型校正所得出的参数可以看到,坡度系数最大,说明滇池流域城市扩张受坡度和道路的影响很大。事实也是如此,通过 GIS 叠加分析统计得出滇池流域 95.21%的城市化像元全分布在坡度 8.5°以内的地区,进一步指示滇池流域 1974~2008 年的昆明城市建成区扩张以占用滇池湖滨地区的平坝土地为主。流域内城市化像元对道路的可达性也较好,沿道路的城市扩张比较明显。在建成区边缘的城市增长比重较大。

4. 多情景模拟预测

本书根据前面四种比选方案的定义,运用 GIS、CA 模型等计算机软件技术手段,分别对滇池流域生态约束下城-镇-村集约用地模式四种比选方案进行情景模拟,分析这四种发展模式下 2008~2028 年的城市(镇)扩展态势,以此探索一套协调高原湖滨地区城市(镇)发展与湖泊保护的滇池流域生态经济协调的城-镇-村集约用地模式。

计算机情景模拟的预测模式有四种。

1)模式一,自然发展模式。原则:按照现有发展趋势不加入任何干预,任由城-镇-村按现有趋势扩展。

2)模式二,生态约束模式。原则:以保证滇池流域最少(适宜)生态用地量为目标,流域城-镇-村扩张受到滇池周边绝对禁止建设区(水面、水库水塘、湖滨湿地),相对禁止建设区(城市生态隔离带、林地和农田)的限制。

3)模式三,集约发展模式。原则:按照昆明滇池流域“全域城镇化”发展的要求,城-镇-村规模发展控制(如紧凑度、最小规模控制)和中心城市-城市-城镇-中心村-村庄等城-镇-村体系结构限制,城镇村集约发展。

4)模式四,生态约束下的集约发展模式,即生态约束与城市集约发展管制相结合的综合发展模式。原则:在模式三基础上,以保护滇池水质等生态环境为前提,限制城-镇-村发展占用生态用地,提高城-镇-村建设用地集约利用水平,即加入所有限制因素(水面、水库水塘、湖滨湿地、限制发展的城-镇-村等)。

通过限制因素图层的设置,将各种发展模式与 SLEUTH 模型相结合,预测不同情景下滇池流域的城市(镇)扩张与城-镇-村体系发展。

5. 模型评价

使用模型校正后的最优参数在 Test 模式下进行历史时期城市扩张的重现,对生成的 1988 年、1998 年和 2008 年的城市范围图,参照同时期实际城市范围图进行 Kappa 系数检验,得出 1988 年、1998 年、2008 年的 Kappa 系数分别为 0.4048,0.4257,0.5512,均达到中等一致性水平。说明 SLEUTH 模型对滇池流域尺度的城市(镇)扩张模拟达到应用需求,研究结果适于为城市(镇)发展过程中宏观土地管理政策决策提供技术支持。

四、滇池流域城-镇-村集约用地模式四种比选方案的情景模拟

根据不同的情景会有不同的输出结果,此处所列输出结果为除固定限制(水体、坡度

等）外的自然发展情况，以 1988 年（主城区以 1974 年）为基准年，以 1988～2008 年的发展规则对过去历史和未来预测做了模拟。

1. 情景模式 1（自然发展模式）

滇池流域城-镇-村发展按照现有趋势发展下去，不考虑对城市发展的生态环境约束效应及城市用地最大承载规模，主要考虑交通条件、基础设施条件、社会经济条件、地形坡度（CA 考虑因素）等资源条件对城市建设用地扩张的影响。通过 SLEUTH 模型检验校正得到的各个历史时期昆明城市规模模拟时空数据，并依此为基础进行后推预测的自然扩张形态情景模式（图 4-8）。

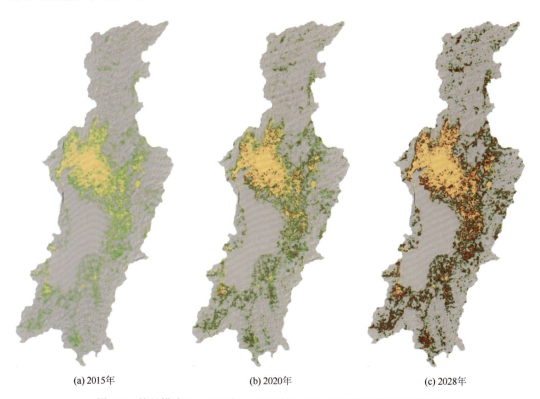

(a) 2015年　　　　　　　　(b) 2020年　　　　　　　　(c) 2028年

图 4-8　情景模式 1：2015 年、2020 年、2028 年建设用地扩张模拟图

2. 情景模式 2：（生态限制模式）

以滇池流域最少（适宜）生态用地量为目的，流域城-镇-村发展尽量少占用滇池周边绝对禁止建设区（湿地、湖滨保护带）、相对禁止建设区（林地、园地和农田），鼓励城-镇-村在适宜建设区（规划建设区）发展。城-镇-村发展不考虑现有城-镇-村及集约用地要求的影响，主要考虑交通条件、基础设施条件、社会经济条件、地形坡度（CA 考虑因素）等因子对城市发展的限制（图 4-9）。

3. 情景模式 3：（城镇集约利用管制模式）

现有城-镇-村发展按照昆明滇池流域"全域城镇化"发展的最新要求和城-镇-村规模体

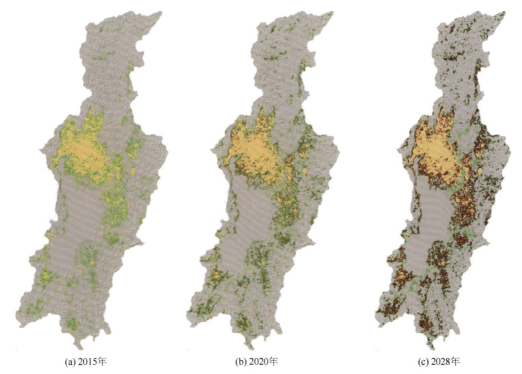

(a) 2015年　　　　　　　　　(b) 2020年　　　　　　　　　(c) 2028年

图 4-9　情景模式 2：2015 年、2020 年、2028 年建设用地扩张模拟图

系结构限制，人口城镇化将首先增加城市人口和城镇人口，减少农村人口，并由此产生的农村建设用地的减少，将适当增加城镇建设用地的规模或生态用地规模。即按照昆明市全域人口城镇化要求，整个流域的城-镇-村统筹考虑，动态调整。根据滇池流域各种城-镇-村不同等级规模，人口规模也不同，通过预测全流域总人口数量，优先保证城市人口规模的情况下，减去城镇人口，就是农村人口。农村村庄人口则按照最低限制的规模标准设置，（或农村的村庄规模以居委会为中心耕作半径为 1.5km² 计算。）规模不到标准的向周边就近标准村庄（或耕作半径）并村。然后在人口确定的情况下，根据不同规模的人均用地标准可以计算出城-镇-村总的建设用地最大控制规模面积（图 4-10）。

4. 情景模式 4：（生态约束下城-镇-村集约利用模式）

以保护滇池生态环境为目的，城市发展不占用生态隔离带（湿地、湖滨保护带）、禁止建设区、城市规划空间管制区、滇池水域，尽量少占用滇池周边林地、园地和农田，考虑交通条件、基础设施条件、社会经济条件、地形坡度（CA 考虑因素）等因子对城市发展的影响，同时现有城-镇-村发展按照昆明滇池流域"全域城镇化"发展的最新要求和城镇村规模体系结构限制，人口城镇化将首先增加城市人口和城镇人口，减少农村人口，由此产生的农村建设用地的减少，将适当增加城镇建设用地的规模或生态用地规模。同时，从滇池流域整个区域城市和城镇现状及规划综合容积率以及各城市、城镇、村庄的最小建设用地控制规模角度，通过一定程度适当提高容积率水平，减少人均建设用地指标和城市及城镇建设用地规模，腾出来的城镇建设用地面积，可用于生态用地和新增城市或城镇建设用地规模的扩张（图 4-11）。

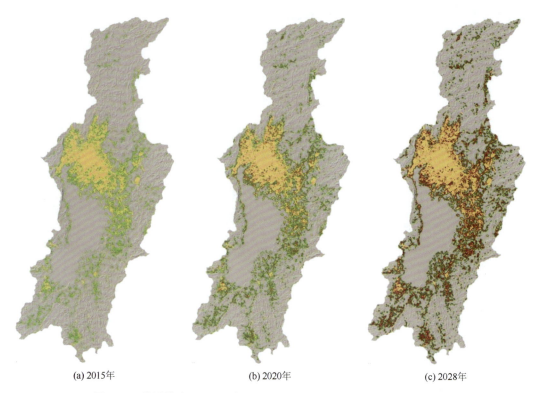

(a) 2015年　　　　　　　(b) 2020年　　　　　　　(c) 2028年

图 4-10　情景模式 3：2015 年、2020 年、2028 年建设用地扩张模拟图

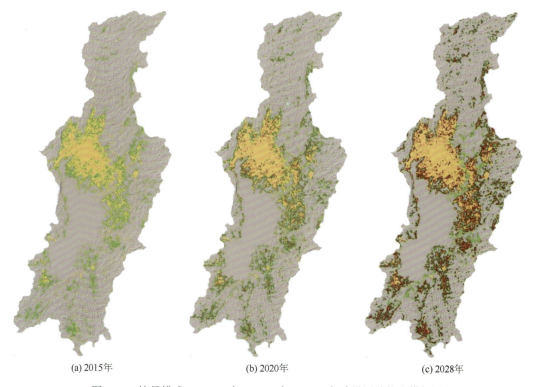

(a) 2015年　　　　　　　(b) 2020年　　　　　　　(c) 2028年

图 4-11　情景模式 4：2015 年、2020 年、2028 年建设用地扩张模拟图

四种情景模式的预测结果见图4-8～图4-11。2015年、2020年、2028年三个时期四种模式的建设用地扩张规模（按可能扩张的百分比累积）情况如表4-8、图4-12～图4-15所示，汇总表如表4-9所示。

表4-8　不同情景模式扩张规模极值统计表　（单位：km²）

规模极值	模式	2028年	2020年	2015年
极大值 （发展可能性>0%）	模式1（自然发展）	1229.88	1012.58	856.27
	模式2（生态限制）	1209.18	997.69	847.77
	模式3（集约管制）	1262.84	1034.18	870.88
	模式4（生态集约发展）	1204.46	992.15	843.28
极小值 （发展可能性=100%）	模式1（自然发展）	662.62	457.04	418.35
	模式2（生态限制）	632.37	453.85	418.42
	模式3（集约管制）	657.74	455.45	418.47
	模式4（生态集约发展）	620.12	450.62	418.25

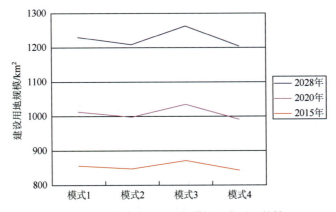

图4-12　三期各种模式建设用地规模图（发展可能性>0%）

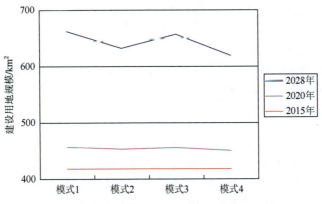

图4-13　三期各种模式建设用地规模图（发展可能性=100%）

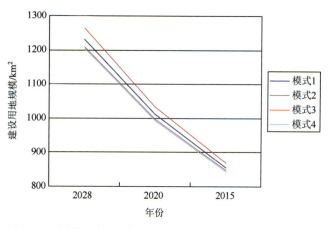

图 4-14　四种模式各时期建设用地规模（发展可能性＞0%）

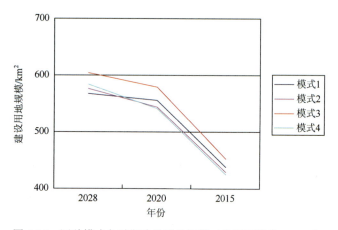

图 4-15　四种模式各时期建设用地规模（发展可能性=100%）

表 4-9　2015 年、2020 年、2028 年三期四种模式的建设用地扩张规模
（按可能扩张的百分比累计）汇总表　　　　　　　　　　　（单位：km²）

模式 百分比/%	模式 1（自然发展）			模式 2（生态限制）			模式 3（集约管制）			模式 4（生态集约发展）		
	2028 年	2020 年	2015 年	2028 年	2020 年	2015 年	2028 年	2020 年	2015 年	2028 年	2020 年	2015 年
100	662.62	457.04	418.35	632.37	453.85	418.42	657.74	455.45	418.47	620.12	450.62	418.25
＞90	823.97	589.66	453.47	781.20	569.97	450.71	826.50	586.50	452.09	768.30	561.67	448.16
＞80	875.78	641.01	499.12	834.58	616.98	490.86	882.07	639.74	496.87	822.50	608.07	485.89
＞70	912.25	679.75	535.65	872.52	654.71	523.09	921.50	679.92	533.61	861.34	645.62	517.21
＞60	942.72	711.78	566.69	904.27	687.30	551.57	954.30	713.39	565.63	893.68	678.30	545.26
＞50	970.96	741.62	593.37	934.04	718.15	577.92	984.86	745.52	593.42	924.14	709.54	571.85
＞40	998.11	772.10	621.69	962.91	749.11	606.90	1014.33	777.97	622.87	953.69	740.88	600.66
＞30	1027.04	802.64	653.73	993.26	780.19	640.34	1045.31	810.69	656.38	984.61	772.63	633.92
＞20	1059.95	838.31	689.24	1028.68	817.43	677.39	1080.89	848.91	694.25	1020.70	810.17	671.57
＞10	1104.13	887.51	737.12	1076.25	868.26	725.37	1128.62	901.31	745.30	1068.95	861.76	720.34
＞0	1229.88	1012.58	856.27	1209.18	997.69	847.77	1262.84	1034.18	870.88	1204.46	992.15	843.28

若按照昆明市城市规划对滇池流域到 2020 年不超过 620km² 城-镇-村建设用地面积进行预测，可以采取按可能扩张的百分比累计＞80% 这种发展可能模式，如表 4-10 和图 4-16 所示。

表 4-10　2020 年滇池流域城-镇-村建设用地面积预测（按照可能扩张的百分比累计＞80%）

模式	模式 1（自然发展）	模式 2（生态限制）	模式 3（集约管制）	模式 4（生态集约发展）
可能扩张百分比累积	641.01km²	616.98km²	639.74km²	608.07km²

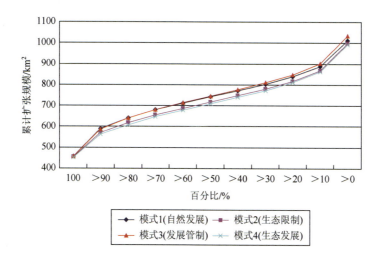

图 4-16　2020 年四种模式的建设用地扩张规模趋势图
（可能扩张的百分比累计）

五、小结

综合上述四种模式建设用地扩张规模的分析，可以得到以下判断。

首先，各种模式随着时间推移和可能扩张的百分比累计下降，建设用地规模呈现明显增长趋势，这符合城市（镇）建设用地扩张的一般发展状况。

其次，在生态限制（约束）下的模式 2 和模式 4 明显比没有生态约束的模式 1 和模式 3 要节约建设用地，更能达到集约利用城-镇-村建设用地的目标。

第三，总体上各个时期的城镇村建设用地规模，模式 4＜模式 2＜模式 3，说明生态约束有利于建设用地节约集约利用，对滇池流域来说，生态约束下的城镇化发展是最集约利用的模式。

第四，模式 3 随着可能扩展的百分比累计下降，从规模上超过模式 1，说明全域城镇化虽然一定程度上可以通过迁村并点、城增村减等土地利用调整政策，使滇池流域城-镇-村建设用地节约集约利用。但是，随着大城市的扩张速度加快，在没有生态约束下，滇池流域城-镇-村发展有 70% 左右可能性会因侵占生态用地，出现所谓城镇集约发展管制失控的现象，造成城乡建设用地规模超过滇池湖泊生态承载力的问题。

根据情景模拟的数据可进一步预测：

按照情景模式 1，城市将继续保持现在的增长趋势，并且侵占大量的湿地、农田、林地和园地；滇池流域未来建设用地扩张形势趋于紧张，中心城区已无地可用，城市由郊区逐步向交通条件较好的边远乡镇扩张。并且，随着城市（镇）的增长，滇池流域绝对禁止建设区和部分禁止建设区将不可避免地被占用。因此，我们认为，昆明及滇池流域现在的城市（镇）扩张模式是不可持续的，应该采取积极的措施，严格控制城市（镇）规模的过度增长，保护生态及农业用地，维护流域生态平衡。

按照情景模式 4，将在保留大部分的生态用地，特别是保护滇池周边绝对禁止建设的湿地、湖滨保护带的前提下，城市内部结构和布局以及城市（镇）外部形态将比较紧凑；并在此基础上，进一步提高城市（镇）综合容积率，提高土地利用强度，将达到既保护滇池流域生态，又保障城市（镇）发展，同时土地利用亦最集约的多重目标。

因此，生态约束下城-镇-村节地模式是类似滇池流域的高原湖滨地区城-镇-村发展的最佳模式。在高原湖滨地区布局城-镇-村用地，首先必须符合高原湖泊流域生态承载力的要求，受到生态条件的约束。如何科学合理地筛选生态约束指标，划定不同约束等级的生态约束类型区，为高原湖滨城市化地区不同生态约束类型区的城-镇-村节地技术标准制定提供依据，是本书第五章的主要研究内容。

第五章 滇池流域城-镇-村用地布局的生态约束指标与类型研究

前面的研究表明，对于生态脆弱的高原湖滨城市化地区节约集约利用城-镇-村建设用地，首先必须在流域范围的宏观层面构建生态约束指标、划分生态约束类型，并通过禁止村庄和城市（镇）向生态最脆弱的极高生态约束类型区布局，逐步减少生态脆弱的高生态约束类型区村庄和城镇用地，提高一般适宜城镇村布局的生态约束类型区的城镇村集约利用水平和生态环保用地水平等，才能保持高原湖滨城市化地区城-镇-村发展生态可持续。另一方面，不同生态约束类型区对城-镇-村的生态环保设施要求存在较大差异，从而影响城-镇-村内部用地结构和用地标准。因此，必须在流域层面研究确定城-镇-村用地布局的生态约束指标、划分生态约束类型区。城镇村建设发展布局和节约集约用地标准制定，必须在不同生态约束类型区约束下进行。课题组以滇池流域为例，做了探索研究。

第一节 资料收集与数据库的建立

一、数据收集

数据采用 2011 年的 TM 遥感影像为基本信息源，根据几个明显的控制点的准确经纬度进行配准，之后采用人机交互的方式判读解译。除了 TM 遥感影像外，我们还收集了大量昆明市和滇池流域的城市建设与规划、土地利用、生态环境等方面的历史时期及现状图件和资料，如昆明历史时期和现状城市规划、全国第二次土地利用更新调查数据、土地利用总体规划（2006—2020 年）、滇池湿地建设规划、"十二五"滇池环境规划、滇池风景区规划、昆明市历史时期和现状城区交通图、昆明生态隔离带建设规划、新昆明建设规划、"十二五"昆明社会经济发展规划等。根据这些资料，制作成研究所需的基础图件，并在数据库中建立起各图层。

二、数据库建立

滇池流域数据库采用 ArcGIS9.3 制作而成，其地理坐标系统采用 GCS_Xian_1980，投影坐标系采用高斯-克吕格 3°分带投影。数据库格式为 Personal Geodatabase，其中包含的图层为 Shapefile 格式。在进行滇池流域生态评价时，由于数据库中各图层的比例尺不同，所以要对各图层进行栅格化，确定统一的栅格大小，然后将所需要的图层制备成栅格格式，使得每个图层中的每个栅格所确定的范围和大小是一致的，避免在分析中出现地区数据错乱的情况。滇池流域数据库主要专题图层如表 5-1 所示。

表 5-1　滇池流域数据库主要专题图层

图层名称	数据来源	图层简介
等高线	土地二调数据库	滇池流域范围内等高线（比例尺 1∶5 万）
建设用地管制区	各区县土地利用总体规划（2006—2020）	包括允许建设区、有条件建设区、限制建设区、禁止建设区（比例尺 1∶1 万）
规划基本农田保护区	各区县土地利用总体规划（2006—2020）	包括基本农田集中区和与其相关的耕地、园地、草地（比例尺 1∶1 万）
坡度图	土地二调数据库	滇池流域范围内各区县二调数据库的 PDT 图层合并而成（比例尺 1∶5 万）
流域范围	TM 影像、等高线	根据卫片提取的三维模型绘制而成
滇池水面	土地二调数据库	比例尺 1∶1 万
水库水塘	土地二调数据库	从二调数据库内 DLTB 提取出水库水面（比例尺 1∶1 万）
规划湿地	滇池湿地建设规划	比例尺 1∶5 万
滇池保护界桩	实地考察	比例尺 1∶5 万
水土流失	云南省水土流失图	1∶20 万
地质灾害	全国地质灾害点分布图	1∶50 万

第二节　基于 GIS 的滇池流域生态约束指标选择与评价

一、划分评价单元

评价单元的划分目的是为了方便计算和表达，从而充分反映城市用地质量的地域分异，一般是土地评价的第一步工作，土地利用评价单元的划分是将研究区域划分为等面积的方格网，认为单元内评价属性是完全一致的，并认为单元之间有较大差异。

基于 GIS 的生态约束评价单元的划分是在单因子适宜度图层制作的过程中完成的，通过矢量转栅格步骤，将评价单元大小定为 50m×50m 的栅格。

二、生态约束指标选择和权重确定

在本书的研究中，先对特殊因子进行"一票否决制"筛选，将特殊因子所在区域直接划为极高生态约束区，再对一般因子进行生态约束评价。按照各评价因子对区域生态环境的影响，将评价因子划分为多个生态适宜性等级（表 5-2）。

采用德尔菲法和层次分析法相结合来确定各参评因子的权重。层次分析法（analytic hierarchy process，AHP 法）是基于系统论中系统的层次性原理建立起来的一种多准则评价方法，它将复杂的问题分成若干层次，逐步分解比较，将人的主观判断用数量的形式来表达和处理。应用 AHP 法计算评价因子的权重系数，实际上是建立在有序阶梯的指标系统的基础上，通过评价因子之间的两两比较对系统中各评价因子予以优劣判断，并利用这种判断结果来综合计算各指标的权重系数。

表 5-2　滇池流域生态约束评价因子（生态约束指标）分级标准与权重

评价因子		评价标准	分值	权重
特殊因子	基本农田保护区	一票否决制		
	饮用水水源地			
	滇池湿地			
	滇池流域一级保护区			
一般因子	土地利用现状	其他未利用地	1	0.24
		建设用地	2	
		荒草地	3	
		耕地	4	
		园地	5	
		针叶林	6	
		混交林	7	
		阔叶林	8	
		水域	9	
	坡度	0°～8°	1	0.2
		8°～15°	3	
		15°～25°	5	
		25°～35°	7	
		35°以上	9	
	流域内主要水库	其他区域	1	0.14
		水库缓冲 1500m	3	
		水库缓冲 1000m	5	
		水库缓冲 500m	7	
		水库缓冲 50m	9	
	水土流失	微度侵蚀	1	0.13
		轻度侵蚀	5	
		中度侵蚀	9	
	地质灾害	其他区域	1	0.11
		灾害点缓冲 2000m	3	
		灾害点缓冲 1500m	5	
		灾害点缓冲 1000m	7	
		灾害点缓冲 500m	9	
	森林覆盖率	0.7～1	1	0.18
		0.5～0.7	3	
		0.3～0.5	5	
		0.15～0.3	7	
		≤0.15	9	

三、单因子（生态约束指标）评价

1. 特殊因子

（1）基本农田保护区

根据滇池流域内各区县的土地利用总体规划，提取出各区县在总规中划定的基本农田保护区，结合本研究确定的滇池流域范围，运用 ArcGIS9.3 软件中的 clip 工具，确定流域内基本农田保护区。滇池流域内的基本农田保护区如图 5-1 所示。

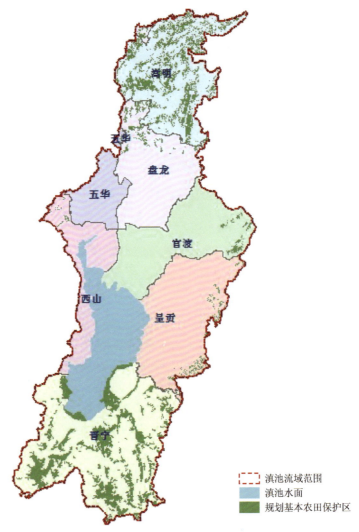

图 5-1　滇池流域规划基本农田保护区

从图中可以看出，滇池流域内的基本农田保护区大多分布在滇池上方的嵩明县和下方的晋宁县，除了盘龙区的松华乡和呈贡区的马金铺乡有少量基本农田保护区分布外，昆明市主城内几乎没有规划基本农田保护区。在滇池流域的各区县内，共分布有 32677.18hm^2

的基本农田保护区，其中流域内晋宁县和嵩明县的基本农田保护区面积较大，分别为 17656.45hm^2 和 11371.35hm^2，西山区和五华区的基本农田保护区面积较小，分别为 197.63hm^2 和 30.78hm^2。

（2）饮用水水源地

根据《昆明市人民政府办公厅关于加强城镇集中式饮用水水源保护工作的通知》，昆明市主城区集中式饮用水水源地包括松华坝、云龙、宝象河、柴河、大河和红坡-自卫村等 6 个水库水源地。在滇池流域范围内将这 6 个水库水源地勾画出来，作为滇池流域生态约束评价体系中的饮用水水源地，见图 5-2。

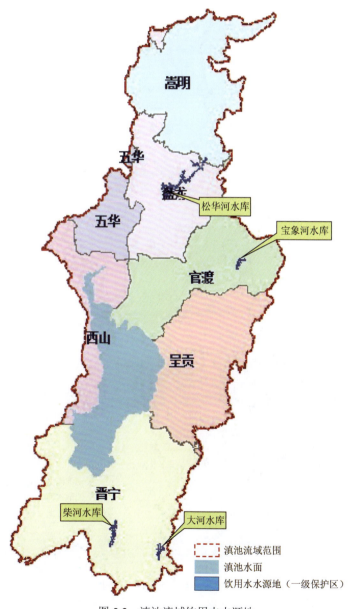

图 5-2　滇池流域饮用水水源地

　　将昆明市主城区集中式饮用水水源地所包括的 6 个水库与滇池流域范围相叠加，发现仅有宝象河水库、松华坝水库、柴河水库和大河水库 4 个水库在流域范围内，云龙水库位于禄劝县云龙镇、红坡-自卫村水库位于五华区自卫村，均不在滇池流域范围内。

　　（3）滇池湿地

　　根据昆明市主城区 2011 年 TM 影像，提取出滇池的湿地范围，如图 5-3 所示。

　　　　　　　　　　　　　　图 5-3　滇池湿地范围

　　滇池湿地是滇池水面与陆地之间的一个过渡地带，湿地宽度大概平均 200m，湿地宽度最大处在晋宁县域范围内，约为 1050m，也有部分滇池水面区域旁无湿地分布。

（4）滇池流域一级保护区

根据《滇池流域保护条例》，参考滇池的保护界桩，运用 ArcGIS9.3 的 buffer 工具，沿保护界桩向外沿 100m，以内至滇池水面间的范围是滇池流域一级保护区如图 5-4 所示。

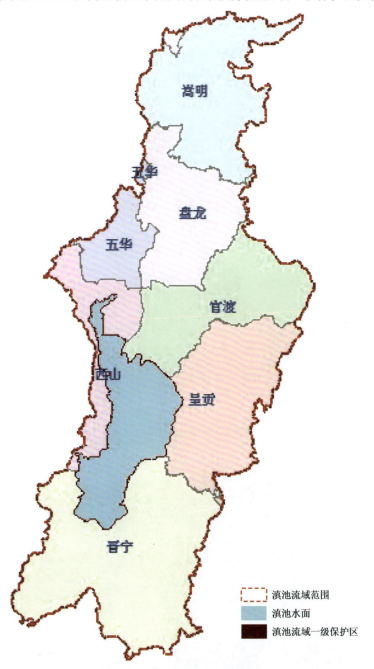

图 5-4　滇池流域一级保护区范围

图中围绕滇池水面的深褐色部分为滇池流域一级保护区范围，运用 ArcGIS 可量算出该保护区范围面积为 27.85km²。

2. 一般因子

（1）土地利用现状

本文界定的滇池流域范围面积为 2871.52 km²，其中滇池湖面面积为 296.90 km²。根据研究的需要，将滇池流域内的全部土地划分为水域、林地、草地、耕地、园地、建设用地、其他未利用地 7 种地类，由于林种不同对生态的影响程度也不同，所以文中林地细分为针叶林、混交林、阔叶林。流域内各类用地分布如图 5-5 所示。

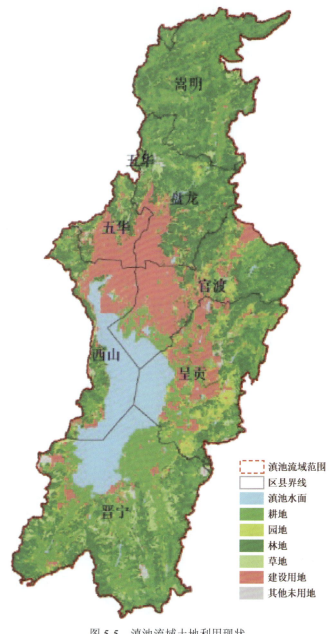

图 5-5　滇池流域土地利用现状

　　从流域内各区县所占比例来看，占流域总面积比例最大的是晋宁县，流域范围内晋宁县所占比例为 28.84%，其余几个区县所占比例从大到小依次是呈贡区 16.59%、嵩明县14.74%、官渡区 14.05%、盘龙区 11.67%、西山区 10.44%、五华区 4.68%。从土地利用程度角度来看，流域范围内土地利用程度较高，除去水域外，滇池流域的土地利用程度达到97.96%。从土地利用分类来看，流域范围内林地所占比例最高，为 36.12%，依次是耕地19.89%、建设用地 18.76%、水域 12.04%、草地 6.68%、园地 4.72%、其他未利用地 1.79%。

　　按照表 5-2 滇池流域生态约束评价因子分级标准与权重中对土地利用现状的分类标准，对滇池流域的土地利用现状图层进行栅格化（图5-6）。

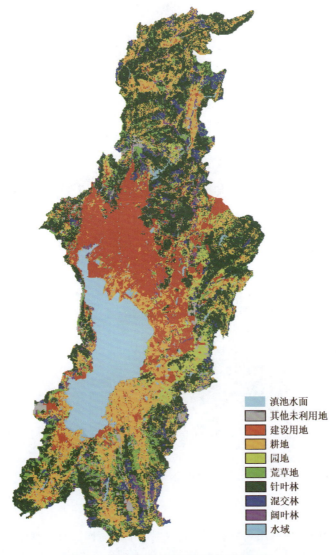

图 5-6　滇池流域土地利用现状评价分级

（2）坡度

根据第二次全国土地利用调查数据，绘制滇池流域范围内各个区县的坡度图，按照《城市规划原理（第三版）》和《城市用地竖地规划规范（CJJ 83—99）》，结合云南省低丘缓坡的实际情况，将流域内的全部土地分成 0°～8°、8°～15°、15°～25°、25°～35°、35°以上 5 类。划分结果如图 5-7 所示。

图 5-7 滇池流域坡度评价分级

（3）流域内主要水库

根据第二次全国土地利用调查数据，提取出滇池流域内的各个水库，将除主城区饮用水水源地之外的几个主要水库抽出，再按照滇池流域生态约束评价因子分级标准与权重表，运用 ArcGIS 的缓冲区分析工具，对流域内主要水库进行不同距离的缓冲，最后进行栅格化处理（图 5-8）。

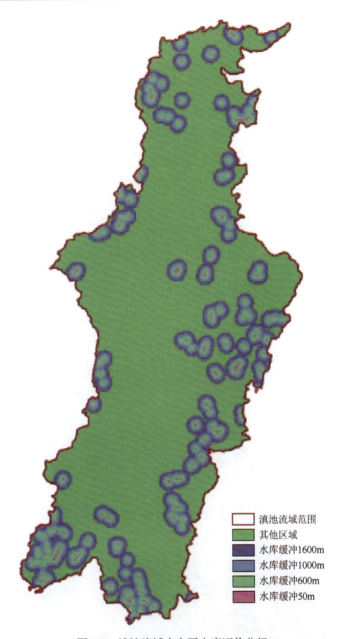

图例：
- 滇池流域范围
- 其他区域
- 水库缓冲1600m
- 水库缓冲1000m
- 水库缓冲600m
- 水库缓冲50m

图 5-8　滇池流域内主要水库评价分级

（4）水土流失

根据云南省水土流失情况，提取出滇池流域的水土流失图，按照 50m×50m 的栅格大小，做出水土流失评价图（图 5-9）。

（5）地质灾害

将滇池流域内的地质灾害隐患点进行缓冲区分析，按照评价因子分级标准进行分级，做出地质灾害评价图（图 5-10）。

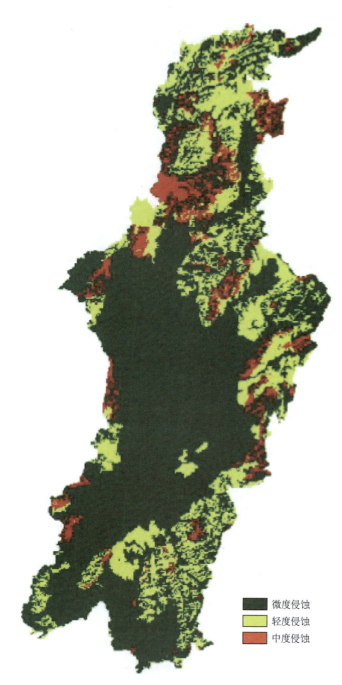

图 5-9　滇池流域水土流失评价分级

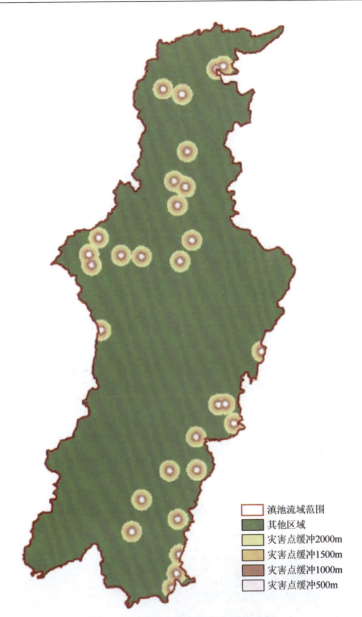

图 5-10　滇池流域地质灾害评价分级

（6）森林覆盖率

对 2011 年的 TM 遥感影像进行判读，解译出流域范围内的森林覆盖率，并将森林覆盖率进行分级，可做出滇池流域的森林覆盖率图（图 5-11）。

四、基于 GIS 的滇池流域生态约束评价

1. 特殊因子

将滇池流域的基本农田保护区、饮用水水源地、滇池湿地和滇池流域一级保护区进行合并，可得到滇池流域的极高生态约束区（图 5-12）。

植被覆盖率

滇池水面
0.7～1
0.5～0.7
0.3～0.5
0.15～0.3
≤0.15

图 5-11 滇池流域森林覆盖率评价分级

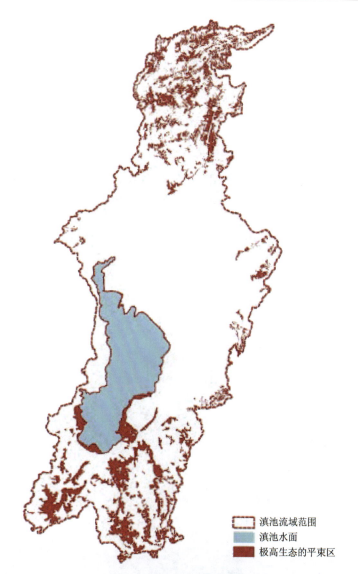

图 5-12　滇池流域极高生态约束类型

2. 一般因子

依照上述因子，分别采集各个因子的数据文件，统一为 50m×50m 的栅格文件，然后采用公式（5-1）进行像元的空间叠加运算，最终确定滇池流域生态约束分区的剩余四个生态约束等级及分布。

$$p = \sum_{i=1}^{n} A_i W_i \qquad (i = 1,2,3,4,5; n = 5) \tag{5-1}$$

式中，p——某斑块的综合生态约束性评价值；

　　A_i——各指标的生态约束性贡献值，分别为 1、2、3、4、5；

　　W_i——各指标的生态约束性权重，采用专家打分获得，土地利用现状、坡度、流域内主要水库、水土流失、地质灾害的权重值分别为：0.32、0.25、0.17、0.15、0.11。

最后对评价结果进行重分类。

1）将 5 个一般因子在 ArcGIS 9.3 中运用 Weighted Sum 工具进行图层加权叠加，得到滇池流域的生态约束评价分值（图 5-13、图 5-14）。

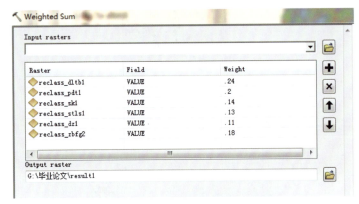

图 5-13　滇池流域生态约束评价因子图层叠加分析

图 5-14　滇池流域生态约束评价值

2）由上一步可知，滇池流域生态约束评价分值为 1～4.19，根据空间分析的目的，需对最终结果进行重分类。运用 ArcGIS 9.3 中的 reclassify 工具将在上一步中得到的滇池流域生态约束评价分值进行重分类（图 5-15、图 5-16）。

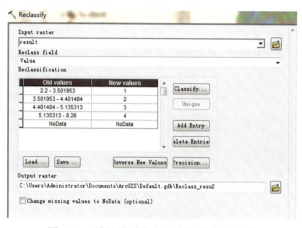

图 5-15　滇池流域生态约束评价值重分类

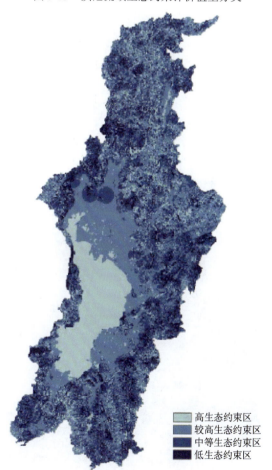

高生态约束区
较高生态约束区
中等生态约束区
低生态约束区

图 5-16　滇池流域生态约束评价值重分类结果

3）由于在上一步中得到的滇池流域生态约束评价图中碎片太多，零星斑块较大，还需在 ArcGIS 9.3 中运用 Majority Filter 对其消除噪声（图 5-17、图 5-18）。

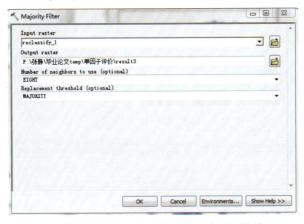

图 5-17　滇池流域生态约束评价值的主成分滤波处理

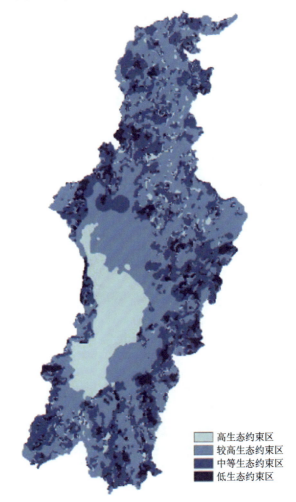

高生态约束区
较高生态约束区
中等生态约束区
低生态约束区

图 5-18　滇池流域生态约束评价一般因子评价分区

3. 基于 GIS 的滇池流域生态约束类型划分

　　将特殊因子与一般因子的评价结果相交，特殊因子所在区域为极高生态约束类型，扣除此类型区域外的流域范围，再根据一般因子的评价结果划分为高生态约束类型、较高生态约束类型、中等生态约束类型和低生态约束类型，得到最终的滇池流域生态约束类型划分结果（图 5-19、表 5-3）。

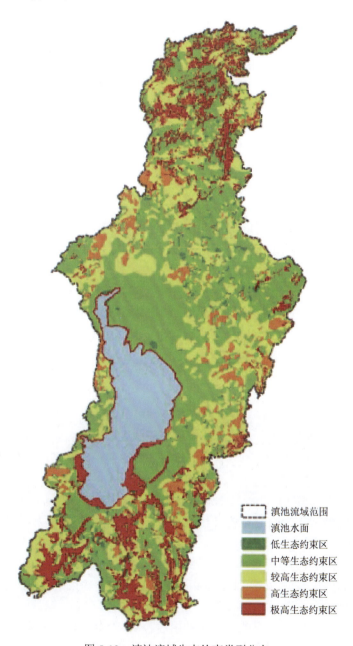

	滇池流域范围
	滇池水面
	低生态约束区
	中等生态约束区
	较高生态约束区
	高生态约束区
	极高生态约束区

图 5-19　滇池流域生态约束类型分布

表 5-3　滇池流域各生态约束类型的面积统计

生态约束类型	面积/km²	比例/%
低生态约束类型	76.42	2.66
中等生态约束类型	1189.25	41.42
较高生态约束类型	713.47	24.85
高生态约束类型	212.24	7.39
极高生态约束类型	383.24	13.35
滇池水体	296.9	10.34
合计	2871.52	100.00

五、生态约束类型的特征和生态要求

从滇池流域生态约束类型的分布特征看，5 类生态约束类型分布较为分散。流域内极高生态约束类型有 680.14km²，多分布于嵩明县和晋宁县，主要是评价体系（生态约束指标体系）中的规划基本农田保护区及饮用水水源地。高生态约束类型有 212.24km²，主要分布于五华区、呈贡区和晋宁县，多位于流域内主要水库所在地、地灾易发性地带以及 25°以上的建设用地和未利用地。较高生态约束类型有 713.47km²，该类型在流域内各个区县均有分布，主要包括微度侵蚀的水土流失区、15°～25°的建设用地和未利用地。中等生态约束类型有 1189.25km²，该类型在 5 个约束类型区中所占比重最大，在各个区县内均有大量分布，主要是 15°以下的各类用地。低生态约束类型有 76.42km²，该类型在 5 个生态约束类型中所占比重最小，各区县均有少量分布，主要是 8°以下的水域、林地及荒草地。

各生态约束类型的特征和生态要求如下：

1）极高生态约束类型。极高生态约束类型主要是基本农田保护区、饮用水水源地保护区、滇池湿地和滇池流域一级保护区，此类型区域内具有较强的生态功能，对保持流域范围内的生态平衡及维持其良性发展具有重要作用。该类型区域内生态平衡一旦遭到破坏，在短时间内难以恢复。因此，不管区域内土地质量是否适宜城乡居住建设，均必须禁止一切建设开发行为，作为禁止建设区进行保护，严格保护区域内自然生态环境，提高区域内生态系统的多样性和稳定性。

2）高生态约束类型。本类型是滇池流域范围内除极高生态约束类型外生态约束强的区域类型。这类地区应着重加强生态环境保护及治理功能，维持区域内的生态平衡。此类型区应遵循保护优先原则，尽量避免及减少新增建设用地，提高区域内建设用地的集约利用程度，充分发挥土地的利用效率，保持并提高区域内生态环境质量。

3）较高生态约束类型。较高生态约束类型的自然生态约束条件依然较高，因此该类型区域内应加强生态建设工作，不宜进行大规模有损生态环境的建设活动。应对区域内部土地利用结构进行优化调整，适当控制工业用地和城市（镇）建设用地的规模，优先考虑农用地布局，促进区域农业集约式发展，提高区域粮食生产力。

4）中等生态约束类型。对于中等生态约束类型区域，区域内有一定的自然基础，因此该类型区域的建设发展应遵循"宜农则农、宜林则林、宜建则建"的原则,将土地肥力较好、水源充沛的地区发展为农用地,坡度较高、离城较远的区域发展为林地,地势平坦并具有良好的区位优势的地区发展为建设用地。开发建设之前,必须采取生态保护措施,同时对建设行为的强度和开发方式进行严格控制,严禁进行对生态环境不利的建设活动,避免对生态环境的破坏。

5)低生态约束类型。该类型属于生态约束程度较低的区域。区域内生态系统稳定性好,资源环境承载能力较强,能够承受外界干扰,城市(镇)开发建设活动对其影响不大,建设开发受生态约束较小,适合进行大规模的城市建设和工业开发。

中等生态约束类型和低生态约束类型是滇池流域适于建设开发的区域,是滇池流域经济与城市发展的重心。今后应在这两个类型区域加快城市(镇)发展和基础设施建设,使产业布局更加合理,促进产业集群发展,提高区域内土地资源的高效节约集约利用,推进城市化。

第三节 生态约束下滇池流域节地技术类型区划分

高原湖泊地区土地利用格局中城镇村建设用地扩张,与湖泊水环境具有关联性,因此必须为湖滨留出足够的生态用地和绿色空间、控制湖滨区域城镇村建设用地规模,节约集约利用土地,维持湖泊流域生态系统的良性循环,才能保证高原湖滨地区经济发展及城市化与高原湖泊生态保护相协调。在此基础上,以生态优先原则为指导,不仅考虑土地质量是否适宜开发建设,同时兼顾生态约束程度的高低,两者相互考虑,综合分析。

对于极高生态约束类型,区域内生态系统稳定性差,任何城镇村建设发展均容易对其造成破坏,且区域内生态平衡一旦遭到破坏,在短时间内难以恢复。因此,不管区域内土地质量是否适宜城镇村居住区的建设,此区域均作为生态保护型用地进行严格保护,禁止一切城镇村建设开发行为,已有村庄都将逐步拆迁复垦为生态用地,严格保护区域内自然生态环境,提高区域内生态系统的多样性和稳定性。

对于生态约束程度较低的类型,区域内生态系统稳定性好,承受外界干扰能力较强,城镇村开发建设活动对其影响不大,因此可依据土地质量的适宜程度进行符合用地性质的开发和建设。如中等生态约束的类型,区域内有一定的自然基础,较易遭受人为干扰和破坏,从而导致生态系统的扰乱和不稳定。因此对于此区域的开发建设要不同情况不同对待,如果土地质量适宜程度较低,就作为生态保护型用地对区域内生态环境进行保护;如果区域内土地质量适宜度高,将这样的区域作为限制建设用地;如果区域内生态环境较为敏感,但地形平坦、规则,且具有良好的区位优势等特别适合建设发展,须根据周边环境以及投资力度来决定是否开发以及开发的用地性质,开发建设之前须采取适当的保护措施,同时对建设行为的强度和开发方式进行严格控制,严禁进行对生态环境不利的活动,避免对生态环境的破坏(李德一等,2010)。

将各生态约束类型进行适当的归并和地块连片,形成极高、高、中、低四类生态约束节地技术类型区(图5-20、表5-4)。

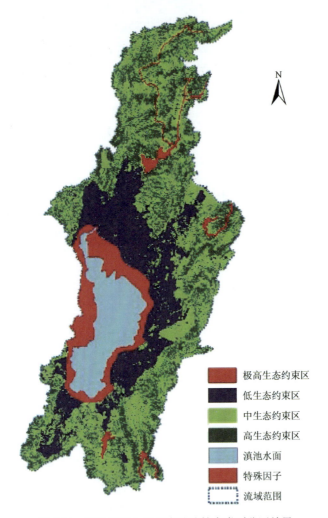

图 5-20　滇池流域生态约束节地技术类型分区结果

表 5-4　滇池流域生态约束节地技术类型分区结果

生态约束节地技术类型分区	面积/km²	比例/%
极高生态约束区	285.3	9.77
高生态约束区	609.7	20.88
中等生态约束区	1072.1	36.72
低生态约束区	643.4	22.04
滇池水体	296.9	10.34
合计	2，871.5	100.00

不同生态约束节地技术类型区，其生态限制强度有较大差异，因此城镇村建设与土地利用必须遵循生态约束类型的生态限制条件开展。

各生态约束节地技术类型区的基本情况如下：

1）低生态约束节地技术类型区。该节地技术类型区包括大部分低生态约束类型和部分条件较好的中生态约束类型。其区域特征为：土地利用率较高，区域中大部分是建设用地和耕地；滇池流域的主要坝区，坡度在8°以下；水土流失情况在整个滇池流域中较轻，主要是微度侵蚀地区；地质灾害不强烈；植被覆盖情况较差，大多是森林覆盖率为0.3以下的区域；《滇池流域水污染防治"十二五"规划》中划定的引导开发圈，即第二圈层。本区域在滇池流域范围内所占比例为22.04%，面积为643.4km²。

2）中生态约束节地技术类型区。该节地技术类型区包括部分中生态约束类型和大部分条件较好的较高生态约束类型。其区域特征为：滇池流域中的耕地、荒草地、园地集中区域；坡度主要是8°至15°的区域；区域中水土流失情况在滇池流域中居中等水平，主要是微度侵蚀和轻度侵蚀区域；地质灾害不强烈；植被覆盖情况比低生态约束区好，区域中大部分是森林覆盖率低于0.6的地区，但部分区域的森林覆盖率较好，能达到0.6以上；区域主要是《滇池流域水污染防治"十二五"规划》中划定的水源涵养区和部分引导开发圈。本区域在滇池流域范围内所占比例为36.72%，面积为1072.1km²。

3）高生态约束节地技术类型区。该节地技术类型区以高生态约束类型为主，通过连片操作划入部分较高生态约束类型和极高生态约束类型。其区域特征是：滇池流域中的林地集中区域；区域坡度较大，大部分地区坡度在15°以上；流域范围内的水库主要集中在此区域；水土流失情况在整个流域范围内较为严重，中度侵蚀区域大多位于此区域；相对于整个流域来说，地质灾害较为严重，大多数的地质灾害点集中于此区域；此区域是林地的集中区域，植被覆盖情况较好，森林覆盖率大多达到0.6以上；区域主要是《滇池流域水污染防治"十二五"规划》中划定的水源涵养区。本区域在滇池流域范围内所占比例为20.88%，面积为609.7km²。

4）极高生态约束节地技术类型区。该节地技术类型区以极高生态约束类型为主。其区域特征为：滇池流域的饮用水水源地一级保护区；滇池湿地和滇池流域一级保护区；生态防护圈和环湖生态带；滇池流域内的禁止建设区。本区域在滇池流域范围内所占比例为9.77%，面积为285.3km²。

第三篇　生态约束下湖滨城市化地区城-镇-村节地技术标准编制的相关技术研究

第六章　滇池流域村庄生态型节地标准编制技术

第一节　研究思路与方法

相对于城市（镇）来说，我国农村建设用地的节约集约利用标准制定滞后，村庄生态环境及排污控制标准制定也滞后。随着新型城镇化和城乡一体化发展，农村居民点建设用地存量挖潜的潜力大，急需制定结合各地实际的村庄节约集约用地标准。针对生态脆弱的高原湖滨城市化区域，村庄节约集约用地标准制定必须考虑生态约束，不仅要节地，还要保留或增加一定规模的生态环保用地，才能实现湖滨地区城-镇-村发展的生态可持续，因此，本书生态型节地标准研究的重点是村庄。另一方面，经过多年治理，高原湖滨城市化地区的城市（镇）工矿污染已得到有效治理。以滇池为例，目前滇池污染的70%来自于面源污染，其中农村是面源污染的主要污染源。所以，研究制定村庄生态型节地标准对于像滇池流域这样的高原湖滨城市化地区生态可持续性发展，也具有重要的现实意义。

一、研究思路

本书致力于生态约束下农村建设用地节地标准制定技术方法的研究，并选择滇池流域典型村庄进行标准方法的验证。本书研究思路为：针对滇池流域生态保护的特殊性，系统研究滇池流域生态约束情形，在对滇池流域进行合理生态约束区划分的前提下，厘清不同生态约束类型区的主要生态问题，结合滇池流域农村居民点用地特点，提出不同生态约束区内农村居民点主要节地方向与生态建设路径。在此基础上，结合国家和各地区村庄规划用地标准以及镇（乡）村居住用地规划规范等相关规范，采用比较分析、统计数据分析和案例分析等不同方法，分中观层面和微观层面系统研究生态约束下农村节地标准技术方法。

　　1）中观层面：根据前文划分的不同生态约束类型区的主要生态问题，对《城镇村节地标准》中村庄建设用地标准进行修正。在此基础上，采用调查分析和统计分析的方法，分析对比不同生态约束类型区内农村居民点用地的特点和整治的主要方向，结合目前农村中采用的不同污染治理技术方法的占地情况调查，系统研究不同生态约束类型区满足各项用地服务功能下的农村建设用地的规模与结构配比情况。同时，根据目前大量典型案例中建筑密度、建筑容积率等的分析研究，拟定合理的建筑密度和建筑容积率阈值，约束农村住宅的集中程度，进而分析归纳不同生态约束区农村建设用地的节地方向与建设总体要求。

　　2）微观层面：在《城镇村节地标准》农村节地指标体系工程设施用地中重点研究排水工程用地、环卫设施用地等生态性特征较强的用地情况。在居住用地条件中增加住宅类型条件。一方面，通过大量新农村建设典型案例的研究，分析总结不同住宅类型的宅基地占地情况，在农村住宅节地设计的基础上，合理制定农村宅基地节地标准方法；另一方面，通过研究分析适合不同农村人口规模、社会经济条件、自然条件的污水处理设施的占地情况，如化粪池、生活污水净化池、沼气池、生化池等污水处理设施占地情况以及垃圾收集点与站的配置与占地情况，合理确定农村中生态性特征较强的用地类型的规模与比例结构，综合分析研究生态约束下农村建设用地节地标准编制的技术方法。

二、研究的主要方法

1. 文献分析方法

一般来说，科学研究需要充分的研究资料，进行文献调研，以便掌握有关的科研动态、前沿进展，了解前人已取得的成果、研究的现状等。这是科学、有效、少走弯路地进行任何科学工作的必经阶段。从教育科学研究的全过程来看，文献法在科学研究的准备阶段和进行过程中经常要被使用。根据生态约束下农村节地标准技术方法的具体需要，查阅相关的文献资料，总结不同地区农村节地的经验、有益做法等，为建立适合滇池流域生态约束下农村节地标准技术方法体系提供有益的参考。

2. 实地调查研究

一个地区生态约束下农村节地标准的影响因素很多，选择典型的区域进行实地调查，调查生态约束下农村节地的主要影响因素，主要针对不同生态约束区农村居民点整治前后情况、农村中生态用地情况、不同污水治理设施的用地情况、垃圾站点的布设情况等开展实地调查，通过实地调查，掌握不同用地设计的节地情况，进而为生态约束下农村节地标准研究方法的制定奠定基础。

3. 数理分析方法

数理分析方法是定量地研究问题的方法，针对不同的问题运用不同的数理分析方法，可以把研究的问题定量化，从而可以直观地判断情况的好坏、方案的优劣等。利用综合评价、空间分析、动态模拟和聚类分析等方法对不同生态约束区的具体生态问题和不同生态约束区在生态安全条件下各类农村用地的数量与结构情况进行分析研究，从而归纳总结不同生态约束条件下农村节地标准的技术方法体系（图 6-1）。

第二节　滇池流域中观层面村庄生态型节地标准

一、村庄类型的划分

由于乡村自然、社会、经济条件的差异，根据《生态约束下农村建设用地节地技术导则（建议稿）》（以下简称《导则》）研究的需要，将村庄按经济条件、常住人口规模、规划圈层、地形条件和村庄布局优化等情况划分为不同类型。其中经济条件划分主要依据《农

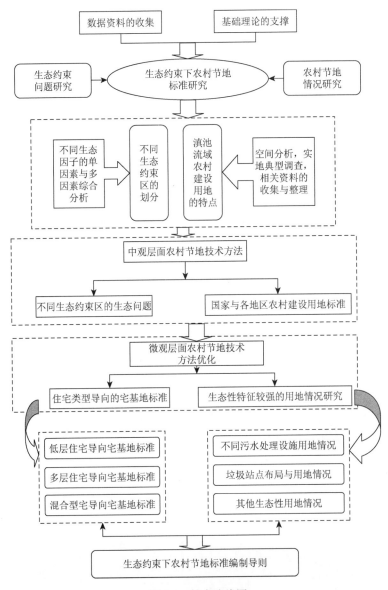

图 6-1 技术路线图

村生活污染控制技术规范》（HJ 574—2010）中关于农村经济类型的划分，采用该分类也有利于农村污染治理措施的选择；村庄常住人口规模划分主要依据《镇规划标准》（GB 50188—2007）中有关村庄的人口规模划分；规划圈层的划分主要考虑到城镇规划范围内村庄和范围外村庄的建设要求和村庄污染治理措施的不同；地形条件划分主要依据地形区坡度划分；村庄优化布局情况的划分主要综合考虑自然、经济、社会情况进行划分。

1. 按经济条件划分

按社会经济条件划分的村庄类型如表 6-1 所示。

（1）发达型村庄

发达型村庄是指经济状况好，第二、三产业发展较好，年人均纯收入在6000元以上，基础设施基本完备，住宅建设集中、整齐、有一定比例楼房的村庄。

（2）较发达型村庄

较发达型村庄是指经济状况较好，第二、三产业发展潜力较大，年人均纯收入在3500～6000元，有一定的基础设施，住宅建设相对集中、整齐，以平房为主的村庄。

（3）欠发达型村庄

欠发达型村庄是指经济状况差，第二、三产业发展滞后，年人均纯收入在3500元以下，基础设施不完备，住宅建设分散，以平房为主的村庄。

表 6-1　按社会经济条件划分村庄类型

村庄类型	年人均纯收入/元	产业与基础设施条件
发达型村庄	>6000	第二、三产业发展较好，基础设施基本完备
较发达型村庄	3500～6000	第二、三产业发展潜力较大，有一定的基础设施
欠发达型村庄	<3500	第二、三产业发展滞后，基础设施不完备

2. 按村庄常住人口规模划分

按人口规模可将村庄划分为特大、大、中、小型四级（表6-2）。特大型村庄人口规模在1000人以上，大型村庄人口规模为601～1000人，中型村庄人口规模为201～600人，小型村庄人口规模不大于200人。

表 6-2　按人口规模划分村庄等级

村庄等级	人口规模/人
特大型	>1000
大型	601～1000
中型	201～600
小型	≤200

3. 按规划圈层划分

根据城市建设规划以及农村生活污水处理的需要，可将村庄划分为城镇规划区内、城镇规划区外近城镇村庄和远城镇村庄。

4. 根据地形条件划分

根据村庄所处地形条件，将村庄划分为坝区、半山区和山区村庄。主要根据《云南省土地资源》中规定坝区耕地面积占总耕地面积的比重划分，将坝区耕地面积占总耕地面积50.0%以上的村庄划分为坝区，30.0%～50.0%的划分为半山区，低于30.0%的为山区。

5. 根据村庄布局优化划分

（1）撤并型村庄

根据乡（镇）域规划，本着小村并入大村、弱村并入强村、交通不便的村并入交通便捷的村、合并临近村的原则，因地制宜撤并极高生态区内的村庄以及其他生态约束区内规模较小、位置偏远、交通不便、条件恶劣、产业支撑弱、经济发展慢、资源禀赋差、发展潜力小以及地质灾害威胁大的村庄。规划撤并的村庄，除危房维修以外，所有集体和个人的建设活动（包括危房改造），都不得在原村址进行，应纳入所并入的村庄统一规划。

（2）改造型村庄

对滇池流域村庄布局散乱、基础设施建设滞后、公共设施不配套、发展方向不清晰、建筑风貌无特色但人口有一定规模的村庄，通过规划实施改造和整治，充分挖掘村庄用地潜力，明确产业导向，科学调整村庄布局，合理提高基础设施和公共服务设施配套水平，加强村庄绿化和环境建设，提高村庄居住环境质量。在调查建筑质量和村民建房需求的基础上，合理确定保留、整治、拆除的建筑，注意保护原有村庄的社会网络和空间格局。

（3）保护型村庄

对滇池流域村庄人口规模较大、历史文化遗存丰富、自然风景资源优美、自然肌理丰富、现存比较完好的传统和特色村落，属于自然与文化遗产，已纳入或将纳入国家和地方保护范围的村庄，或具有一定的历史文化、民俗风俗和旅游价值，村庄内拥有需加以重点保护的古建筑、古树名木、山水田园风光和需传承的文脉资源的村庄，要严格保护。保护自然和文化遗产，保护原有的景观特征和地方特色，并整治影响和破坏传统特色风貌的建、构筑物，妥善处理好新建住宅、设施与传统村落之间的关系。对具有重要历史文化保护价值的村庄，应按照有关文物和历史文化保护法律法规的规定，编制专项保护规划。这类村庄、集镇应作为历史文化遗产整体保护，要在规划中划分核心保护区、建设控制区、协调发展区。在核心保护区范围内，一般不得新建房屋，以保持原有风貌，对于保护建筑的内部，可在不伤及主体结构情况下进行改造以适应现代生活。

（4）扩建型村庄

对滇池流域村庄建设基础较好、产业发展潜力较大、用地空间相对充足、村庄布局较为灵活、交通条件较好、聚集和辐射带动能力强、人口有一定规模的村庄，可以在镇村布局规划的指导下，以现状村庄为基础，扩大村庄范围，提升产业水平，适度集聚周边地区村民。扩建的村庄规划应妥善处理好新旧村的建设关系，延续和发展原有的村庄格局，衔接好新旧村庄的社会网络、道路系统、空间构成等要素，选择合适的发展方向，促进村庄合理有序地发展，应形成集中紧凑的布局形态，避免无序的蔓延。在整治现有旧村的同时，扩建部分应与现有村庄在道路系统、空间形态、社会关系等方面良好衔接，在建筑风格、景观环境等方面有机协调；应在现有村庄基础上沿 1～2 个方向集中建设（选择发展方向应考虑交通条件、土地供给、农业生产等因素）；应统筹安排新旧村公共设施与基础设施配套建设。

临近城镇且不在其规划区内的村庄（城边村）应依据城镇规划要求和产业发展需要，通过政策扶持，运用市场机制，实行综合开发，逐步实现城乡一体化发展。

（5）新建型村庄

根据经济和社会发展需要，如因基础设施建设、存在安全隐患等因素而整体迁址新建的村庄，应首先考虑向城镇、集镇、中心村迁并。新建村庄的规划应与自然环境相协调，规划用地布局合理，住宅组织有序，设施配套完善，用地要集约节约，与自然环境要协调，能满足生产、生活的需要，体现地方特色和时代特征，创造浓郁的田园特色和优美的人居环境（周建春等，2012）。

（6）控制型村庄

对位于滇池流域自然保护区、生态绿地、风景名胜区、文物保护区，或行、滞洪区内的不需要搬迁或目前无条件搬迁的村庄，或山区人口规模较小、发展空间受限、居住凌乱分散、交通十分闭塞需要逐步搬迁的村庄，要控制其发展规模，限制建设用地。

二、村庄节地的总体标准

1. 用地规模标准

用地规模标准主要包括：地均村庄个数、村庄密度、村庄平均用地规模、人均村庄建设用地面积。

2. 用地结构标准

用地结构标准主要包括：居住建设用地、公共建筑用地、道路广场用地、公共绿地、其他用地等所占比例。

3. 用地效益标准

用地效益标准主要包括：地均 GDP 和地均第二、三产业产值。

4. 用地强度标准

用地强度标准主要包括：区域建设用地综合容积率、土地闲置率、建筑密度。

村庄节约集约用地总体指标如表 6-3 所示。

表 6-3　村庄节约集约用地总体指标

	指标（单位）	计算公式
用地规模	地均村庄个数	区域村庄个数/区域土地总面积
	村庄密度	区域村庄建设用地面积/区域土地总面积
	村庄平均用地规模	区域村庄建设用地面积/区域村庄个数
	人均村庄建设用地面积	区域村庄建设用地面积/区域村庄人口
用地结构	居住建设用地比例	居住用地面积/村庄建设用地面积
	公共建筑用地比例	公共建筑用地面积/村庄建设用地面积
	道路广场用地比例	道路广场用地面积/村庄建设用地面积
	公共绿地比例	公共绿地用地面积/村庄建设用地面积

续表

指标（单位）		计算公式
用地效益	地均GDP	GDP/区域土地面积
	地均第二、三产业产值	第二、三产业产值/村庄建设用地面积
用地强度	区域建设用地综合容积率	区域建筑总面积/区域建设用地面积
	区域建筑密度	区域建筑占地面积/区域建设用地面积
	土地闲置率	村庄建设区域内闲置土地面积/区域建设用地面积

三、滇池流域不同生态约束节地技术类型区对村庄建设的总体要求

1. 极高生态约束区

该区域是滇池流域的重点保护区域，包括饮用水水源地、滇池湿地和滇池一级保护区，该区域根据滇池生态保护的需要属于禁建区域，禁止新建、改建、扩建建筑物和构筑物；以滇池界桩外延100m为控制范围，开展"四退、三还、一禁、一护"，即退田还林、退塘还湿、退房还岸、退人护水，全面消除近湖区域生产生活污染源，建设滨湖防护林带；在外海主要入湖河口及重点区域实施污染底泥疏浚工程，逐步恢复滇池水生生态系统功能。

2. 高生态约束区

该区域包括滇池流域上游地区水库水源地及其汇水区以及滇池周围除湿地外最靠近滇池水面的区域。该区域一部分与滇池湖体的接触较为紧密，是环滇池的核心屏障，是流域内的重点水源保护区；另一部分是滇池流域中的林地集中区域，区域坡度较大，大部分地区坡度达到25°以上，流域范围内的水库主要集中在该区域，水土流失情况在整个流域范围内较为严重。对于高生态约束区内近滇池水面的区域应严格控制面源污染，确保滇池流域饮用水安全，合理迁并村庄，将人口规模较低、污染较大的村庄进行迁并，以便于污染处理设施的集中布局。需要保留的村庄，要严格限制建设强度，村庄内必须配套污水治理设施，根据村庄污染排放情况合理选择居民住宅内独立的和公共的环卫设施，最大限度地降低村庄污染排放对生态环境的影响。对于坡度达到25°以上的区域要严格限制村庄的建设，有序开展生态搬迁。

3. 中等生态约束区

该区域是滇池流域中的耕地集中区域，并分布较多的林地，主要是针叶林；部分坝区，是滇池流域范围内主要的15°~25°区域分布；区域中水土流失情况在滇池流域中居中等水平，主要是微度侵蚀和轻度侵蚀区域。根据村庄社会经济条件，合理提高村庄建设强度，结合生态村建设要求，有序推进村庄生态文明建设，以规划为引导，以现代建筑技术为支撑，大力推进新建村和扩建村的节地，合理推动村庄的改造。区域内新建村庄要以生态建设和节地为基本原则，合理布局，提高建筑密度和建筑容积率，提高土地复合利用水平；扩建村庄要优化现状不合理的用地布局，适度提高建筑密度和建筑容积率；改造型村庄要

合理配置环卫设施，科学提高现有建设用地利用水平，合理利用闲置土地。

4. 低生态约束区

该区域主要是滇池流域范围内的引导开发区域，是滇池流域人类活动最主要的地区，其主要的人类活动包括城镇居民生活、工业生产和农业生产，该区域总体上是村庄的宜建区域，要根据村庄人口规模、区位条件和社会经济水平合理优化村庄布局，宜发展人口规模在1000人以上的特大村庄，严格控制村庄人均建设用地标准，采取村庄住宅集中布局，大力提高村庄建筑密度和建筑容积率，不断提高土地复合利用水平，鼓励公寓式农村住区的发展，养殖用地要集中，污染处理设施要以节地或联村处理模式为主，提高公共基础设施的利用水平，提高公共服务设施的辐射范围，严格规范闲置土地的利用，有效提高土地节约、集约利用水平。

四、村庄建设用地选择与新建村庄选址要求

总体上根据滇池流域生态约束条件，可将滇池流域分为四个生态约束类型区，极高生态约束区内禁止村庄建设；高生态约束区内不宜村庄建设；中生态约束区内优化与限制村庄建设，低生态约束区内鼓励村庄建设。

1. 村庄建设用地选择

1）应符合昆明市村庄布点规划所确定的村庄新建、扩建和撤并的原则和要求。

2）应充分结合滇池流域自然环境条件，布局在水源充足、水质良好、便于排水、通风和地质条件适宜的地段。

3）应注意与基本农田保护区规划相协调，合理用地，节约用地和保护耕地，充分利用荒地、薄地，不占和少占良田、好土和林地。

4）应避开山洪、风灾、滑坡、泥石流、洪水淹没区、地震断裂带、雷击高易发区、地方病高发区、重自然疫源地等自然灾害影响以及生态敏感的地段。

5）应避开有开采价值的地下资源和地下采空区以及文物埋藏区。

6）应避开自然保护区、文物保护区、风景名胜区和饮用水源保护区；区内的现有村庄建设应符合相关专业规划确定的禁建区、控建区和各级各类保护区的要求。

7）在地质灾害极易发地区和高易发地区，严禁布置文化、教育、医疗以及其他公众密集活动的建设项目。因特殊需要布置本条严禁建设以外的项目时，应避免改变原有地形、地貌和自然排水体系，并应制订整治方案和防止引发地质灾害的具体措施。

8）应避免被铁路、重要公路和重要基础设施穿越，避开基础设施廊道控制区。

9）应与生产劳动地点联系方便，并充分依托和利用现有的生产、生活设施及交通条件。

10）位于丘陵和山区的，应优先选用向阳坡和通风良好的地段。

11）由两个以上自然村合并组成的村庄，应采取集中紧凑发展的模式，选择一个区位条件优越、现状基础设施和建设条件良好的自然村，作为建设重点，其他自然村应控制发展。

2. 新建村庄选址

新建村庄的选址除遵守村庄建设用地选择的有关规定外，还应符合以下几点的要求。

1）应根据昆明市村庄布点规划确定的村庄布点，综合分析用地的自然环境条件、建设条件，合理选址。

2）应坚持靠近交通、靠近城镇、靠近农业产业化基地和工业集中区（点）的原则，集约布局。

3）一般应在低丘缓坡地区进行布局，由产业相近的村通过多种合作经济组织形式，进行集中统一建设。

4）应根据当地农业产业化水平、环境容量、交通条件等，并按照合理的集中度发展目标，确定新建村庄的人口集聚规模。新建村庄最小人口规划规模应达到1000人以上。

第三节　滇池流域微观层面村庄生态型节地标准

本节基于生态约束下的农村节地技术标准《导则》的研究，以滇池流域为例，在滇池流域生态约束类型区的引导下研究不同生态约束区的农村建设用地节地标准。从农村建设用地节地角度来说，农村建设用地的节地受社会经济发展水平、地形条件、生态条件等多方面因素的影响，所以农村建设用地的节地是一个受多方面因素共同作用的动态的过程。

一、村庄建设用地类型的确定

参照《镇规划标准》（GB50188—2007）、《城市用地分类与规划建设用地标准》（GB50137—2011）和《土地利用现状分类》（GB/T21010—2007），村庄建设用地应包括居住用地、公共设施用地、生产设施用地、仓储用地、对外交通用地、道路广场用地、公用工程设施用地、绿地、水域和其他用地九大类。其中水域和其他用地不列入建设用地统计。同时，参考《云南省新农村建设村庄整治技术导则（试行）》以及各地区村庄规划技术导则，结合云南省九大高原湖泊流域村庄的调查，进一步将九大类村建用地归并为居住用地、公用服务设施用地、道路交通设施及广场用地、生产与仓储用地、工程设施用地以及绿地六大类。

居住用地是指农村居民居住用的宅基地及其附属用地。

公共服务设施用地包括行政管理用地、教育机构用地、文休科技用地、医疗保健用地、商业金融用地和集贸市场用地等。

道路交通设施及广场用地包括村庄对外交通的各种设施用地、村庄居民点内的道路用地；广场用地包括公共活动广场用地、公共使用的停车场用地，不包括各类用地内部的场地。

生产与仓储用地是指独立设置的各种生产建筑及其设施和内部道路、场地、绿化等用地和物资的中转仓库、专业收购和储存建筑、堆场及其附属设施、道路、场地、绿化等用地。生产设施用地包括一类工业用地、二类工业用地、三类工业用地和农业服务设施用地。仓储用地包括普通仓储用地和危险品仓储用地。

工程设施用地是指各类公用工程和环卫设施以及防灾设施用地，包括其建筑物、构筑物及管理、维修设施等用地。公用工程用地，指给水、排水、供电、邮政、通信、燃气、供热、交通管理、加油、维修、殡仪等设施用地。环卫设施用地，指公厕、垃圾站、环卫站、粪便和生活垃圾处理设施等用地。防灾设施用地，指各项防灾设施，包括消防设施、防洪设施、防风设施等的用地。

绿地是指各类公共绿地、防护绿地等，其中公共绿地指面向公众、有一定游憩设施的绿地，如公园、路旁或临水宽度等于和大于5m的绿地；防护绿地，指用于安全、卫生、防风等的绿地。

二、生态约束下的村庄建设用地标准

1. 村庄建设用地相关标准比较

我国农村人口众多，农村建设用地量很大，同时，不同地区农村建设用地的差异很大，所以农村建设用地标准很难统一，我国曾出台《村镇规划标准》（GB 50188—93），该标准中对人均农村建设用地进行了统一规定，具体见表6-4和表6-5。但在《镇规划标准》（GB 50188—2007）出台后，《村镇规划标准》（GB 50188—93）废止，目前各省、自治区、直辖市和省会城市都相继制定了有关村庄规划的技术性文件或导则，对辖区内人均农村建设用地标准进行了规定，具体见表6-6和表6-7。

表6-4　《村镇规划标准》（GB 50188—93）中人均建设用地指标分级表

级别	一	二	三	四	五
人均建设用地指标 /（m²/人）	>50	>60	>80	>100	>120
	≤60	≤80	≤100	≤120	≤150

表6-5　《村镇规划标准》（GB 50188—93）中人均建设用地指标调整表

现状人均建设用地水平/（m²/人）	人均建设用地指标级别	允许高速幅度/（m²/人）
≤50	一、二	应增5～20
50.1～60	一、二	可增0～15
60.1～80	二、三	可增0～10
80.1～100	二、三、四	可增0～10
100.1～120	三、四	可减0～15
120.1～150	四、五	可减0～20
>150	五	应减至150以内

表6-6　部分省（区）规划人均农村建设用地标准表

省（区）	技术导则	规划人均农村建设用地规定
江苏省	《江苏省村庄规划导则》	新建村庄人均规划建设用地指标不超过130m²。整治和整治扩建村庄应努力合理降低人均建设用地水平
福建省	《福建省村庄规划编制技术导则（试行）》	村庄建设用地宜按人均90～130m²控制

续表

省（区）	技术导则	规划人均农村建设用地规定
广西壮族自治区	《广西社会主义新农村建设村庄整治规划技术导则（试行）》	新建型村庄规划，其人均建设用地指标宜控制在80～100m²；改建扩建型村庄规划，其人均建设用地指标应以现状人均建设用地水平，根据《村镇规划标准》的级别和允许调整幅度确定
海南省	《海南省村庄规划编制技术导则（试行）》	村庄人均规划建设用地指标一般不超过140m²
湖北省	《湖北省新农村建设村庄规划编制技术导则》	村庄用地规模宜按人均90～120m²控制，一般不超过100m²为宜。撤并扩建村庄，现状人均低于80m²的可适当调高10～15m²；现状人均100～120m²的可适当调整，人均不宜超过110m²；现状用地大于120m²的应调低到120m²以内
湖南省	《湖南省新农村建设村庄整建规划导则》	村庄人均建设用地标准按三类控制。Ⅰ类为80～100m²/人，适用于现状人均建设用地低于100m²，可耕地不足1亩的村庄；Ⅱ类为100～120m²/人，适用于现状人均建设用地低于120m²，人均耕地不足1.5亩的村庄；Ⅲ类为120～140m²/人，适用现状人均用地超过120m²，人均耕地大于1.5亩的村庄。全部利用荒山坡地建设村庄的，其建设用地标准可在原来的基础上增加10m²/人
江西省	《江西省村庄建设规划技术导则》	以非耕地为主建设的村庄，人均规划建设用地指标80～120m²；以占用耕地建设为主或人均耕地面积0.7亩以下的村庄，人均规划建设用地指标60～80m²
山东省	《山东省村庄建设规划编制技术导则》	平原地区城郊居民点人均建设用地面积不得大于90m²/人，其他居民点不得大于100m²/人；丘陵山区居民点人均建设用地面积不得大于80m²/人
山西省	《山西省村庄建设规划编制导则》	村庄规划人均建设用地指标按以下标准控制：山区或丘陵地区的村庄，人均规划建设用地指标130～150m²；平原地区的村庄，人均规划建设用地指标120～140m²
陕西省	《陕西省农村村庄建设规划导则（试行）》	以非耕地为主建设的村庄，人均规划建设用地指标100～150m²；对以占用耕地建设为主的村庄，人均规划建设用地指标80～120m²

表6-7　部分省会城市规划人均农村建设用地标准表

省会城市	技术导则	规划人均农村建设用地规定
昆明市	《昆明市村庄建设规划导则》	坝区村庄人均建设用地不得大于80m²，丘陵地区居民点人均建设用地面积不得大于90m²，其他居民点不得大于100m²
武汉市	《武汉市村庄建设规划设计技术导则》	建设用地规模宜按人均80～120m²，一般人均不超过100m²。整治扩建的村庄，现状人均不低于80m²的可适当调高10～15m²，现状人均为100～120m²的可适当增加或减少，但人均不宜超过110m²；现状用地大于120m²的则应调低到120m²以内
长沙市	《长沙市新农村绿色规划设计导则》	80～100m²/人（非耕地建设），60～90m²/人（占耕地建设），扩及改建的村庄90～120m²/人（非耕地建设）；75～100m²/人（占耕地建设）
成都市	《成都市农村新型社区建设技术导则》	位于第二圈层平坝地区的农村新型社区人均建设用地标准不大于60m²/人，丘陵地区不大于70m²/人，山区不大于80m²/人；位于第三圈层平坝地区的农村新型社区人均建设用地标准不大于70m²/人，丘陵地区不大于80m²/人，山区不大于90m²/人

2. 滇池流域村庄建设用地标准

本书在充分归纳总结地区人均农村建设用地标准的基础上，参照《村镇规划标准》（GB 50188—93），结合《昆明市村庄建设导则》中关于农村人均建设用地的规定，根据不同地形区土地建设承载的实际情况，本着严格控制新建村庄、鼓励旧村改造的基本原则，采用统计分析、比较分析、目标值和典型案例分析等方法在滇池流域分坝区、半山区和山区等不同地形区对滇池流域不同生态约束区内村庄人均建设用地上限值进行测算。

根据《昆明市村庄建设导则》，坝区村庄人均建设用地不得大于 80m²，丘陵地区村庄人均建设用地面积不得大于 90m²，其他地区村庄人均建设用地不得大于 100m²。但并未对新建和改扩建村庄进行细分。滇池流域分布着 330 个行政村，农村户籍户数 225950 户，户籍人口 639108 人，农业人口占全流域总人口的 37.59%。农村居民点用地面积 10547.0hm²，人均农村居民点用地 165.0m²，高于 150.0m²/人的国家规定的上限值，总体上村庄存在建设用地的粗放利用、空心村和闲置土地等问题。根据滇池流域的实地调查和完成的流域相关村庄建设规划的方案比较，从边坡建设、生态防护等方面考虑，坝区建设用地利用效率一般是山区的 1.3 倍。故在村庄节地建设方面坝区标准要较半山区和山区严格。

（1）新建村庄的人均用地标准

新建村庄应尽量不占或少占耕地。以非耕地为主建设的村庄，人均规划建设用地指标为 80～100m²/人，对以占用耕地为主建设的村庄，人均规划建设用地指标为 70～90m²/人。

（2）改造与扩建村庄的人均用地标准

改造、扩建的村庄，以非耕地为主建设的村庄，人均规划建设用地指标为 90～110m²；对以占用耕地建设为主的村庄，人均规划建设用地指标为 80～100m²；而对现状人均乡村建设用地已超过 150m² 的村庄、在原村庄基础上扩展的大中型村庄，人均不得超过 150m²。

（3）生态约束下的村庄人均用地标准

滇池流域中极高生态约束区处在坝区，高生态约束区中周围除湿地外最靠近滇池水面的区域处在坝区，其他区域处在山区；中等生态约束区总体处在半山区；低生态约束区总体处在坝区，在围绕滇池水体保护的前提下，不同生态约束区内用地的差异更多地体现在生态性用地方面（李振宇等，2013），所以在生态约束下的村庄人均用地标准更多地需要考虑地形条件的限制，高生态约束区和中等生态约束区可根据村庄建设的实际条件，在经济条件较好的地区可下调 5～10m² 的人均规划建设用地指标，但需要安排污染处理设施用地量较大的村庄除外，详见表 6-8。

表 6-8　农村居民点人均建设用地指标表

居民点类型	地貌类型	人均建设用地/（m²/人）
新建村庄	坝区	≤80
	半山区	≤90
	山区	≤100
改造、扩建村庄	坝区	≤90
	半山区	≤100
	山区	≤110

3. 建设用地比例

村庄建设要合理控制各类用地比例，根据《昆明市村庄建设规划导则》，参照《镇规划标准》(GB 50188—2007),结合各地区村庄规划导则,在实地调查不同规模村庄各类建设用地比例基础上,综合分析不同村庄各类建设用地的功能和结构比例,限制村庄各类建设用地占总建设用地的比例,详见表6-9。各类建设用地取值相加不应超过总建设用地上限。

表6-9　村庄建设用地结构表

类别代号	用地类别	占建设用地比例/%		
		超大型及大型	中型	小型
R	居住建设用地	55～70	60～70	70～80
C	公共建筑用地	6～12	4～8	2～4
S	道路广场用地	9～16	8～15	7～14
G	公共绿地	2～4	2～4	1～3
	村庄总建设用地	70～90	72～92	82～95

三、生态约束下的宅基地标准

1. 宅基地标准的测算

宅基地是农村住宅中一个特殊的、区别于城市住宅的关键要素,合理地控制宅基地的面积对于农村住宅节地意义重大。农村宅基地一般指农村居民用于建设住宅、厨房、厕所等设施的土地及庭院用地,承载着农村居民的生活和生产,事关农村居民的切实需要。

目前,宅基地标准分为人均和户均两类标准。本书同时从人均和户均两类标准入手,首先通过对各地区的村庄建设规划技术导则中宅基地标准进行对比分析,归纳出人均和户均宅基地标准制定的总体条件,分析标准制定合理性,采用统计分析方法得出各地区人均和户均宅基地标准的不同区间值;然后通过实地调查,分析总结不同地形区住宅的建筑形式和占地情况,归纳不同地形区一般住宅建筑层高和建筑面积,通过趋势推算法初步估算不同地形区宅基地的标准;最后将初步估算的宅基地用地标准值采用专家和农民咨询的形式确定不同生态约束区宅基地标准。

(1)人均宅基地标准

为合理保证农村住宅使用的舒适性、便利性、辅助生产性等功能,满足农村居民生产生活,同时实现节地的要求,必须科学合理地确定人均宅基地的规模。宅基地人均指标依据气候区划不同而存在差异,具体可见表6-10(汤铭潭,2006)。

表6-10　人均宅基地参考控制指标表　　　　　　　　(单位:m²/人)

村庄规模	居住规模	层数	建筑气候区域		
			Ⅰ、Ⅱ、Ⅵ、Ⅶ	Ⅲ、Ⅴ	Ⅳ
超大型、大型村庄	住宅组群	低层	27～38	25～35	23～34
		低层、多层	23～32	21～30	20～29
		多层	18～26	17～25	16～23

续表

村庄规模	居住规模	层数	建筑气候区域		
			I、II、VI、VII	III、V	IV
中小型村庄	住宅庭院	低层	24～35	22～32	20～31
		低层、多层	20～30	18～27	16～25
		多层	15～24	14～22	16～20

根据《建筑气候区划标准（GB50178－93）》，滇池流域属于 V 建筑气候区域，人均宅基地面积最小为 $14m^2$，最高为 $35m^2$。同时考虑到西部地区的农村社会经济发展水平，以及滇池流域的实地调查，结合《昆明市宅基地管理办法》，主城城市规划和各县（市）区人民政府所在地城市（镇）规划范围内，人均宅基地面积不得超过 $20m^2$；坝区村民宅基地标准为每人不超过 $25m^2$；半山区村民宅基地标准为每人不超过 $30m^2$，山区和边远少数民族地区可以适当放宽，但每人不超过 $35m^2$。

（2）户均宅基地标准

宅基地在农村建设用地中所占比例最大，也是农村建设用地的核心，由于农村供地采用"一户一宅"的土地使用制度，户均宅基地标准在农村规划中是一项非常重要的指标，所以合理制定户均宅基地标准，对于农村建设用地的节约利用十分重要。一般来看，$100m^2$ 以下的宅基地很难达到功能齐全，满足生产生活的基本要求，而宅基地面积控制在 $150m^2$ 左右则有可能做到室内外功能齐全，平面布置也较为合理。根据表 6-11 可见，在骆中钊《新农村住宅方案 100 例》中，宅基地小于 $100m^2$ 的设计是受到很大限制的，所占类型比例也最低，而 $120～150m^2$ 的设计自由度最大，所以户均宅基地为 $120～150m^2$ 较为合理，既能体现节地又能满足村民的生活与生产需要。

表 6-11　骆中钊《新农村住宅方案 100 例》中宅基地面积的统计

宅基地面积/m^2	数量	百分比/%
＜100	5	5
100～120	29	29
120～150	41	41
150～200	16	16
＞200	9	9
合计	100	100

2. 城镇规划范围内宅基地标准

昆明主城城市规划和各县（市）区人民政府所在地城市（镇）规划范围内，人均宅基地面积不得超过 $20m^2$，每户建设用地总面积不得超过 $100m^2$。

3. 城镇规划范围外不同生态约束节地技术类型区宅基地标准

（1）极高生态约束区宅基地标准

极高生态约束区是滇池流域的饮用水水源地一级保护区、滇池湿地和滇池流域一级保护区、生态防护圈和环湖生态带，是滇池流域内的禁止建设区。该区内原则是禁止新建村庄，逐步将村庄迁出，对于需要保留的改造型村庄，不增加村庄建设用地规模。

（2）高生态约束区宅基地标准

高生态约束区是滇池流域上游地区水库水源地及其汇水区，同时也是滇池流域内的林地集中区，主要分布在山区，区域坡度较大，坡度达到25°以上的土地面积达到78.65%，不宜进行农村居民点建设。原则上农村宅基地标准为每人不得超过25m²，每户不得超过120m²。

（3）中等生态约束区宅基地标准

中等生态约束区是滇池流域中的耕地集中区域，并分布较多的林地，主要是针叶林；部分坝区，主要是15°～25°区域，也是农村居民点大量分布的地区。中等生态约束区距离滇池水体相对较远，村庄对滇池的直接污染程度相对减弱，故该区域坝区村民宅基地标准为每人25m²，每户建设用地总面积不得超过120m²；半山区村民宅基地标准为每人30m²，每户建设用地总面积不得超过130m²；山区和边远少数民族地区可以适当放宽，但每户建设用地总面积不得超过150m²。

（4）低生态约束区宅基地标准

滇池流域范围内的引导开发区域，是滇池流域人类活动最主要的地区，区域80.0%左右的地域处在坝区，是村庄集中分布的主要区域。相对于中等生态约束区，低生态约束区距离滇池水体较近，同时离城镇较近。坝区村民宅基地标准为每人25m²，每户建设用地总面积不得超过125m²；半山区村民宅基地标准为每人30m²，每户建设用地总面积不得超过135m²；山区和边远少数民族地区可以适当放宽，但每户建设用地总面积不得超过150m²。

四、生态约束下的合理的容积率和建筑密度

关于村庄住宅小区合理的容积率指标，目前国内较为权威的研究结果是2001年中国建筑技术研究院编纂的《村镇示范小区规划设计导则》，该导则在全国调查的基础上提出了村镇小区容积率控制指标和建筑密度控制指标，具体见表6-12，虽然已是十多年前的研究数据，但由于当时调研的广泛性和目标的示范性，对于现今仍是十分有借鉴意义的研究成果。

表6-12　村庄小区容积率和建筑密度控制指标

住宅层数	中心村住区	
	容积率	建筑密度/%
多层	0.85～1.0	17～22
多层低层	0.65～0.85	18～26
低层	0.45～0.65	20～32

根据对滇池流域的实地调查，结合《昆明市村庄布点规划》，滇池流域中低生态约束区内社会经济条件较好的村庄，可发展公寓式住宅，住宅以多层为主，居住建筑容积率不宜超过 1.1；社会经济条件一般的传统乡村可以发展多层与低层相结合的住宅，居住建筑容积率不宜超过 0.85；社会经济条件较差的村庄以及滇池流域极高生态约束区内保留的村庄，考虑到生态保护和景观建设等因素，一般以低层住宅为主，居住建筑容积率不宜超过 0.65。

滇池流域村庄低层住宅建筑密度不超过 32%，多层与低层相结合的住宅建筑密度不超过 28%；多层住宅建筑密度不超过 25%。

五、生态约束下的村庄居住建筑用地布局与住宅设计

1. 住宅建设原则

1）遵循节能、节地、节水、节材的原则。

2）遵循适用、经济、安全、美观的原则。

3）住宅建设应根据主导产业方式的不同选择相应的建筑类型。以第一产业为主的村庄以低层独院式联排住宅为主；以第二、三产业为主的村庄积极引导建设多层公寓式住宅；限制建设独立式住宅。旅游型村庄应考虑旅游接待需求，提倡散居农户集中居住。

4）住宅平面设计应尊重村民的生产方式和生活习惯，满足村民的生产生活需要，同时注重加强引导卫生、科学、舒适的生活方式。

5）住宅建筑风格应适合农村特点，体现地方特色，并与周边环境相协调。保护具有历史文化价值和传统风貌的建筑。

2. 村庄居住建筑用地布局

村庄居住用地的基本布局模式可以分为集中式、组团式和分散式三种布局模式，集中式布局适用于大多数村庄的规划，分散式和组团式布局适用于地形较为复杂的山区和水网地区。不同人口规模的村庄宜采用与其规模相适应的布局模式。

（1）集中式布局

集中式布局组织结构简单，内部用地和设施联系紧密、方便，便于基础设施建设，节省投资，是一种节约用地的布局模式。该布局模式较适用于低生态约束区和中等生态约束区的坝区内的以及人口规模较大的村庄，特别是人均耕地较少的村庄。

（2）组团式布局

组团式布局可以充分结合地形，因地制宜，与现状村庄形态有机融合，较好地保持原有社会组织结构，减少拆迁和搬迁村民数量，减少对自然环境的破坏。组团式布局模式较适合地形相对复杂的山地丘陵、滨水地区和现状建设用地比较分散的村庄。在滇池流域主要适合于极高生态约束区和高生态约束区的村庄建设。

（3）分散式布局

分散式布局方式的特点是村庄结构松散，无明显中心区，建筑易于和现状地形结合，有利于环境景观的保护；但土地利用效率低，基础设施配套难度大。分散式布局适合于地

形条件复杂、适宜建设用地较少的山区和风景名胜区以及历史文化保护对村庄建设有特殊要求的情况。在滇池流域主要适合于极高生态约束区内的湿地、风景名胜区等对生态保护有特殊要求的区域和高生态约束区内的山地区域。

3. 村庄住宅设计与节地

住宅用地在农村建设用地中占有很大比例，一般说来，节地与农村住宅的设计紧密相关。

（1）分户形式与节地

垂直分户（2～3层），较适用于从事农业和发展庭院经济的农户，水平分户（4～6层）较适用于部分脱离农业生产的农户。根据《村镇示范小区规划设计导则》，村庄住宅面积建议表详见表6-13。

表6-13　村庄住宅面积建议表

住宅类型	类别	使用面积/m²	建筑面积/m²
垂直分户	大套	70～100	90～130
	中套	110～135	150～180
	小套	150～180	200～240
水平分户	大套	55～70	75～90
	中套	75～85	95～110
	小套	90～105	120～140

所以在滇池流域极高生态约束区和低生态约束区内不以传统农业生产为目的的乡村宜采用水平分户，在高生态约束区和中等生态约束区内宜采用垂直分户。

（2）住栋形式与节地

农村住宅的住栋有独立式、联排式和公寓式三种。独立式布局宜在用地矛盾不突出和因地形复杂而联排住宅不宜布置的山区，在滇池流域一般在高生态约束区内的山区。联排布局又分为联立式和联排式，联立式是两户相连的形式，根据《村镇住宅可持续设计技术》课题组进行的实地调查统计，结果显示：联立式住宅的容积率在0.6左右，最高可达0.8；而联排式住宅的布局较联立式，在建筑密度和容积率方面有较大提高，一般2～6户相连为宜，考虑到住区的自然通风和居民的通行方便，一般不宜超过8户，在滇池流域广大地区都可采用联排布局方式。公寓式住宅布局是土地集约利用的最高形式，住宅垂直方向叠加使得建筑密度和容积率都有很大程度的提高，对于第二、三产业发达的村庄较为适合，特别是在滇池流域低生态约束区内的城镇近郊地区第二、三产业发展的地区。

（3）合理的层数与层高

住宅的层数和层高对于节地有着较大的影响，有关学者研究指出，"8层以下的住宅，增加层数能节约较多的用地。住宅层数从5层增加到7层，用地可节约7.5%～9.5%，而层高从3.2m降至2.8m，可节约用地8.3%～10.5%（日照间距系数为1.5时）"。同时，有关资料表明，若住宅层数为3～5层，每提高一层，每公顷可增加建筑面积1000m²。

鉴于此,在农村中独立式住宅的层数一般可为 2~3 层。联排式住宅的层数一般为 3 层左右,公寓式住宅的层数则可为 3~6 层。而参考《住宅设计规范》(GB50096—2011) 对城市住宅的层高要求和上海市《郊区新村住宅设计标准》以及结合滇池地区的实际,村庄住宅层高可控制在 2.8~3.2m,不应超过 3.2m,净高不应低于 2.5m;属于风景保护和古村落保护范围的村庄,建筑高度应符合保护要求。

综上,得出滇池流域村庄住宅用地节地指标如表 6-14 所示。

表 6-14　村庄住宅用地节地指标表

节地指标		村庄类型		
		坝区	半山区	山区
住宅建筑面积/m²		≤180	≤195	≤225
户均宅基地面积/(m²/户)		120	130	150
住宅建筑基地面积		≤宅基地面积的 70.0%	≤宅基地面积的 70.0%	≤宅基地面积的 70.0%
住宅层高/m		2.8~3.2	2.8~3.2	2.8~3.2
底层最高限额/m		≤3.2	≤3.2	≤3.2
住宅建筑密度	低层	≤32.0%	≤30.0%	≤28.0%
	多层低层	≤28.0%	≤28.0%	≤25.0%
	多层	≤25.0%	≤22.0%	≤20.0%
住宅容积率	低层	≤0.65	≤0.6	≤0.60
	多层低层	≤0.85	≤0.8	≤0.80
	多层	≤1.1	≤1.0	≤1.0

六、生态约束下的污水处理设施用地

1. 排水量预测标准

1)村庄排水量预测应包括对污水量、雨水量的预测,污水量应包括生活污水量和生产污水量。

2)村庄生活污水量可按生活用水量的 80%~90%进行计算。

西南地区农村居民生活用水量参考取值如表 6-15 所示。

表 6-15　西南地区农村居民生活用水量参考取值

农村居民类型	用水量/[L/(人·d)]
经济条件好,有水冲厕所,有淋浴设施	80~160
经济条件较好,有水冲厕所,有淋浴设施	60~120
经济条件一般,无水冲厕所,有简易卫生设施	40~80
无水冲厕所和淋浴设施,主要利用地表水、井水	20~50
游客(住带独立淋浴设施的标间)	150~250
游客(住不带独立淋浴设施的标间)	80~150

资料来源:西南地区农村生活污水处理技术指南(试行)。

3）生产污水量及变化系数应按产品种类、生产工艺特点和用水量确定，也可按生产用水量的80%～90%进行计算。

2. 排水体制规划

对于人口密集、经济发达并且建有污水排放基础设施的农村，宜采取合流制或截流式合流制；对于人口相对分散、干旱半干旱地区、经济欠发达的农村，可采用边沟和自然沟渠输送，也可采用合流制。但在污水排入排水系统前，应因地制宜地采用化粪池、生活污水净化池、沼气池、生化池等污水处理设施进行预处理。

3. 污水处理设施规划

1）村庄生活污水宜经集中处理排放，减轻水环境污染；有条件的村庄污水集中处理达到《城镇污水处理厂污染物排放标准》三级标准；污水用于农田灌溉，应符合《农田灌溉水质标准》GB5084的有关规定。

2）鼓励采用粪便与生活杂排水分离的新型生态排水处理系统。宜采用沼气池处理粪便的，采用氧化塘、湿地、快速渗滤及一体化装置等技术处理生活杂排水。

3）距离城镇较近，或利于污水集中收集的村庄宜充分依托城镇污水处理系统进行集中处理。生活污水的处理，宜采用操作简单、运行维护方便、经济可行的生物处理工艺。污水处理设施的位置应选在村庄的下游，靠近受纳水体或农田灌溉区。用地充足的村庄可充分利用自然湿地的净化功能，采用湿地处理系统。

4）对于经济发达、人口密集并建有完善排水管网的村落，应建设集中式污水处理设施，宜采用活性污泥法、生物膜法和人工湿地等二级生物处理技术。对于分散居住的农户，鼓励采用低能耗小型分散式污水处理设施；在土地资源相对丰富、气候条件适宜的农村，鼓励采用集中自然处理；人口密集、污水排放相对集中的村落，宜采用集中处理。对于以户为单元就地排放的生活污水，宜根据不同情况采用庭院式小型湿地、沼气净化池和小型净化槽等处理技术和设施。对于居住分散的偏远地区，宜采用净化沼气池、生化池、双层沉淀池或化粪池等进行处理。

5）对于处理后的污水，宜利用洼地、农田等进一步净化、储存和利用，不得直接排入环境敏感区域内的水体。

6）鼓励采用沼气池厕所和堆肥式、粪尿分集式等生态卫生厕所。在水冲厕所后，鼓励采用沼气净化池和户用沼气池等方式处理粪便污水，产生的沼气应加以利用。污水处理设施产生的污泥、沼液及沼渣等在当地环境容量范围可作为农肥施用。

7）生产废水的处理设施，应与生产设施建设同步进行。

不同类型村庄的污水处理模式选择如表6-16所示。

表6-16　不同类型村庄的污水处理模式选择

村庄类型	纳入城镇污水处理管网	集中处理	分散处理	单户污水处理
水源保护区、近城镇坝区村庄	√			
水源保护区、近城镇山区、半山区村庄	√			

村庄类型	纳入城镇污水处理管网	集中处理	分散处理	单户污水处理
水源保护区、远城镇坝区村庄		√	√	
水源保护区、远城镇山区、半山区村庄		√	√	
非水源保护区、近城镇坝区村庄	√	√	√	
非水源保护区、近城镇山区、半山区村庄	√	√	√	
非水源保护区、远城镇坝区村庄		√	√	√
非水源保护区、远城镇山区、半山区村庄			√	√

资料来源：根据廖日红、申颖洁《北京市农村污水综合治理技术指导手册》（2010年）整理调整。

4. 排水管网规划

1）排水管渠应以重力流为主，宜顺坡敷设，不设或少设排水泵站。

2）排水干管应布置在排水区域内地势较低或便于雨、污水汇集的地带。

3）排水管道宜沿规划道路敷设，并与道路中心线平行。

4）截流式合流制的截流干管宜沿受纳水体岸边布置。

5）布置排水管渠时，雨水应充分利用地面径流和沟渠排除；污水应通过管道或暗渠排放。位于山边的村庄应沿山边规划截洪沟或截流沟，收集和引导山洪水排放。

5. 生活污水处理技术

人工湿地、土地渗滤、生物接触氧化池、氧化沟、生物滤池可作为农村污水处理的推荐技术；化粪池和沼气池可作为污水处理的预处理技术。

1）化粪池。化粪池距地下给水排水构筑物距离应不小于30m，距其他建筑物距离应不小于5m，水停留时间宜选48h或以上。当化粪池污水量小于或等于10m³/d，首选两格化粪池，第一格容积占总容积的65%～80%，第二格容积占20%～35%；若化粪池污水量大于10m³/d，一般设计为三格化粪池，第一格容积占总容积的50%～60%，第二格容积占20%～30%，第三格容积占20%～30%；若化粪池污水量超过50m³/d，宜设两个并联的化粪池；化粪池容积最小不宜小于2.0m³，化粪池水面到池底深度不应小于1.3m，池长不应小于1m，宽度不应小于0.75m。

2）沼气池。沼气池可用于一家一户或联户农村污水的初级处理，如果有畜禽养殖、蔬菜种植和果林种植等产业，可形成适合不同产业结构的沼气利用模式。沼气利用方式应根据农户牲畜养殖量进行选择，不同牲畜养殖量推荐利用沼气情况见表6-17。

表6-17　不同牲畜养殖量推荐沼气利用方式

单户养殖量 Q	推荐的沼气利用方式
Q（猪）≤3头	
Q（牛）≤1头	
Q（鸡）≤75只	不宜推广沼气技术
Q（羊）≤2只	

续表

单户养殖量 Q	推荐的沼气利用方式
3 头 < Q（猪）≤ 20 头	
1 头 < Q（牛）≤ 5 头	
75 只 < Q（鸡）≤ 500 只	单户炊事
2 只 < Q（羊）≤ 16 只	
20 头 < Q（猪）≤ 100 头	
5 头 < Q（牛）≤ 30 头	
500 只 < Q（鸡）≤ 2500 只	单户炊事，单户小型沼气发电
16 只 < Q（羊）≤ 80 只	
Q（猪）> 100 头	
Q（牛）> 30 头	
Q（鸡）> 2500 只	单户炊事，多户沼气发电
Q（羊）> 80 只	

3）生物滤池。其占地小、抗冲击能力强、处理效果稳定，适用于自然村或中小型聚居点的污水处理。生物滤池对于可用土地面积少、地形坡度大、进水水质和水量波动大的污水处理站有较好的适用性。由于工艺布水特点，生物滤池对环境温度有较高要求，适宜在年平均气温较高的地区使用。

4）氧化沟。氧化沟一般不设初沉池，结构和设备简单，运行维护简单，投资较省；采用低负荷运行，剩余污泥量少，处理效果好，适用于处理污染物浓度相对较高的污水；处理规模宜大不宜小，适合村落污水处理。

5）人工湿地是一种通过人工设计、改造而成的半生态型污水处理系统，主要由土壤基质、水生植物和微生物三部分组成，适于资金短缺、土地面积相对丰富的农村地区。人工湿地不仅可以治理农村水污染、保护水环境，而且可以美化环境，节约水资源。一级厌氧发酵池可建于绿化地下，二级厌氧发酵池与人工湿地可建于水塘边，将水塘改造为人工湿地，形成人工湿地与生物氧化塘系统。人工湿地系统吨水用地面积参考标准见表 6-18。

表 6-18　人工湿地系统吨水用地面积参考标准

类型	有前处理的人工湿地面积/m²	无前处理的人工湿地面积/m²
潜流人工湿地	2～3	4～6
表流人工湿地	8～15	16～20

6）土地渗透。土地渗滤处理系统是一种人工强化的污水生态工程处理技术，适合资金短缺、土地面积相对丰富的农村地区，在净化污水的同时可实现对其资源化利用而获取经济效益。土地渗滤根据污水的投配方式及处理过程的不同，可以分为慢速渗滤、快速渗滤、地表漫流和地下渗滤系统四种类型。

7）氧化塘。氧化塘又名稳定塘或生物塘，是一种利用水体自然净化能力处理污水的生物处理设施,主要借助水体的自净过程来进行污水的净化。氧化塘结构简单,出水水质好,投资成本低,无能耗或低能耗,运行费用省,维护管理简便,适于中低污染物浓度的生活污水处理;适用于有低洼地或池塘、土地面积相对丰富的地区。

各种污水分散处理技术比较见表 6-19。常用污水处理工艺适用范围分析如表 6-20 所示。

表 6-19　污水分散处理技术比较

方法	污染物的去除效果			能否去除氮磷	抗冲击能力	运行管理的方便性	节能	中水回用	污泥减量	占地	其他限制因素
	BOD	SS	病原体								
延时曝气	高	高	高	否	好	一定专业性	非节能		能	一般	基建和运行费用高
氧化沟	高	高	高	能	好	专业性	非节能		能	较大	寒冷地区需要保暖措施
SBR	高	高	高	能	好	专业性	非节能		能	较小	
生物接触氧化	高	高	高	除磷效果差	好	比较方便	非节能		能	较小	一定保温措施
曝气生物滤池	高	高	高	能	好	专业性	非节能			一般	环境与温度有一定要求
MBR	很高	很高	很高	能	好	专业性	非节能	能	能	较小	
稳定塘	一般	一般	高	有效果		方便	节能			大	
人工湿地	一般	高	高	有效果		方便	节能			较大	气候、土地面积、土壤性质等
慢速渗透	高	高	一般	不稳定		比较方便	节能			较大	
地表漫流	较好	不高	不高	有效果		方便	节能		能	较大	
净化槽	高	高	高	能	好	一定专业性	节能	能		小	国内技术不成熟
沼气净化池	一般	一般	一般	有效果		方便	节能		能	小	

注:根据蒋克彬、彭松、张小海、李久义《农村生活污水分散处理技术及应用》(2009),结合《排水设施与污水处理》、《农村生活污水处理项目建设与投资技术指南》(征求意见稿)等整理。

表 6-20　常用污水处理工艺适用范围分析表

比较项目	厌氧生物滤池	A/O 工艺	生物接触氧化	MBR 工艺	人工湿地	CASS 工艺	A/O+土地处理	曝气生物滤池	化粪池
处理工艺	生物膜法	活性污泥法	生物膜法	活性污泥-膜法	自然生物处理	活性污泥法	深度处理	生物膜工艺	简单处理
出水稳定性	一般	稳定	一般	稳定	一般	稳定	稳定	一般	一般
污泥产量	少	较多	较少	较少	无	较多	较多	较少	多
运行管理	抗冲击能力强,无须回流和搅拌设备,生物膜停留时间长	工艺操作环节复杂,运行管理不方便	工艺操作环节复杂,运行管理不方便	自动化程度高,工艺环节少,运行管理简单	工艺环节少,运行管理简单	工艺操作环节复杂,运行管理不方便	工艺操作环节复杂,运行管理不方便	工艺操作环节多,运行管理复杂	
维修工作	易	较困难	易	易	易	较困难	较困难	困难	
占地面积 /(m²/m³)	1.5~2	2~4	1.5~2.5	1~2	潜流(2~6)表流(8~20)	1.5~3	2~4	1.5~3	0.5~2

续表

比较项目	厌氧生物滤池	A/O工艺	生物接触氧化	MBR工艺	人工湿地	CASS工艺	A/O+土地处理	曝气生物滤池	化粪池
总投资/(元/m³)	2000～6000	3000～5000	2000～3000	7000～15000	2000～6000	4000～7000	2000～5000	3000～4000	600～1500
运行费用/(元/m³)	0.3～0.5	0.5～1.0	0.8～1.4	1.2～2.0	0.1～0.3	0.8～1.4	0.8～1.4	0.4～0.7	0
劳动定员	1～2	2	1～2	1	1～2	2	2	1～2	1
适用范围	规模较大、闲置土地较少的单村/联村污染处理	具有开阔区域、通风条件较好的农村地区污水处理	规模较大的单村或联村污染处理	出水水质要求较高的村庄污水处理	场地宽敞的村庄污水处理	非水源地、规模较大的村庄	非水源地、污水量少的村庄	污染程度较高，规模较大村庄	开阔区域、通风条件较好的地区

注：根据廖日红、申颖洁《北京市农村污水综合治理技术指导手册》（2010），结合《排水设施与污水处理》、《农村生活污水分散式处理技术及应用》和云南省实地调查修正。

6. 不同生态约束节地技术类型区农村污水处理要求

参照《西南地区农村生活污水处理技术指南》、《农村生活污染控制技术规范》、《农村生活污水处理项目建设与投资技术指南》（征求意见稿）和《农村生活污染控制技术规范》（HJ574—2010），结合滇池流域、洱海流域、程海流域和杞麓湖流域等典型调查，根据农村污水处理工艺的不同适用条件，结合滇池流域的生态特征，对滇池流域不同生态约束区应本着因地制宜的原则，采用适合的农村污水处理工艺。

（1）极高生态约束区

极高生态约束区是滇池流域的饮用水水源地一级保护区、滇池湿地和滇池流域一级保护区、生态防护圈和环湖生态带，是距离滇池最近的湖滨地带，目前分布有大小农村居民点200多个，面积近2300hm²，根据《滇池分级保护范围划定方案》滇池水域及保护桩向外水平延伸100以内的区域禁止新、改、扩建建（构）筑物以点（湿地示范点）、线（环湖风景林带）、面（带状公园）相结合的原则进行生态修复和生态建设。该区域禁止新建与扩建农村居民点，逐步对现有农村居民点进行搬迁，确需保留的农村居民点必须配套污水处理设施，一方面，距离城镇较近的地区可以接入城镇污水处理管网；另一方面，远离城镇地区的农村居民点要根据实际情况采用适合的污水处理设施，经济条件好或政府给予补贴的村庄应尽量采用占地面积少、污染处理能力强的处理设施。

（2）高生态约束区

高生态约束区内一部分是滇池流域上游地区水库水源地及其汇水区，在水源保护区和近滇池地区必须采取农村污水处理措施，降低农村污水排放对滇池的污染。距离城镇较近的地区可以接入城镇污水处理管网；其他地区可根据经济和自然条件等，选择适合的污水处理技术；而在远离滇池水体的山区可采用分散式的污水处理设施，减少污水的排放。

（3）中等生态约束区

该区域是滇池流域内耕地、园地和荒草地的集中区域，是具有一定生态效能的非建设用地区，在滇池流域范围内可作为限制建设区进行开发建设。中等生态约束区在滇池流域分布较广,应该重点加强距离滇池湖滨地带较近和入滇河流周边的村庄的污水处理。在该区域内村庄应采取集中的污水处理技术,同时,根据农田灌溉的需要选择适合的污水处理技术,在保证污水达标处理的同时可以兼顾农业用水的保障。

(4)低生态约束区

位于滇池流域三圈层次图中的引导开发区,是滇池流域人类活动最主要的地区,是滇池流域主要城镇的集中区,也是滇池流域紧邻湖滨区的过渡区域。该区域大部分村庄位于坝区和半山区临近城镇的地区。在农村污水处理方面,应与建设规模较大的中心村和小城镇相配套构建农村污水处理系统,一方面在近城镇地区的村庄修建污水收集管网,集中将村庄污水并入城镇污水处理系统;另一方面,在远离城镇的地区的村庄密集区,可多村联合修建小型污水处理厂,集中处理村庄集中区的污水,在村庄相对分散的地区可单村建设污水集中处理系统或农户的分散式污水处理系统,由于该地区是未来城-镇-村发展的优势地区,所以应尽量选择占地面积小的污水处理技术设施,以节约利用土地。

七、生态约束下的环卫设施用地

依据《农业固体废物污染控制技术导则》、《村庄整治技术规范》(GB 50445—2008)、《农村生活污染控制技术规范》(HJ 574—2010)和《环境卫生设施设置标准》(CJJ 27—2012),在对比分析各省市村庄建设规划导则中有关环卫设施用地情况的基础上,根据典型调查的人均垃圾产生量,采用目标值和发展趋势估算法合理确定村庄目前和未来一段时间内需要清运的垃圾量,同时,结合垃圾桶、垃圾池和垃圾房的设计与配比情况,确定环卫设施中垃圾清运设施用地标准,此外根据村庄人口规模,社会经济条件,结合典型调查,采用统计分析方法确定公厕用地标准。

1. 规划原则

1)应满足村庄发展总体需要,满足村庄用地布局、环境保护和村庄景观要求,有利于农村地区人口、资源、环境的可持续发展;

2)应符合区县城乡总体规划的相关要求;

3)应贯彻村庄生活垃圾收集处理的资源化利用、减量化收集、无害化处理的原则;

4)应实现村庄垃圾分类收集,提高垃圾无害化处理率,鼓励建立资源回收系统;

5)有条件的大中型村庄应实现村庄生活垃圾集中收运和处理。

2. 布置原则

1)村庄环境卫生设施的布置应满足区域整体环境需求。有条件的村庄尽量依托城镇环卫设施,实现垃圾运输密闭化、垃圾处理无害化、粪便排放管道化、环卫作业机械化,逐步推行源头削减计划。

2)因地制宜地选择村庄垃圾处理处置方式。距城镇近、居住相对集中的村庄尽量依托城镇垃圾处理系统,采取卫生填埋或焚烧等方式进行垃圾的无害化处理;偏远山区或散居的地区生活垃圾宜采取堆肥等无害化处理手段。

3)结合村庄当地条件,建造便于清除粪便、防蝇、防臭、防渗漏的户厕和公厕。根据当地的用肥习惯，采用沼气化粪池、沼气净化池、化粪池、高温堆肥等多种形式对粪便进行无害化处理。

3. 总体规划标准

村庄垃圾处理应坚持"户分类、村收集、镇清运、县市处置"的原则，村庄垃圾收集点的服务半径不宜超过200m，一村设1~2处垃圾池（房），每处占地不小于20m²，混合收集垃圾容器间占地面积不宜小于 5m²，分类收集垃圾容器间占地面积不宜小于 10m²，每10~20户设一垃圾桶。村民集中活动的地方要设置公共厕所，每村至少一处，每座建筑面积 30~60m²，可与垃圾收集点布置在一起，与其他建筑物的距离不少于 30m；可建生物净化和真空环保式公厕（崔东旭等，2006）。根据村庄的实际情况，因地制宜地确定村庄环卫设施规划标准，见表 6-21。

表 6-21　环卫设施配置标准

环卫设施名称	配置要求	卫生防护距离
公厕	建筑面积 30~60m²，与市场设施或公交站配套设置	30m
垃圾桶	每 10~20 户设一公用垃圾桶	—
垃圾箱	乡村旅游区每 50~100m 设置一个，其他地区每 100~150m 设置一个	—
垃圾收集点	一村设 1~2 处垃圾池（房），每处占地不小于 20m²	—

注：1）卫生防护距离指产生有害因素的污染源的边缘至居住建筑用地边界的最小距离。
　　2）在严重污染源的卫生防护距离内应设置防护林带。

4. 垃圾收集与处理规定

（1）垃圾收集与运输

生活垃圾宜推行分类收集，循环利用。垃圾收集点应放置垃圾桶或设置垃圾收集池（屋），收集点可根据实际需要设置，每个村庄应不少于一个垃圾收集点；收集频次可根据实际需要设定，可选择每周 1~2 次。垃圾收集点应规范卫生保护措施，防止二次污染。蝇、蚊滋生季节，应定时喷洒消毒及灭蚊蝇药物。垃圾运输过程中应保持封闭或覆盖，避免遗撒。

（2）垃圾处理

废纸、废金属等废品类垃圾可定期出售；可生物降解的有机垃圾单独收集后应就地处理，可结合粪便、污泥及秸秆等农业废弃物进行资源化处理，包括家庭堆肥处理、村庄堆肥处理和利用农村沼气工程厌氧消化处理，家庭堆肥处理可在庭院或农田中采用木条等材料围成约 1m³ 空间堆放可生物降解的有机垃圾，堆肥时间不宜少于 2 个月；庭院里进行家庭堆肥处理可用土覆盖；村庄集中堆肥处理，宜采用条形堆肥方式，时间不宜少于 2 个月，条形堆肥场地可选择在田间、田头或草地、林地旁。设置人畜粪便沼气池的村庄，可将可生物降解的有机垃圾粉碎后与畜粪混合处理。砖、瓦、石块、渣土等无机垃圾宜作为建筑材料进行回收利用；未能回收利用的砖、瓦、石块、渣土等无机垃圾可在土地整理时回填使用；暂时不能回收利用的垃圾由村收集、镇清运、县市处置。

5. 农村户厕改造要求

村庄整治中应综合考虑当地经济发展状况、自然地理条件、人文民俗习惯、农业生产方式等因素，选用适宜的厕所类型：①三格化粪池厕所；②三联通沼气池式厕所；③粪尿分集式生态卫生厕所；④水冲式厕所；⑤双瓮漏斗式厕所；⑥阁楼堆肥式厕所；⑦双坑交替式厕所；⑧深坑式厕所。厕所类型选择应符合下列规定：①不具备上、下水设施的村庄，不宜建水冲式厕所；水冲式厕所排出的粪便污水应与通往污水处理设施的管网相连接；②家庭饲养牲畜的农户，宜建造三联通沼气池式厕所；③寒冷地区建造三联通沼气池式厕所应保持温度，宜与蔬菜大棚等农业生产设施结合建设；④干旱地区的村庄可建造粪尿分集式生态卫生厕所、双坑交替式厕所、阁楼堆肥式厕所或双瓮漏斗式厕所；⑤寒冷地区的村庄可采用深坑式厕所，贮粪池底部应低于当地冻土层；⑥非农牧业地区的村庄，不宜选用粪尿分集式生态卫生厕所（王俊起，2010）。国标砖砌与预制钢筋混凝土化粪池单池造价表如表 6-22 所示。

表 6-22　国标砖砌与预制钢筋混凝土化粪池单池造价表

容积/m³	15	20	30	40	50	60
国标化粪池/万元	1.4	1.4	2	2.5	3.1	6.3
预制化粪池/万元	0.8	1.2	1.6	2.1	2.5	4.9

6. 不同生态约束节地技术类型区具体规划要求

农村生活垃圾具有分布广、分散、总量大、种类复杂等特点，并且自然环境、气候条件、产业结构、生产规模、农民生活习惯、家用燃料以及经济发展水平等都对其有不同程度的影响。所以对滇池流域不同生态约束区内的环卫设施用地也有不同程度的要求。

（1）极高生态约束区

极高生态约束区内是滇池流域重点保护区域，对保留的村庄要进行农村生活环境的改造，户用卫生厕所普及率达到 90.0%以上。村庄应建设生物净化公厕，12 蹲坑的生物净化公厕占地面积 55.44m²，主要设置在村民集中活动的地区。村内可设 1～2 处占地不小于 20m² 的垃圾池（房），每 10～20 户设占地 0.3m² 的垃圾桶。生活垃圾定点存放清运率达到 90.0%以上，生活垃圾无害化处理率达到 70.0%以上。

（2）高生态约束区

高生态约束区内是滇池流域上游地区水库水源地及其汇水区，在水源保护区和近滇池地区村庄的户用卫生厕所普及率达到 80.0%以上，村内至少设置生物净化公厕一座，生活垃圾定点存放清运率达到 80.0%以上。生活垃圾无害化处理率达到 60.0%以上。在高生态约束区内远离滇池水体和水源保护区的其他地区，可根据实际情况进行农村生活环境的改造，村庄可建设 30～50m² 的普通公共厕所，农户卫生厕所普及率应在现状水平基础上逐步提高。垃圾站点的服务半径应不大于 100m。

（3）中等生态约束区

中等生态约束区内是滇池流域主要耕地集中区，村庄可建设 $30\sim50m^2$ 的普通公共厕所，农户卫生厕所普及率应在现状水平基础上逐步提高，垃圾处理尽量采用堆肥处理方式，结合养殖业的发展重点推广一池三改工作。

（4）低生态约束区

低生态约束区内是滇池流域城镇集中区域，也是紧邻滇池湖滨地区的过渡地带。村庄总体处在坝区和城镇边缘地区，社会经济发展水平相对较高，所以应按照云南省生态村建设要求，户用卫生厕所普及率达到 80.0%以上。村庄应建设生物净化公厕，12 蹲坑的生物净化公厕占地面积 $55.44m^2$，主要设置在村民集中活动的地区。村内可设 $1\sim2$ 处占地不小于 $20m^2$ 的垃圾池（房），每 $10\sim20$ 户设占地 $0.3m^2$ 的垃圾桶。生活垃圾定点存放清运率达到 80.0%以上，生活垃圾无害化处理率达到 60.0%以上。

八、生态约束下的公共服务设施用地

公用服务设施用地标准的确定主要采用人均用地指标法，依据各地区村庄建设规划导则，结合实地调查，同时，结合城镇公共服务设施用地服务人口规模与占地情况，采用统计分析和平均值的方法确定相关公共服务设施用地标准。

1. 布局原则

1）村庄公共建筑包括村庄管理、教育、医疗卫生、社会保障、文化体育和商业服务等六类。村庄公共设施应集中设置，形成规模，成为村庄的公共活动和景观中心。应结合村庄公共设施中心或村口布置公共活动场地，满足村民交往活动的需求。

2）村庄公共建筑，除学校和卫生室以外，宜集中布置在位置适中、内外联系方便的地段。商业服务建筑宜布置在村庄人口集中和交通方便的地段。

3）行政村村委会所在的村庄宜布局村级公共服务中心，服务中心建筑面积控制在 $200m^2$ 左右，篮球场面积控制在 $420m^2$ 左右，并可与村小运动场或村民公共院坝混合使用。

4）学校用地应设在阳光充足、环境安静的地段，距离铁路干线应大于 $300m$，主要入口不应开向过境公路。初级中学和小学的布局和规模应按照上位规划对教育设施的规划要求确定。

5）村五保养老设施应布置在环境好、相对安静的位置，有条件的可与相邻村联合设置。

6）公共设施的配套水平应与村庄人口及等级规模相适应。规模较小的基层村集聚区可按服务半径多村共享配套公建。

7）公共设施应统一规划，分步实施，与村庄住宅建设同步建设和使用。在经济发展较为落后的地区，规划可预留用地，为远期建设留有余地。

8）市场设施用地应综合考虑交通、环境与节约用地等因素进行布置。市场设施用地的选址应有利于人流和商品的集散，并不得占用公路、主要干路、车站、码头、桥头等交通量大的地段。

2. 配置标准

1）大中型村庄或中心村、村委会所在地，可设置较为完善的公共服务设施，其服务半径一般宜为 1.5～2.0km。

2）村庄公共建筑配置标准应符合表 6-23～表 6-28 的规定。

3）村庄公共建筑应按照标准化的要求设置，统一形象标志和设施标准。

表 6-23　公益性公共设施配套标准

设施类别	设施名称	＜500 人	500～1000 人	＞1000 人
行政管理	村委会	◆	◆	◆
教育	托儿所	◇	◇	◆
	幼儿园	◇	◇	◆
	小学	-	◇	◇
	初中	-	-	◇
文化	文化活动站	◇	◆	◆
	图书室	-	◇	◆
	老年活动室	-	◇	◆
医疗	门诊所	◇	◇	◆
	卫生所	-	◇	◇
	计生站	-	◇	◇
	运动健身场地	◇	◆	◆

注：◇为建议配置，◆为必须配置，-为不需配置。

表 6-24　公益性设施面积标准

公共建筑项目	建筑面积	服务人口	备注
村（居）委会	200～500m²	管辖范围内人口	
幼儿园、托儿所	600～1800m²	所在村庄人口	2～6 个班
文化站（室）	200～800m²	同上	可与绿地结合建设
老年活动室	100～200m²	同上	可与绿地结合建设
卫生所、计生站	50～100m²	同上	可设在村委会内
运动场地	600～2000m²（用地面积）	同上	可与绿地结合建设
公用礼堂	600～1000m²	同上	可与村委会、文化站（室）建在一起
文化宣传栏	长度＞10m	同上	可与村委会、文化站（室）建在一起，或设在村口、绿地内

表 6-25　村庄行政管理用地标准表

村庄类型	建筑面积/m²
特大型村庄	200～500
大型村庄	200～400

续表

村庄类型	建筑面积/m²
中型村庄	200～300
小型村庄	≤200

表 6-26　村庄基础教育用地标准表

学校类别	学校规模/班	非寄宿制学生人均用地面积/（m²/人）	寄宿制学生人均用地面积/（m²/人）	容积率
幼儿园、托儿所	—	13～15	—	—
非完全小学	4	25	—	≤0.3
	6	34	—	
完全小学	12	29	39	≤0.7
	18	23	34	
	24	20	32	
初级中学	12	30	39	≤0.8
	18	29	36	
	24	25	34	

表 6-27　村庄医疗卫生用地标准

规模（床位数）	用地规模/（m²/床）	容积率
≤10	60	≥0.6
11～30	50～55	≥0.6
>30	45～50	≥0.7

表 6-28　商业服务设施建设规模表

人口规模/人	<500	500～1000	>1000
设施建筑面积/m²	>200	>400	>600

3. 不同生态约束节地技术类型区的节地要求

在滇池流域极高生态约束区内总体趋势是村庄搬迁。由于滇池的保护和湿地的建设，该区域的耕地面积也将逐渐减少，所以该区域的村庄公共服务用地应在保持现有水平的情况下进行原址改造，不宜增加公共服务设施用地规模。在高生态约束区内的水源保护区和近滇池地区的村庄，要将公共服务设施用地与生态用地合理复合，提高土地利用效率。小型村庄可根据本村及周边已有服务设施配置情况，酌情配置必需的公共服务设施。高生态约束区内远离滇池湖滨区的地区大部分在山区，公共服务设施落后，配置相对困难，应根据地区实际，配置必需的公共服务设施或在多个村庄的中心地区集中配置公共服务设施。在中等生态约束区和低生态约束区内，要本着节约用地的原则，在坝区充分发挥土地复合利用作用，公共服务设施用地要集中配置，尽量增加建设层高；在半山区和山区，建议设置混合型公共设施用房，功能划分可根据具体要求分别设置，同时在邻近城镇区域的村庄，在商业服务用地方面可酌情减少。

九、生态约束下的道路用地

1. 规划原则

1）村庄道路交通规划应根据村庄用地布局、交通特征，结合自然条件与现状特点，确定道路交通系统，并有利于建筑布置和管线敷设。村庄内部道路系统组成如表 6-29 所示。

2）文化娱乐、商业服务等公共建筑前的路段，应设置必要的人流集散场地、绿地和停车场地。

表 6-29　村庄内部道路系统组成

村庄规模	道路等级		
	主要道路	次要道路	宅间道路
超大型、大型	○	○	○
中型	△	○	○
小型	△	△	○

注：表中○为应设道路，△为可设道路。

2. 规划技术指标和等级

根据住房和城乡建设部村镇司课题——村庄整治技术手册之《村内道路》，结合滇池流域的典型调查，道路规划的技术指标和等级应符合表 6-30 的规定。

表 6-30　道路规划技术指标

规划技术指标		道路等级			
		主村道路面宽度/红线宽度	次村道路面宽度/红线宽度	宅间道路	人行便道
路面硬化宽度/m	坝区	6～9/12～18	4～6/8～12	1～3	0.6～1.5
	半山区、山区	5～7/10～14	3～5/6～10	1～3	0.6～1.5

3. 技术措施

标准横断面的编制依据国家、省市现行的行业标准、规范，按照全面满足村庄的发展要求，构建功能明确、等级结构协调、布局合理、雨水资源化的主、次要及宅间路道路系统，同时注重道路生态绿化、供排水、再生水、供电、通信、燃气等综合管网的工程设计，做到适度超前，从而全面提升村庄规划建设水平。

4. 停车场设置

1）村民停车场地的布置主要考虑停车的安全、经济和方便。农用车停车场地、多层公寓住宅停车场地宜集中布置，低层住宅停车可结合宅、院分散布置，村内道路宽度超过5m 的可适当考虑部分占道停车，公共建筑停车场地应结合车流集中的场所统一安排。

2）有特殊功能（如旅游）村庄的停车场地布置主要考虑停车安全和减少对村民的干扰，宜在村庄周边集中布置。

5. 不同生态约束节地技术类型区的差异性

极高生态约束区的村庄道路应尽量与现有道路相连接，村庄主要道路宽度可控制在5m左右，次要道路宽度可控制在4m左右，宅间道路控制在2m左右。高生态约束区内的水源保护区和近滇池地区的村庄的道路要求可参照极高生态约束区，其他地区的道路规划技术指标可参见表6-31中半山区和山区的低限指标。中等生态约束区道路规划技术指标可参见表6-31中相关地形区的中间值选择，注意村庄道路与机耕道路的联系。低生态约束区道路规划技术指标可选择表6-31中相关地形区的上限值，并注意村庄主干道路与公路的联系。

十、生态约束下的生产设施与仓储用地

1. 生产用地

村庄生产用地标准见表6-31。

1）生产建筑用地应选择在靠近电源、水源，对外交通方便的地段。协作密切的生产项目应邻近布置，相互干扰的生产项目应予以分隔。

2）村庄要为农民生产劳动配置作业场地，包括加工厂、晒谷场、打谷场、堆场及集中圈养牲畜的牛栏（占地$7\sim8m^2$/头）等，既要方便使用，又要符合环保、卫生、安全生产的要求。加工厂要布置在村的边缘，且应无"三废"危害。打谷场地面积不大于$2000m^2$。集中圈养牲畜的牛栏应设于夏季主导风向的下风向，与村民生活区域应有适当的卫生防护距离。

3）农机站、打谷场等的选址，应方便田间运输和管理。兽医站宜布置在村庄边缘。

4）集中畜禽养殖场地的选址，应满足卫生和防疫要求，布置在村庄常年盛行风向的侧风位，通风、排水条件良好的地段，并应与村庄保持一定防护距离。其中：小型养鸡场（养殖规模为200~10000只）卫生防护距离为100~200m，大中型养鸡场（养殖规模为10000~200000只）卫生防护距离为200~600m；小型养猪场（养殖规模为500~1000头）卫生防护距离为200~800m，大型养猪场（养殖规模为10000~25000头）卫生防护距离为800~1000m。

5）好的区位条件和便利的交通是工业发展的先决条件，要根据各村庄的区位条件和交通通达程度合理确定工业发展的方向，并总体现节地的目标。

表6-31　村庄生产用地标准

生产用地类型	容积率	建筑密度	绿地率
工业用地	0.8~2.0	一般地区： 多层厂房≥40.0%； 单层厂房≥50.0%	≤15.0%
农业服务设施用地	0.8~2.0	一般地区： 多层厂房≥40.0%； 单层厂房≥50.0%	≤10.0%

2. 仓储用地

仓库及堆场用地的选址，应按存储物品的性质确定，并应设在村庄边缘、交通运输方便的地段。粮、棉、木材、油类、农药等易燃易爆和危险品的仓库与厂房、居住建筑等的距离应符合防火和安全的有关规定。

3. 不同生态约束节地技术类型区生产用地

1）极高生态约束区是滇池流域生态最为脆弱的地区，原则上村庄内不预留工业用地，产业用地应主要以旅游产业用地为主。

2）高生态约束区内水源保护区和近滇池地区的村庄以旅游产业用地和基本无污染的、用地小的小型食品、小型服装等产业用地为主。

3）中等生态约束区以食品加工、养殖业、特色农业产业等生产用地为主。

4）低生态约束区生产用地一般不受限制。

十一、生态约束下的供电设施与防灾用地

1. 供电设施用地

在不同生态约束区内的供电设施用地差异不大，村所在地域范围供电负荷的计算，应包括生活用电、生产设施用电和农业用电负荷。村庄人均生活用电量指标为 $250\sim1000kW\cdot h/$（人·a），生产设施用电负荷可按单位产品的用电负荷计算，农业用电负荷可按每亩用电负荷计算。

村庄电力电线宜沿公路、村庄道路布置，电力电线宜采用同杆并架的架设方式。同时，村庄变电站或开闭所出线宜将工业线路和农业线路分开设置。村庄 10kV 电源的确定和变电站站址的选择应以乡镇供电规划为依据，并符合建站条件，线路进出方便和接近负荷中心。村庄 10kV 配电可采用杆上配电式及户内式，变压器的布点符合"小容量、多布点、近用户"原则。农村低压线路（380/220V）的干线宜采用绝缘电缆架空方式敷设为主，有特殊保护要求的村庄可采用电缆埋地敷设。架空线杆排列应整齐，尽量沿路侧架设。低压架空线路的干线截面不宜小于 $70mm^2$。低压线路的供电半径不宜超过 250m。变电站（所）用地标准如表 6-32 所示。

表 6-32 变电站（所）用地标准

类型	主变台数和容量	用地标准/hm²
35kV 变电站	2×31.5MVA	0.31
63kV 变电站	2×31.6MVA	0.42
110kV 变电所	2×20MVA	0.85
	2×40MVA	0.46
	3×50MVA	0.28
220kV 变电所	2×180MVA	1.90
	2×150MVA	1.69

2. 防灾减灾设施用地

（1）消防用地

消防设施用地标准见表 6-33。

1）村庄消防必须贯彻执行"预防为主、防消结合"的消防工作方针和"以人为本、科学实用、技术先进、经济合理"的规划原则。

2）村庄的消防给水、消防车通道和消防通信等公共消防设施应纳入村庄的总体建设规划。消防给水和消防设施应同时规划，并宜采用消防、生产、生活合一的给水系统。

3）生产和储存有爆炸危险物品的厂房，应在村庄边缘以外单独布置，并满足有关安全规范的要求。打谷场和易燃、可燃材料堆场，应布置在村庄边缘并靠近水源的地方。打谷场面积不宜大于 2000m²，打谷场之间及其与建筑物的防火间距，不应小于 25m。

4）村庄消防车通道之间的距离不宜超过 160m。消防车通道可利用交通道路，并应与其他公路线连通，其路面宽度不应小于 3.5m，转弯半径不应小于 8m。当栈桥等障碍物跨越道路时，净高不应小于 4m。

5）无给水管网的村庄，消防给水应充分利用江河、湖泊、堰塘、水渠等天然水源，并应设置通向水源地的消防车通道和可靠的取水设施。利用天然水源时，应保证枯水期最低水位和冬季消防用水的可靠性。

6）设有给水管网的村庄及其工厂、仓库和易燃、可燃材料堆场，宜设置室外消防给水。无天然水源或给水管网不能满足消防用水时，宜设消防水池，消防水池须不小于 50m³。

7）村庄建筑的规划间距和通道的设置应符合村庄防灾的要求。村庄规划应设消防室，面积不小于 20m²。

8）室外消火栓应沿道路设置，并宜靠近十字路口，其间距不宜大于 120m。消火栓与房屋外墙的距离不宜小于 5m，当有困难时可适当减少，但不应小于 1.5m。

表 6-33　消防设施用地标准

类型	节地标准			
村庄消防车通道	间距/m	≤160.0		
	宽度/m	≥4.0		
标准普通消防站	责任区面积/km²	≤7.0	建筑面积/m²	2400～4500
小型普通消防站	责任区面积/km²	≤4.0	建筑面积/m²	400～1400

（2）地质灾害防治

1）地质灾害防治应坚持预防为主，避让与治理相结合的原则。

2）村庄规划选址应避开易灾地段，特别是地质灾害极易发地区和高易发地区，应避免房屋选址在山区的冲沟地区和滑坡易发地区，以及危岩下方。村庄建设应防止高挖深填。

3）泥石流防治应采取防治结合、以防为主，避让、拦排结合、以排为主的方针，并采用生物措施、工程措施及管理等措施进行综合治理。

（3）防洪

1）村庄防洪应与当地江河流域、农田水利建设、水土保持、绿化造林等的规划相结合，统一整治河道，修建堤坝等防洪工程设施。

2）山洪防治应充分利用山前水塘、洼地滞蓄洪水，以减轻下游排洪渠道的负担。

3）规划在山边布局的村庄应沿山边布置截洪沟或截流沟，避免山上雨水直接冲刷建筑基础。沟断面面积应根据集雨面积和暴雨强度进行专门设计。

4）村庄应按 10～20 年一遇洪水位防洪标准设防。

（4）抗震和防气象灾害

应急避难场所用地标准如表 6-34 所示。

1）村庄抗震防灾工作要贯彻"预防为主，防、抗、避、救相结合"的方针。

2）村庄防雷减灾工作，应实行安全第一、预防为主、防治结合原则。

3）村庄建筑物规划布局应避开雷电高易发地区。村庄建筑应按照有关防震要求进行建设。

4）易形成风灾地区的村庄规划应避开与风向一致的谷口、山口等易形成风灾的地段，并在迎风方向规划密集型的防护林带。

表 6-34　应急避难场所用地标准

	用地指标/（m²/处）	有效避难用地比例/%	人均综合面积/（m²/人）	服务半径/m
应急避难场所	1000.00	60.0～70.0	3.00	500.00
	备注：应急避难场所应避开周边建筑的倒塌范围，确保安全			

十二、生态约束下的村庄绿地

1. 村庄绿地分类

根据《镇（乡）村绿地分类标准》（CJJ/T 168—2011），村庄绿地分类采用一个层次，具体可分为公共绿地、环境美化绿地、生态景观绿地，详见表 6-35。

表 6-35　村庄绿地分类表

类别代码	类别名称	内容与范围	备注
G_1	公园绿地	向公众开放，以游憩为主要功能，兼具生态、美化等作用的绿地	包括小游园、沿河游憩绿地、街旁绿地和古树名木周围的游憩场地等
G_2	环境美化绿地	以美化村庄环境为主要功能的绿地	
G_3	生态景观绿地	对村庄生态环境质量、居民休闲生活和景观有直接影响的绿地	包括生态防护林、苗圃、花圃、草圃、果园等

注：资料来源：《镇（乡）村绿地分类标准》（CJJ/T 168—2011）。

2. 绿地规划要求

1）居民点的绿化应与村庄规划同步，可采用集中与分散相结合的方式布置村庄绿地，加强平面绿化与立体绿化的结合，适宜将村口、道路两侧不布置建筑物的滨水地区以及不宜建设地段作为绿化布置的重点。

2）保护和利用现有村庄良好的自然环境，特别要注意利用村庄的河道和山坡植被，提高村庄生态环境质量；保护村中的河、溪、塘等水体，发挥其防洪、排涝、生态景观等多种功能作用。

3）村庄绿化应以乔木为主，灌木为辅，必要时以草点缀，植物品种宜选用具有地方特色、多样性、经济性、易生长、抗病害、生态效应好的品种。

4）院落间的空地可保留原生杂草与树木作为院落景观，有条件时可种植农作物和经济作物。

3. 绿地规划标准

1）新建的村庄绿地率不应小于30%，旧村改造绿地率不小于25%。

2）道路与边沟布置绿化带，宽度以1.5~2m为宜。

3）村民人均公园绿地标准按表6-36执行。

表6-36 不同人口规模人均绿地水平

人口规模/人	<500	500~1000	>1000
人均公园绿地面积/m²	≥0.5	≥1.0	≥1.5

4. 不同生态约束节地技术类型区的绿地规划要求

极高生态约束区是滇池流域的生态防护区域，以点（湿地示范点）、线（环湖风景林带）、面（带状公园）相结合进行区域的生态建设。该区域内的村庄要总体围绕滇池生态保护开展绿地建设，生态景观绿地面积要高于其他区域，故村庄绿地率应不小于30.0%，人均绿地面积应不低于1.5m²。高生态约束区内水源保护区和近滇池湖滨地区的村庄绿地率应不小于25.0%，人均绿地面积应不低于1.0m²。中生态约束区和低生态约束区内村庄绿地率应不小于25.0%，人均绿地面积应不低于0.5m²。

第七章 滇池流域城市（镇）生态型节地标准编制技术研究

城市（镇）节地标准研究是我国国土、城建部门的重点研究领域，已有大量成果和较成熟的理论和技术方法。但是，针对生态脆弱的高原湖滨城市化地区如何构建既节地又生态的用地标准，是这类地区面临的新课题。本书结合国内外（包括高原湖滨城市昆明市）已有标准进行理论探讨，限于经费和时间，实证研究尚不充分，需要在以后设立专门课题开展更深入的实证案例研究，充实完善本章研究内容。

第一节 国内外城镇生态保护与土地节约集约利用相关研究概述

一、土地集约利用与生态环境协调

围绕土地集约利用和生态环境协调，国外的研究侧重于将生态理念贯穿于土地利用过程中，以城市土地利用生态学派（Chapin et al.，1967；刘盛和等，2001）最具代表性，其研究主要集中在城市规划（但承龙等，2002）、土地用途管制（王静等，2003）、农地保护（李宪文等，2001；张安录，2000）以及土地可持续利用（FAO，1993）等方面。1898年英国学者 E.Howard 著述的《田园城市》提及了工业化、城市化与生态环境的关系。1933年雅典宪章指出城市规划要协调好与生态环境的关系。R.E.Park 在 1952 年发表的《城市与人类生态学》强调了城市化所带来的生态环境失调问题。1973 年日本学者编著的《城市生态学》系统阐述了城市化对自然环境的影响，以及城市绿化、城市环境污染防治等问题。1982 年美国著名土地经济学家理查德·伊利在其名著《土地经济学原理》一书中就阐明了人口、土地资源的稀缺性、地价等因素对城市土地集约利用的影响。随后兴起的国际生物圈计划（IBMP）关于土地覆盖、土地利用变化与全球变化研究的总框架，即 LUCC研究，系统研究了土地利用变化引起的区域与全球资源环境效应，以及全球的资源环境保护与环境变化机理，并应用 3S 技术进行大尺度数据处理，对于土地利用与生态环境关系研究从时空维度进行过程模拟和空间分异分析，在微观领域，尤其是海岸、山地和半干旱等生态脆弱区的研究也备受关注。还有学者提出研究城市人口容量、自然环境容量、交通容量、建筑容量、城市用地容量的思想，认识到高密度开发会使环境恶化，基础设施不足，导致容量过高产生负效应。

二、紧凑型城市及生态管制

1. 紧凑型城市

从 20 世纪 90 年代起，"紧凑型城市"理念得到了越来越多的支持。很多人都赞同它的两个重要理论依据：首先，密集型的城市形态有助于减少城市对周围生态环境的侵蚀，从而降低人类活动对自然环境的影响；其次，空间紧凑型城市可以大大减少对道路交通，尤其是对私人轿车的依赖，从而减轻道路交通压力，降低对石油等资源的消耗，减少大气污染。

广义的紧凑型城市概念是不拘泥于中世纪城市的固有模式，而仅视其为参考的概念。重要的是这些"紧凑、功能混合、小尺度密网络街区形态等宜人的体量高度、具备活力的生态型经济和融洽的社会氛围等"理想城市的特征，放在当代社会中的意义与借鉴。特别是在倡导可持续发展的今天，它具体应当包含三个维度（表7-1）。

表 7-1　紧凑型城市的三个维度

环境可持续	经济可持续	社会可持续
低碳	当地就业	更高的居住人口密度
低污染	家庭为基础的工作	本地化的社会系统
低流动	混合的使用和活动	社会混合并融合

紧凑型城市是可持续城市发展思想的一种，它应当包含三层不同的概念。环境可持续基本原则是建立在较少的流动性（自给自足）、更低的能源消耗和减少污染方面，从而引出了与"分散城市"或者说大都市带相对的"紧凑城市"概念。经济的可持续性，建立在通过混合活动和更多当地就业而形成的再次振兴的地方经济基础上，可以成为一种"紧凑型经济"，传统的自给自足的乡村经济可视为这样一种模式。社会的可持续性包含着更高密度、社会组合及融合，意味着一个更紧凑的社会或者说是以社区为基础的生活方式。"紧凑型城市"理论本质上是建立在可持续发展观之上的。它所倡导的观点包括以下几个方面。

（1）更高的城市密度

相关研究认为较高的密度能减少城市对能源、交通的需求，从而减少环境污染。具体可以分为以下几种优势。

第一，交通优势。更高的城市密度可以减少城市、邻里及其发展过程的碳足迹和化石燃料的排放，增强无障碍性，使交通更可行和高效，邻近公共交通进行开发能够减少枢纽线对土地的压力，步行和自行车友好的邻里可以促进公众健康，降低汽车污染和交通堵塞，在混合功能开发中通过停车共享创造效率。因为，人口、建筑、服务和基础设施彼此紧邻，分享某种资源的效率就将增大。

第二，更有效率的土地资源使用优势。高密度的环境能使现有基础设施和资源得到更好的使用，减少对农业、工业用地和现存绿色空间的开发压力，引入"城市农业"去减少"食物里程"并增强当地食品安全性，加强对市区土地的使用，通过多层次、多中心的城市结构而达到密度的渐变，创造土地使用更充分地混合。

第三，社会平等和多样性的优势。更高的密度将显著改善所有居民对居住的选择和可承担性，减少社会分化，给创新和社会互动增加多样性、安全性、生命力和机会，创造一个更有活力和可持续的城市环境，步行活力的增加和 24 小时活力社区的构建会减少犯罪等。

第四，经济优势。在新的、更好的社区设施和高品质和更具吸引力的物质环境中能够促进投资，为地方零售业和服务提供基本的人口数量的保证，在城市建成区内吸引商业、旅馆、购物和高档住宅的开发，从而带来高品质的健康、教育、文化、娱乐和多种服务的机会，促进城市经济效率提高和就业的机会增多等。

第五，绿化空间的优势。增加城市内开放空间的价值，在一个规划范围内保存绿地开放空间、清新的空气和水及动植物系统。

（2）混合的土地利用

土地混合使用直接针对现代主义城市规划的"功能分区"策略。"混合使用"（mixed-use）理论最早由简·乔柯布斯在其巨著《美国大城市的死与生》中论及，20 世纪 80 年代，文献和专业会议中广泛地关注"混合使用"。学者们认为其有着诸多优点：混合可以创造出一个 24 小时活力的城市环境，对基础设施可以最优使用；在住宅形式上人们有了更多的选择；混合的居住类型使人们更加可承担；在商业和公民聚集点周边提供住宅，可以减少老人和孩子对车辆的依赖；使人们居住在能够购物、工作或玩乐的地方可以减少汽车的拥有量和使用次数，可增加步行和公交的使用，从而改善环境。

混合土地使用至少包含三个概念层面。第一层面，"增加土地使用的密度"。在一个给定类型的土地使用中，通常是指居住用地，规划师可以增加可用土地选择的范围。我们应当鼓励多种形式和使用期的混合，而不是按照不同的密度或户型来分区。这样的好处是会增加全局的密度，更好的是，如果我们相信住房者是基于生命周期阶段或收入水平来选择户型的话，那么混合类型的房屋会使不同的人群住在一起，这对社会融合是有利的。第二层面，在城市结构中"鼓励兼容混合"来增加使用的多样性。兼容性混合不会造成矛盾并且可以产生协同效应。例如，在商业和办公区增加高密度居住用途被证明是兼容的，因为靠近商业居住的居民可以光顾那些商业或工作在那些商业中。他们的出现会延长地区活力，在工作时段后，创造新的商业机会。第三层面，"整合隔离的用途"。多种类型用途就近混合需要克服许多监管障碍。例如，司法管辖权经常需要在重工业和其他城市用地间距或缓冲区，这主要是考虑到环境影响、噪声或交通。在大城市，经济模式（超过政府监管）也会对特别地区（比如"成衣区"）的发展做出贡献。

2. 生态管制

许多发达国家很早就将生态管制引入土地利用分区之中。美国通过土地利用分区明确规定各分区范围、利用类型和允许开发的最大强度，尤其是将历史街区和生态敏感的滨水海港区作为特殊保护地区，限制土地开发和产业发展。林肯土地政策研究所从保护土地的生态价值出发，提出了土地开发的潜在限制性因素，将评价区域分为生态临界区域、景观文化临界区域、经济临界区域和自然灾害临界区域四类环境敏感区域。悉尼大都会区规划通过选择国家公园、自然保护区、集水区和优质农地等，确定区域土地利用的制约因素，将这些区域作为严格限制、不可发展的区域。

而在近年的研究中，"生态基础设施"备受关注。相对于作为自然系统基础结构的生态基础设施概念，生态基础设施的另一层含义是"生态化"的人工基础设施。1984 年，MAB 针对全球 14 个城市的城市生态系统研究报告中提出了生态城市规划五项原则，其中生态基础设施表示自然景观和腹地对城市的持久支持能力。相隔不久，Mander 和 Selm 等从生物保护出发，用此概念标识栖息地网络的设计，强调核心区、廊道等组分作为生态网络在提供生物生境以及生产能、资源等方面的作用（Mander et al., 1988；Selm et al., 1988）。

认识到各个人工基础设施对自然系统的改变和破坏，人们开始对人工基础设施采取生态化的设计和改造，来维护自然过程和促进生态功能的恢复，并将此类人工基础设施也称为"生态化的"基础设施，或者"绿色"基础设施（"绿色"即强调生态化）。目前，北美及欧洲的许多城市都在开展实施"绿色"基础设施计划。如纽约生态基础设施研究（New York ecological infrastructure study，NYEIS），涉及气候、能量、水文、健康以及政策和成本效益等方面。加拿大卡尔加里 1996 年在 Elbow Valley 建立用于水体净化和污染处理的实验性人工湿地，并在其 *Nature as infrastructure* 的报告中强调了生态基础设施在生态及教育方面的巨大意义。

三、国内相关研究

1. 土地集约利用与生态保护

徐巨洲（1999）等从城市可持续发展理论角度出发，认为城市土地集约利用既要追求土地产出效益，也要注意避免生态环境的恶化。罗鸿铭（2004）认为，城市土地集约利用要求城市空间的外向扩张与腹地环境负荷相一致。刘新卫（2006）等认为城市土地集约利用有个合理限度问题，并非投入越多就越集约、效果越好，其内涵应是在不断提高土地利用效率的同时达到经济、社会、资源和生态效益。董秀茹等（2006）就土地集约利用与生态环境的辩证关系进行了探讨，认为合理的土地集约利用可促进生态环境的改善，土地可持续利用要求土地集约利用与改善生态环境的有机结合。王静等（2008）指出集约利用土地的科学内涵，不应寻找最高的土地利用强度，而应寻找最优集约度或最佳集约度，因为土地集约利用存在生态效应与环境效应问题，既要节约集约利用，又要保护环境，二者需要协调统一。陈兴雷等（2009）利用协调度模型对吉林省延边朝鲜族自治州土地利用与生态环境协调度进行了分析，指出基于土地利用评价与生态环境评价的协调度计算模型，定量评价土地利用与生态环境两系统间协调度，具有较强的可操作性和较高的可信度，并可为土地利用规划修编提供理论依据。

2. 生态型城市建设

（1）我国生态城市建设现状

生态城市建设是指在城市生态系统承载能力范围内，运用生态经济学原理和系统工程方法，通过改变生产与消费方式、决策和管理方法，充分挖掘城市的资源潜力，建设一类经济发达、生态高效的产业，体制合理、社会和谐的文化以及生态健康、景观适宜的环境，实现城市经济发展与环境保护相结合、城市物质文明与精神文明相协调、城市自然生态与人类生态相统一的可持续发展目标。简言之，生态城市建设就是建设生态健康的城市，使自然、城市与人融合为一个有机整体。

尽管近些年来我国生态城市建设取得了可喜成绩，但仍然存在不少问题，主要表现在以下几个方面：①城市规划和城市建设中没有明确的指导思想和发展目标，在城市化过程中片面追求经济效益，无视生态环境；城市规划时，没有对城市绿地、城市建筑群的密度和高度、城市基础设施进行精心设计和安排；规划方案中没有体现城市生态的设计理念。②城市居民生态意识不强，生活垃圾没有分装处理，随意乱扔。特别是对于自然界不可降解的、会带来严重污染的生活垃圾，如电池、塑料制品以及其他化学合成制品等，往往与普通生活垃圾混装，给处理工作造成困难。③城市空间对城市生态的影响。城市生态平衡必须首先是自然生态平衡，这种自然生态平衡的形成过程是自然界生物人在这里作为自然的人进入城市生态系统适者生存进化过程的表现和结果，表现在空间方面，是生物对空间的竞争和共生的过程。每一种生物都需要足够的生存空间，而且要尽可能地占据最有利的空间位置，以便攫取更多的能量。生物所处的空间位置会影响到它的生存、发展。显然，空间是影响自然生态平衡的重要因素。人还作为社会、经济的人进入城市生态系统，城市生态平衡更主要的是人工生态平衡。此时，空间被看成一种有限的资源，生物对空间的占领和竞争极大地受到人工控制，人类按照最充分利用资源的原则，人工构造了城市空间结构，力图对城市空间资源做出尽可能优化的社会分配。如城市社会经济活动的地域划分、生产生活功能分区、绿化面积控制等，都是对狭窄的城市空间的人工选择。城市空间结构的人作为积极干预城市生态平衡意图的体现者，从空间的利用方面影响了城市生态平衡。

（2）生态城市建设借鉴案例

A．香港

从卫星遥感地形图上可以看出，香港大部分地区都是绿色的，只有九龙半岛、香港岛北部、大屿山填海区的香港国际机场是集中建设用地，新界其他的新市镇点缀在绿色之中。与之形成对比的是深圳连绵不断、大片的建设用地（图 7-1）。

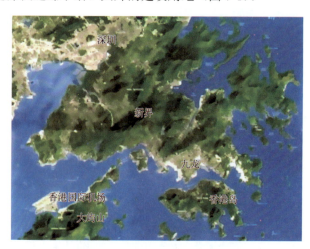

图 7-1　香港、深圳影像对比图

香港的陆地面积只有 1104km²，相当于北京 16410km² 的 6.7%，大致与一个顺义区或大兴区相当，也大约是怀柔或密云区的一半。截至 2012 年年底，香港拥有常住人口 717 万人，相当于北京 2069 万人的 1/3。也就是说，按照城市总面积计算，北京和香港每人平均土地分别是 792m² 和 155m²，前者是后者的 5.1 倍。而在香港 1104km² 的陆地面积中林地、草地、湿地、水体和农地占了 836km²，即 75%以上。高密度策略的实施成果之一，是城市留下 500km² 的"受保护地区"，其中包括 24 个郊野公园和 22 个特别地区。从香港郊野公园分布图（图 7-2）中可以看出，郊野公园占据了香港 40%的陆地面积，而且与各居住、商务活动区联系紧密。以湾仔区为例，从任何一个地方出发，人们步行几分钟至十几分钟即可上山，在长达 50km 的港岛远足径上暴走，欣赏山峰、林地、水塘（即水库）、岛屿、迂回的海岸线和丰富的植被，在自然中走上一整天，安全且没有机动车的打扰。而港岛径仅仅是四条远足径中最短的一条，最长的达 100km²，此外还有无数的家乐径、郊游径、自然教育径等供人们选择（肖喜学，2013）。

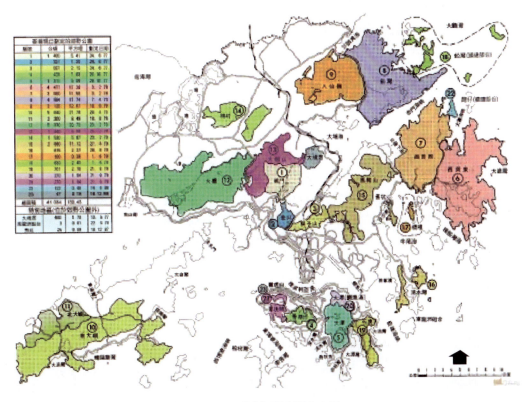

图 7-2 香港郊野公园分布图

香港中文大学建筑系邹经宇指出：由于土地资源、人口问题、经济和技术四个因素的作用，中国生态城市建设应该走高密度开发与保护大面积自然郊野并进之路。香港由于土地资源极为稀缺，不得不高密度开发，但也正因为采取了高密度开发，使得40%的山林得以留住，建成大片的郊野公园。根据规划，香港正计划把这项指标从 40%提高到 45%。

B. 巴黎

巴黎在城市建设中突出城市的景观化，使景观成为一种容纳和安排复杂城市活动的媒介（米格尔·鲁亚诺，2007）（图 7-3）。

巴黎拉·维莱特公园(La Villette Park)
位置：法国巴黎东北角
面积：55hm²
设计师：伯纳德屈米（瑞士）
年代：1982年
设计手法："点、线、面"相叠加的系统覆盖整个场地
(120m×120m方格网构成公园的基本框架)。"点"：40个交
汇点上红色构筑物；"线"：长廊、林荫道、中央环路、步
道组成的交通系统；"面"：10个题花园、草坪和树丛。

构思解读：
采用了一种景观与城市交汇紧密交融的设计策略，
即"城市化的景观"或"景观化的城市"；
与城市之间无明显的界限，属于城市，融于城
市，运用一种秩序系统控制大尺度空间，使景观成
为一种容纳和安排复杂城市活动的媒介；
一种新型的城市

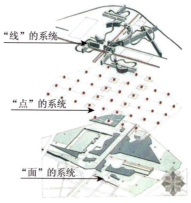

"线"的系统

"点"的系统

"面"的系统

图 7-3　景观都市主义实践的案例

C. 阿联酋玛斯达尔（Masdar）城

生态城市玛斯达尔位于阿拉伯联合酋长国（UAE）首都阿布扎比（Abu Dhabi）的东南部，其建设目标为"世界首座生态城市"（米格尔·鲁亚诺，2007）。在尊重地方风土特征的城市形态的基础上，通过土地使用和绿色交通的有机联动，城区内部建筑紧密毗邻互连成片，街道狭窄密集，形成紧凑、高密度的城市肌理，城市的建筑覆盖率达到 50%以上。此外，城中还有政府办公部门、科学博物馆和教育设施，共同构造多功能复合的城市区域。继而通过土地利用与交通系统的协同设计，城市功能设施得以布局、建立在步行尺度的基础之上。这种紧凑的土地利用模式有助于减少通勤交通，并能够为步行、塑造城市活力提供良好的支持（图 7-4）。

四、简要评述

对现有的国内外文献比较研究发现：

第一，已有的协调发展研究在经济发展与生态环境、城市化与生态环境、土地利用内部协调等方面研究成果颇丰，但由于学科研究的差异以及人们长期以来对土地集约利用与土地生态安全概念认识及理解的差异，在土地集约利用引起的生态安全问题上，真正将二者作为一个系统进行研究，以及对二者进行协调发展的评价、预测以及调控研究还极少。

第二，目前学术界对土地集约利用和土地生态安全的两个系统的研究多为定性分析研究，从定量角度研究城市土地集约利用和土地生态安全的较少，特别是从系统的、动态的、量化的角度来深入探讨两个系统相互作用、协调发展及提出确定性可行调控体系的专题性研究鲜见。

图 7-4　玛斯达尔的整体城市形态

　　第三，相关研究焦点主要集中于构建城市土地集约利用指标体系中生态环境指标的设置，但最终结果只能代表整体集约水平，无法反映深层次的集约程度是否与土地生态安全状况相协调问题，也无法深层次反映时空协调问题。

第二节　省市现行的城镇规划领域技术标准及规范

一、全国相关技术标准

　　1989 年《工程项目建设用地指标编制工作暂行办法》明确了节地标准编制的归口、组织和主编，规定"建设用地指标的编制纳入工程建设标准定额计划，由建设部统一归口管理，具体编制工作由国家土地管理局负责组织"，"建设用地指标的编制由主编部门负责，具体工作由主编单位组织编制组承担"。

　　相关节地标准包括各种用地指标、规划标准、建设标准和设计标准等多种形式。其中用地指标多由相关行业主管部门编制后，与城乡规划建设部门、土地管理部门联合发布；而规划标准、建设标准和设计标准等其他形式标准大部分由城乡规划建设部门制定发布（表 7-2）。

表 7-2　各类建设用地相关节地标准

大类	中类	小类	相关节地标准
城市用地标准	总体	-	城市用地分类与规划建设用地标准（2010）
	R 居住用地	-	城市居住区规划设计规范（2002）

续表

大类	中类	小类	相关节地标准
城市用地标准	A 公共管理与公共服务用地	总体	城市公共设施规划规范（2008）
		A1 行政办公用地	公安派出所建设标准（2007） 拘留所建设标准（2008） 人民法院法庭建设标准（2011）
		A2 文化设施用地	科学技术馆建设标准（2007） 公共图书馆建设用地指标（2007） 档案馆建设标准（2008） 文化馆建设用地指标（2008）
		A3 教育科研用地	普通高等学校建筑规划面积指标（1992） 普通高等学校基本办学条件指标（试行）（2004） 普通高等学校建筑面积指标（报批稿）（2008）
		A4 体育用地	城市社区体育设施建设用地指标（2005） 体育训练基地建设用地指标（2011）
		A5 医疗卫生用地	医疗机构基本标准（试行）（1994） 中医医院建设标准（2008） 综合医院建设标准（2008）
		A6 社会福利设施用地	流浪未成人救助保护中心建设标准（2008） 地方残疾人综合服务设施建设标准（2010） 儿童福利院建设标准（2010） 老年养护院建设标准（2010）
	B 商业服务设施用地	-	城市公共设施规划规范（2008）
	S 道路与交通设施用地	总体	城市道路交通规划设计规范（1995）
		S1 城市道路用地	城市道路交通规划设计规范（1995） 城市快速路设计规范（2009）
		S2 城市轨道交通用地	城市轨道交通工程项目建设标准（2008）
		S3 交通枢纽用地	汽车客运站建筑设计规范（1999） 铁路车站及枢纽设计规范（2006）
		S4 交通站场用地	城市公共交通站、场、厂设计规范（1987） 城市公共停车场工程项目建设标准（2011）
	U 公共设施用地	U1 供应设施用地	城市给水工程项目建设标准（1994） 城市电力规划规范（1999） 城镇供热厂工程项目建设标准（2008） 广播电视卫星地球站建设标准（2010） 城镇液化天然气厂站建设标准（2011）
		U2 环境设施用地	城市公共厕所规划和设计标准（1987） 城市污水处理工程项目建设标准（2001） 城市生活垃圾卫生填埋处理工程项目建设标准（2001） 城市生活垃圾堆肥处理工程项目建设标准（2001） 城市生活垃圾焚烧处理工程项目建设标准（2001） 城市环境卫生设施规划规范（2003） 城镇环境卫生设施设置标准（2005） 城市生活垃圾处理和给水与污水处理工程项目建设用地指标（2005）
		U3 安全设施用地	消防站建设标准（2011）
	G 绿地与广场用地	-	城市道路绿化规划与设计规范（1997） 城市绿地设计规范（2007）

续表

大类	中类	小类	相关节地标准
村镇用地标准	-	-	乡镇集贸市场规划设计标准（2000） 农村计划生育服务机构基础设施建设标准（2005） 镇规划标准（2007） 乡镇卫生院建设标准（2008） 农村普通中小学校建设标准（2008） 乡镇综合文化站建设标准（2012） 镇（乡）村居住用地规划规范（征求意见稿）（2012）
工业用地标准	-	-	工程项目建设用地指标汇编（1996） 工业项目建设用地控制指标（2008） （2006年以前已编制并批准发布了28项，2006年又下达了12项制订修订项目）
交通设施标准	-	-	民用机场工程项目建设标准（2008） 新建铁路工程项目建设用地指标（2008） 公路工程项目建设用地指标（2011）

除相关国家标准和行业标准外，地方也根据自身实际情况对标准进行了细化，制定了适合地方实际的、可操作性强的地方节地标准，如表7-3所示。

表 7-3　地方节地标准

省、直辖市	地方节地标准
北京市	北京市城市建设节约用地标准（2008）
上海市	普通中小学校建设标准（上海市）（2004） 普通幼儿园建设标准（上海市）（2005） 城市居住地区和居住区公共服务设施设置标准（2006） 上海市基础设施用地指标（试行）（2007）
广东省	广东省工业项目建设用地控制指标（试行）（2005）
江苏省	江苏省建设用地指标（2007）
浙江省	浙江省工业建设项目用地控制指标（修订）（2007） 浙江省学校建设项目用地控制指标（修订）（2007） 浙江省商业、住宅、办公建设项目用地控制指标（试行）（2003）

二、云南省现行的城镇规划领域技术标准及规范

1. 《云南省镇乡规划编制和实施办法》对城镇用地的规定

《云南省镇乡规划编制和实施办法》自2012年1月21日起施行，其中对用地的相关规定有：

用地选择：限制使用平均坡度15%以下的坝区用地。在海拔2500m以下，1km² 以上的高原坝区只能选用20%以内的建设用地。

合理利用山地资源：充分利用坡度15%及以上的山地，提高山地村镇建设用地的开发利用强度。山区村镇建设用地的选择，还应当综合考虑集中连片的优质耕地、区域资源分布、生产力布局、山地建设成本、气候条件、地质条件、地形地貌适宜建设的条件、传

染性疾病和有害辐射等影响的区域、保护地域文化的多样性及传统居住习惯和民风民俗等因素。

用地布局：节约集约用地，充分挖掘现有建设用地潜力，尽量少占或者不占坝区优质耕地及山区集中连片耕地，引导村镇建设用地向坝区周边适建山地发展。确定镇区规划区范围，划定镇域各类用地范围，确定用地规模，确定村庄建设用地减少规模和复垦土地规模，确定建设用地山坝比例。

2. 《昆明市城乡规划管理技术规定》对城镇用地的规定

《昆明市城乡规划管理技术规定》自 2012 年 8 月 10 日起施行。其中对用地的相关规定有以下几点。

1）城市一般区域主要控制指标：在符合城乡规划要求，并满足该规定其他条款的前提下，其建设地块的主要控制指标可在表 7-4（俞孔坚等，2010）的基础上适当调整，但容积率指标不得超过表 7-4 规定上限的 1.2 倍。

表 7-4　城市一般区域建设项目地块主要控制指标表

	建设项目类别	建筑密度/%	容积率	绿地率/%
居住 建筑	$h \leqslant 12m$	≤32	≤1.1	≥30
	$12m < h \leqslant 24m$	≤30	≤1.6	≥32
	$24m < h \leqslant 48m$	≤28	≤2.5	≥35
	$48m < h \leqslant 80m$	≤25	≤2.8	≥38
	$h > 80m$	≤22	≤3.2	≥40
	宾馆、饭店等	≤40	≤4.0	≥25
	金融、商务办公	≤40	≤4.0	≥25
	商业、娱乐	≤45	≤3.0	≥20
	其他公共设施	≤35	≤2.5	≥30

h：建筑高度。

2）住宅项目中公共服务设施的配建除符合国家和省相关规定外，还应当满足表 7-5（陈锋，2007）规定的指标要求。

表 7-5　基本公共服务设施设置规定表

类别	项目名称	设置要求
医疗卫生	社区卫生服务	每 10000m² 地上建筑面积设置不小于 10m²，且须设置于地上建筑中
商业服务	生鲜超市	每 10000m² 地上建筑面积设置不小于 50m²，且须设置于地下一层及以上建筑中
社区服务	社区用房	每 10000m² 地上建筑面积设置不小于 20m²，（不小于 20m²/100户、小区级不低于 400m²），且须设置于地上建筑中
	物业管理	不小于地上建筑面积的 3‰，且一半以上建筑面积须设置于地上建筑中

类别	项目名称	设置要求
市政公用	公共卫生间	单独居住地块至少设置一处，超过 60000m² 每增加 60000m² 须增加一处，每处建筑面积不小于 40m² 且须设置于地上建筑中
文体设地	社区文化、体育活动场所	每 10000m² 地上建筑面积设置用地面积不小于 50m² 的室外活动场所，建筑面积不小于 15m² 的室内活动场所

3）给排水管网建设：市政排水管网和集中式再生水供水管网都通达区域的新建、改建、扩建建设项目，可以不自建分散式再生水利用设施，但应当配套建设再生水用水管道及其附属设施，使用再生水。

市政排水管网未通达区域的新建、改建、扩建建设项目，应当自建分散式再生水利用设施，鼓励采取"拼户、拼区、拼院"方式建设区域型再生水利用设施，将污水全部收集处理和再生利用。

市政排水管网已通达但集中式再生水供水管网未通达区域的新建、改建、扩建建设项目，日可回收污水（废水）水量在 45m³ 以上，日再生水需水量在 30m³ 以上，且符合下列条件之一的，建设单位应当在水量平衡计算的基础上按照再生水需求量同步规划、设计、建设相应规模的再生水设施：

①建筑面积在 20000m² 以上的宾馆、饭店、商场、综合性服务楼及高层住宅；

②建筑面积在 30000m² 以上的机关、科研单位、学校和大型综合性文化体育设施；

③建筑面积在 50000m² 以上的居住区或者其他建筑区等；

④工业企业或者工业园区等。

4）建筑工程退让：

①建筑退让最近一侧的铁路边轨的距离应满足如下要求：高速铁路 ≥50m，准轨干线 ≥40m，准轨支线、专用线、米轨 ≥30m，退让距离内以绿化为主，形成防护隔离带。

②建筑后退湖泊、水库与山体的距离应符合以下规定：滇池沿岸建筑退让按滇池保护条例要求执行；饮用水源水库与可提供休闲娱乐场所的非饮用水源水库沿岸建筑沿地表向外退让其正常水位线的距离不少于 200m；其他水库沿岸沿地表向外退让其正常水位线的距离不少于 150m；特殊水库退让距离按批准的规划执行；建筑后退山体保护绿线的距离不小于 50m。

5）沿主要入滇河道退让要求：沿 35 条出入滇池河道主河道两侧新建、扩建建筑物，其退让同侧河堤的距离不小于 50m。

3.《昆明市城市用地与建筑规划管理技术规定》对城镇用地的规定

1）建筑容量：建筑容量应当根据经批准的详细规划确定，在重点区域以外的区域，详细规划未明确规定建筑容量的，建筑容量控制指标不得超过表 7-6 的规定。

表 7-6　建筑容积率、建筑密度控制指标表

项目类别		主城二环路内区域		主城二环路外区域	
		建筑密度/%	容积率	建筑密度/%	容积率
居住建筑	低层（≤3 层）			35	1.0
	多层（4～6 层）	30	1.8	30	1.8
	中高层（7～9 层）	28	2.2	28	2.0
	高层（≥10 层）	22	3.0	25	2.5
宾馆、饭店等		35	3.5	30	4.0
金融、商务办公		40	4.0	35	4.0
文化、娱乐		40	2.0	35	1.5
商业		60	4.0	50	3.0

2）建筑退让：建筑布置应当按照城市规划确定"四线"（即：绿线、黄线、蓝线、紫线）规定进行退让（表 7-7）。

表 7-7　建筑退让规划道路最小距离表

道路红线宽 D/m	建筑退让距离（m）	
	中高层、高层建筑主体	多层、低层建筑和高层建筑裙房
$D \geqslant 60$	18	15
$40 \leqslant D < 60$	12	10
$30 \leqslant D < 40$	10	8
$25 \leqslant D < 30$	8	
$D < 25$	5	
快速路	30	

注：后退距离以道路红线或规划主管部门划定的道路控制线为起算点。

3）公共服务设施用地：居住建设项目中的公共服务设施应当按表 7-8 的指标进行配建。

表 7-8　公共服务设施基本设置规定表

类别	项目名称	配套级别	配套规模	建筑面积/m²	用地面积/m²	服务半径/m
医疗卫生	医院	居住区	200～300（床）	12000～18000	15000～25000	
	门诊所	居住区		2000～3000	3000～5000	
	卫生站	小区		300	500	
文化体育	文化活动中心	居住区		4000～6000	8000～12000	
	文化活动站	小区		400～600	400～600	
	居民健身设施	小区				

续表

类别	项目名称	配套级别	配套规模	建筑面积/m²	用地面积/m²	服务半径/m
商业服务	综合食品店	居住区		1500~2500		500
		小区		800~1500		300
	综合百货店	居住区		2000~3000		500
		小区		400~600		300
	餐饮	居住区				500
		小区				300
	中西药店	居住区		200~500		500
	书店	居住区		300~1000		500
	市场	居住区		1000~1200	1500~2000	
	便民店	组团				
	其他第三产业	居住区				
		小区				
金融邮电	储蓄所	小区		100~150		
	邮电所	小区		100~150		
社区服务	社区服务中心	小区		200~300	室外活动场≥500	
	治安联防站	组团		18~30	12~20	
	居委会	组团		30~50		
	物业管理	小区		300~500	300	
市政公用	变电室	小区		30~50		250
	开闭所	居住区		200~300	500	≥500
	路灯配电室	小区		20~40		
	公共厕所	1000~1500（户）	1（座）	30~60	60~100	
	垃圾收集点	组团				70
	居民存自行车处	组团		1~2辆/户	0.8~1.5/辆	150
行政管理及其他	街道办事处	居住区		700~1200	300~500	
	派出所	居住区		700~1000	600	
	其他管理用房	居住区		100		

注：居住区人口规模为 3 万~5 万人；居住小区人口规模为 1 万~1.5 万人；组团人口规模为 1000~3000 人。在居住建筑内不得设置餐饮业和娱乐业等对环境有较大影响的项目。表中无数据处为不作硬性要求。

4）绿化和景观用地：新建、扩建、改建建设项目的用地范围内，绿地率不得小于表 7-9 的规定。

表 7-9　各类建设项目绿地率指标表

项目类别	绿地率/%	
	二环路内区域	二环路外区域
商品住宅	40	45
经济适用房、廉租房	40	40

续表

项目类别	绿地率/%	
	二环路内区域	二环路外区域
宾馆、饭店等	20	20
金融、商务办公	20	20
文化、娱乐	20	20
商业	15	20
其他公共设施	15	20

在居住用地内，公共绿地不得低于以下指标：组团 0.5m²/人，小区 1m²/人，居住区1.5m²/人。

公共绿地应当集中布置，且绿地的设置至少一个边面临相邻的城市道路；地块不临城市道路的，须临居住区或小区主干道相邻地块，并符合表 7-10 的规定。

表 7-10　各级集中绿地设置规定一览表

居住区级别	名称	要求	最小规模/m²	最大服务半径/m
居住区	居住区公园	园内布局应有明确的功能划分	10000	800～1000
居住小区	小游园	园内布局应有一定的功能划分	4000	400～500
居住组团	组团绿地	灵活布局	400	

三、小结

现有的国内城市（镇）建设用地标准，缺乏针对生态脆弱的高原湖滨区域的生态要素考虑或考虑不充分。目前，国内在这方面系统研究还比较少，本节从高原湖滨区域生态约束性角度，探索生态脆弱区城市（镇）节地的生态标准编制的理论与方法，进一步的实证研究还有待于在今后的工作中补充完善。

第三节　湖滨区域城市（镇）节地的生态标准研究

一、土地集约利用与生态环境的相互关系

1. 土地利用方式对生态环境的影响

土地利用方式能直接改变城市的大气环境质量，不合理的土地利用方式会产生环境破坏，对城市居民的生产生活造成一定的影响；同时在建设用地逐渐占用农用地的过程中，土地植被的覆盖面积会逐渐下降，就将降低植物对空气的净化能力，使得空气中的悬浮颗粒物、自然扬尘、粉尘含量增加，沙尘天气的发生率也随之提高（张翠翠，2009）。此外，土地利用方式的变化能够引起城市空气的下垫面发生变化，容易引起逆温，不利于污染物

的扩散。土地利用方式的改变会影响到水环境的质量。在城市化进程中，人类对水资源的需求量会不断提高，此时建设用地的扩张使得城市硬化地面代替耕地，地下水位得不到补充，供水矛盾愈加激烈。此外，土地利用方式能够降低水质，现代城市的生活污水和工业污水不仅能降低河流的水质，还能通过下渗造成浅含水层的污染。此外，土地利用方式的改变，可以改变区域的地质环境、土壤环境，并对生物多样性造成一定的影响，对城市生态环境的发展起着不可忽视的作用。

2. 良好的生态环境与土地集约利用相辅相成

良好的生态环境是一个城市发展的资本，是城市发展的必备条件。良好的生态环境对城市人口的增加和城市社会生产活动过程中产生的污染物具有较强的容纳能力，有利于城市的良性与可持续发展（王如松等，2005）。良好的生态环境有利于城市基于自身的资源优势进行进一步的发展，生态环境恶劣的城市在发展过程会遭到生态环境的限制，随之对土地的利用产生影响。比如地质条件较差的城市不利于城市的立体发展，不利于城市地下空间的开发，不利于城市的土地集约利用。

3. 生态约束区的划分

在区域土地利用过程中，城镇建设用地扩张与周边生态环境具有关联与反馈性。生态约束类型区是针对不同区域土地利用的生态限制因素，分析该区域开发面临的生态风险，在综合分析的基础上确定生态高约束区、中高约束区及低高约束区，针对每个类型约束去制定用地管制规则，以保障城市化与生态保护相协调（表7-11）。

表 7-11　生态约束指标体系

生态约束	生态服务功能	水源涵养	水资源量（X1）
			水资源的重复利用率（X2）
			高功能斑块面积比例（X3）
		生物多样性	香农多样性指数（X4）
			湿地退化面积比例（X5）
	生态敏感性	生态系统恶化程度（湖泊水体污染）	湖泊水体COD（X6）
			TN（X7）
			TP（X8）
		生境敏感性	景观破碎度指数（X10）
			土壤侵蚀程度指数（X9）

生态服务功能，指人类直接或间接从生态系统获得的效益，主要指水源涵养与保护、生物多样性和特殊生境维护以及自然与文化遗产保护。

生态敏感性是指生态系统受到外界干扰作用超过自身的调节范围，而表现出对干扰的敏感程度以及生态系统恶化的程度。

　　选择湿地及湖滨带缓冲区、地面高程在 50m 以上的丘陵山地、河流水面（河网密度和湖泊面积比例）以及历史文化遗存来评价区域生态服务功能。

　　湖泊水体 COD，TN，TP，根据历年的环境监测数据来获得。

　　湿地退化面积比例，按 2000～2010 年湿地变化的比例进行计算。

　　土壤侵蚀程度指数，采用遥感土壤侵蚀调查数据，综合考虑水蚀和风蚀两个方面，按评价单元内所有强度等级（共 4 级）与其对应面积比例乘积后累加求和计算。

　　高功能斑块面积比例，林地、水域和湿地面积之和占各统计单元面积的比例进行计算。

　　景观破碎度指数和香农多样性指数，采用 ArcView 软件包进行计算。

　　根据昆明市的生态结构特征、资源环境承载能力、土地利用现状、现有开发密度和发展潜力和宜居城市建设及发展的要求，昆明市生态环境功能区划主要分为四个一级生态区。

　　自然环境具有生态丰富性和脆弱性并存的特征，还有一系列生态敏感区（具有相对重要的生态服务功能）或生态系统较为脆弱的区域，包括风景名胜区、森林公园、地质公园、重要湿地、原始天然林、珍稀濒危野生动植物天然集中分布区等需要进行重点保护。在城镇建设的过程中，必须充分考虑生态保护的问题，保护与利用自然环境，实现自然与人工的和谐统一，推进生态和谐。

　　1）在城市建设中应尽可能保留自然山地地貌和林木。

　　2）应运用多种手段恢复被破坏的地形与地貌，实现自然与人工的共生。

　　3）在城市建设中应积极进行防洪理水，促进防洪水利与景观活力相结合。

二、城镇空间发展的生态限制要素分析

　　根据城镇生态系统特征和可持续发展的要求，一般选择坡度、土地资源、自然林地、湿地水体、风景名胜区、地质灾害等生态限制要素作为城市用地适宜性评价的参评因素。

1. 坡度

　　坡度是影响城市建设活动的重要因子。0～10%坡度土地，城市布局自由度大，建设成本较低，划为适宜城市建设用地；10%～25%坡度土地，城市布局受到一定限制，经济投资高，工程措施多，划为限制建设用地，经济实力增强、技术提高的情况下，不排除将其部分土地加以应用；>25%坡度土地，不仅城市布局困难，经济投资巨大，还必须采取大量的工程措施，城市运行成本高，在城市建成后，在暴雨和人为不良活动干扰下，易造成边坡失稳，造成不必要的生命财产的损失，故划为禁止城市建设用地。

2. 土地资源

　　耕地主要集中分布在中心城周围较平缓的区域以及滇池东岸、南岸，耕地中 90%为基本农田保护区，林地主要分布在坝区周围，园地大多数分布在耕地与林地之间，建设用地则主要分布在滇池以北的南部地区以及中心城东部带状的城镇范围内。

3. 森林植被

森林、绿地是城市的绿色屏障，具有固碳制氧、改善生态环境、净化空气、防治生物污染、保持水土、消减噪声等多种功能，森林、绿地必须全部保护并进行林种改造，根据重要程度禁止或限制建设。还必须在宜林荒地和城市周围的面山上大量营造生态林，逐步恢复"群山环抱"的自然风貌。

4. 水体与湿地

水体与湿地是人类赖以生存与发展的支撑系统，为人类提供动植物产品和水资源，具有调蓄洪水、有效降解有毒物质、缓解面源污染、净化水质、保持生物多样性和调节小气候等生态服务功能。湿地是城市不可缺少的组成部分，在城市规划中必须加以保护。

将水库汇水区域及涵养区划为水源保护区，作为禁建区。滇池作为昆明市赖以生存和发展的重要水资源，滇池界桩线以内划为湿地保护区，作为城市禁建区。昆明城市水系较发达，区域内有二十多条河流，但水质污染日益严重，水系具有的巨大生态价值和面临日趋严重的污染情况之间存在矛盾，根据水系重要程度及周围的建设情况，在水体周围划出一定区域，作为城市限制建设区。

5. 地质风险

昆明市地质灾害主要分布在靠近滇池陆地区域的软土地层，区域处于地震带上，有众多的活动断裂及小部分的岩溶地貌分布，其中软土层的广泛分布最为突出。滑坡、崩塌、倒石堆、危石、泥石流等地质灾害在评价区域内基本上没有发生的可能。规划的地质风险以地震的影响最大，破坏性最强，因此地震灾害是城市建设用地适宜性评价的一个重要指标。城市规划区根据地质风险的影响程度，可划分为以下几类。

低风险区——基岩稳定，地形开阔、平坦，为土层密实的坚硬土—中硬土 Q_p；遭遇地震烈度Ⅷ度，相当于地震峰值加速度 0.2g 的昆明抗震设防标准时，不致加重震害；一般松散覆盖层厚度小于 100m。

中风险区——土层不均，含淤泥、可液化土等中软土—软弱土 Q_{p3}～Q_h，一般松散覆盖层厚度 100～200m；遭遇地震烈度Ⅷ度，相当于地震峰值加速度 0.2g 的昆明抗震设防标准时，地震影响系数特征周期 T_g 有可能加大，震害加重。

高风险区——为厚层不均的含淤泥、泥炭土、可液化土等近代湖积 Q_h 软弱土，一般松散覆盖层厚度大于 200m；遭遇地震烈度Ⅷ度，相当于地震峰值加速度 0.2g 的昆明抗震设防标准时，震害加重的可能较大；地震影响系数特征周期 T_g 有可能大于 1s。

6. 自然保护区、风景名胜地、历史文化遗迹

规划区内自然景观丰富，分布着 1 个国家级风景名胜区，30 处风景游览区；同时昆明作为首批历史文化名城，历史文化遗迹丰富，有国家级文物保护单位 7 个、省级 49 个、

市级 35 个、县区 234 个，这些宝贵的资源是创造山水园林城市、提升城市文化整体形象的根本保证，必须很好地保护，并让这些城市自然历史文化资源得到很好的利用和释放，使城市经济社会得到可持续发展。

7. 孤立高地（自然或人文保护地）

在适宜发展城市的平缓丘陵地中的孤立高丘或低山，不仅因较大高差和坡陡不适宜城市建设，而且这些高地常常分布着地质遗迹、人文古迹，往往是历史时期各类文献的标志性地理实体，如呈贡新区的乌龙堡、马家山、张官山、牛头山、石头山、龙潭山等。因此特将这些孤立高地划为自然-人文保护区，作为不适宜城市建设用地加以保护，发掘其自然和文化内涵，同时进行绿化建设，使其成为城市中文化品位高的游憩、文化活动的城中绿岛。

以 GIS 为分析平台，综合各个生态限制要素，进行空间叠加分析，得到昆明城市用地适宜指数综合评价图，用以表征对城市建设和活动的适宜程度。该值越小的区域，表明城乡建设环境成本越高，对环境造成的负面影响越大，引起环境灾难的可能性越高，越不宜进行城市建设。

三、分区域的城市（镇）用地空间管制技术

通过分区域的用地空间管制技术对建设区域进行精细化管理，确保城市（镇）建设必要的生态环保用地和开敞空间，是生态标准的重要内容之一。

北京限建区规划对 16 大类 56 个限建要素 110 个要素图层建立数据库，通过综合叠加分析、限建分级，最终划定绝对禁建区、相对禁建区、严格限建区、一般限建区、适度建设区和适宜建设区 6 大建设限制分区，并提出相应的规划策略、法规依据、主管部门等，为北京城市空间发展提供了规划决策依据。北京划定限建区以相关法律法规、规划、自然条件分析为基础，使限建区的划定具有科学依据，为其他地区划定禁建区提供了很好的经验借鉴。

成都市非建设用地规划包括对非建设用地和部分建设用地的规则，在市域范围内进行生态区划，对急需控制的生态敏感区提出控制导则，在中心城区划定生态敏感区的控制界线，并要求对部分重要节点的控制达到法定图则要求。成都在城市外围划定了 198 km 的非建设区，并对具体地块划定了分图则，对其中的建设用地及其他用地进行了严格的规划，以在城市外围形成环城游憩带（图 7-5）。

1. 分区域的城市（镇）用地空间管制要求

（1）空间管制区划的准则

根据中心城各生态限制要素对城市空间发展的生态制约性，建立城市土地适宜性评价准则。综合生态适宜性、工程地质和资源保护等方面的因素，明确划定禁止建设区、限制建设区、协调建设区和适宜建设区等空间管制分区，用于指导城镇开发建设行为（表 7-12）。

图 7-5　成都中心城区非建设用地布局结构图

表 7-12　城市用地适宜性评价准则表

参评因子 ＼ 宜建指数	0～1	1～2	2～3
适宜度分级	禁止建设区	限制建设区	适宜建设区
坡度	＞25%	15%～25%	＜15%
土地资源	基本农田保护区	一般农田	园地、荒地
植被	城市林地	城市公共绿地、其他绿地	非绿地
地质灾害	地质塌陷区、抗震Ⅲ区	活动区和潜在活动区、抗震Ⅱ区	非活动区、抗震Ⅰ区
水体湿地	水源保护区、环滇池湿地	一般湿地、城市重要水体（宝象河、新区中心景观河）两侧控制区	非水体、湿地区
自然保护区风景名胜区文化遗迹	风景名胜区、森林公园、历史文化遗迹地的核心区	风景名胜区、森林公园、历史文化遗迹地的控制区、协调区	非自然保护区、风景名胜区、森林公园地
孤立高地-自然人文保护地	重要的孤立高地-自然人文保护地	一般的孤立高地-自然人文保护地	非孤立高地-自然人文保护地

　　禁止建设区作为生态保育、生态建设的首选地，原则上禁止任何城市建设行为；限制建设区将根据资源环境条件进一步划定控制等级，科学合理地引导开发建设行为，城市建设用地的选择应尽可能避让，对位于限制建设区的城镇建设区，应提出具体的建设限制要求，进行相应的生态影响评价并提出生态补偿措施。适宜建设区是城市发展优先选择的地区，但建设行为也要根据资源环境条件，科学合理地确定开发模式、规模和强度。

（2）空间管制分区及管制要点

根据分区域空间管制技术对昆明市主城区进行划分：

A. 空间管制分区的原则

a. 协调原则：协调土地利用规划、产业布局规划与城市总体规划，为宏观层面的区域空间管理提供支持；

b. 弹性原则：采取宏观尺度对规划区内空间进行用途划分，不追求过分细致的分类，为土地使用留有一定弹性和余地；

c. 强化控制原则：以有效保护环境和引导建设集中发展为目的，加强对非开发建设用地的控制和管理；

d. 生态优先原则：结合地区的自然和人文基础，按照保护自然生态、保护人文遗产优先的原则，实现地区的可持续发展。

B. 适宜建设区

基于现状城市用地基础上的发展区域，地基承载力良好，现状已有一定开发基础。该区域用地生态敏感度较低，地势平缓、完整、相对高差一般小于10m，无地质灾害，不受地形约束，适宜城市发展的区域。在实施过程中，需协调各构成单位的管理权限，严格控制土地的使用及其范围，并通过制定相应的管理方式和用地指标，优化城区功能，实现空间的有效有序开发使用。

适宜建设用地分布在滇池坝区的北岸、东岸、南岸，拱王山系与梁王山系之间的宽缓丘陵地带，空港经济区规划范围内东部带状丘陵地带。其海拔绝大多数在1087～2087m，其合计面积为399.24km^2。

C. 限制建设区

限制建设区包括风景区、森林公园等自然和人文景观保护区、自然保护区的控制区（除核心区以外的区域）、一般水域、一般农业生产用地、城市隔离带、重要绿色生态廊道、主要泄洪通道等具有一定生态效能的非建设用地，以及地质灾害活动和潜在活动区，作为城市的生态缓冲区。

该区内小城镇建设必须进行环境评价，切实做好环境保护；在地质灾害活动和潜在活动区内进行必要的工程项目，必须严格做好地质灾害评估，事先做好地质灾害防治工程。

农业生产用地包括各类耕地、林地、草场、农业园区等农业用地。允许农田水利设施建设和有限度的农业旅游观光。保证农业生产的基本需求，保留相应数量的基本农田，大力发展都市型农业、景观林业和经济林业，促进农业产业化发展。

该区域主要分布在适建区周围的丘陵地带。以昆明为例，包括西部的西山风景名胜区（核心区除外），北部的长虫山、松华坝水库下游的金汁河与盘龙江之间的地带，东部世博园—金殿风景名胜区—呼马山的山林延绵区，西北部除山林绿化区之外的区域；沿滇池东岸南绕城线与环湖湿地之间约2km宽的地带；呈贡新区、晋宁新城的西部环湖湿地与适建区之间的地带，东部和南部的丘陵地带；空港经济区规划范围内西部及西北部的丘陵地带；海口组团、昆阳组团的东部环湖湿地与适建区之间的地带，西部和南部的丘陵地带。其面积合计704.51km^2。

D. 禁止建设区

禁止建设区属于生态敏感区，主要包括环滇池湿地、基本农田保护区，水源保护区，国家、市级森林公园，风景名胜区的核心区，以及山体延绵、植被茂盛、生态状况良好的山林绿化区域范围。该区禁止新的城市建设活动和有损生态环境的各种活动，并制定了相关法律、法规以做好保护。规划区用地适宜性分区面积统计如表 7-13 所示。

表 7-13　规划区用地适宜性分区面积统计表

限制类别	面积/km²	占规划区范围总面积百分比/%
已建区	305	7.51
适宜建设区	399.24	9.83
限制建设区	704.51	17.35
禁止建设区	2070.55	50.99
水域（含滇池）	581.24	14.31
规划区范围	4060.54	100.00

环滇池湿地按照《滇池环湖湿地规划》中的范围确定；主城与呈贡新区之间建 1～3km 宽的生态保护区；水源保护区主要分布在中心城北部松华坝水库、宝象河水库及其周围防护区域；森林公园包括主城西部的棋盘山国家森林公园、西山森林公园和东北部的金殿国家森林公园；风景名胜区的核心区包括西山滇池风景名胜区、金殿风景名胜区、筇竹寺风景区的核心区；生态状况良好的山林区域主要分布在规划区的东部、北部、西部及滇池南岸。其面积合计 2070.55km²。

（3）空间管制的具体措施

城市空间增长边界是总体规划中划定的鼓励城市开发和建设的区域范围，所有的增长都界定在界线以内；界线之外不鼓励或者不允许进行城市开发和建设，只能用于发展农业、林业和其他非城市建设用途（表 7-14）。

表 7-14　不同类型区建设控制要求表

限制类别	建设容量控制要求	建设要求	建设准入门槛
适宜建设区	开发强度符合控制性详细规划的规定；平均人口容量控制在 110 人/hm² 以下	项目建设必须符合有关部门控制性详细规划的建设要求	鼓励：符合城市规划的各类用地 禁止：不符合产业政策和污染型项目
限制建设区	限制高强度开发；平均人口容量控制在 20 人/km² 以下	必须符合相关环境保护规划的建设要求	鼓励：农业、绿化和生态项目 允许：属现状城镇改造的小规模零散项目；农田水利设施建设；有限度的旅游服务设施建设 禁止：连片建设的大规模项目、不符合产业政策和污染型项目
禁止建设区	区内人口与居民点建设不得增长，平均人口容量控制在 10 人/km² 以下	严格保护生态环境	鼓励：生态保护和绿化项目 允许：适当发展无设施建设的生态观光项目，重大市政基础设施、水利设施项目 禁止：有城镇功能的用地开发，一切有损生态的工程和项目

（4）用地指标的相关说明

镇、乡规划编制应当坚持以人为本、节约用地、集约发展、突出特色、村镇建设用地向山地发展的要求，并符合下列要求。

a. 统筹协调山坝空间布局。合理利用耕地、林地及其他生态建设用地、重大基础设施建设用地、村镇建设用地。

b. 营建山地特色风貌。综合考虑村镇的自然和人文地理条件，以保护坝区优质耕地和保障区域生态安全为前提，因地制宜建设具有特色的山地山水田园村镇。

c. 综合考虑用地地质灾害条件、林地、自然保护区、风景名胜区、历史文化名镇名村名街、湿地、河道防洪和山洪防治、矿产压敷及采空塌陷区、水源地及其周边等要素的保护要求。

d. 用地选择。限制使用平均坡度 15%以下的坝区用地。在海拔 2500m 以下，$1km^2$以上的高原坝区只能选用 20%以内的建设用地。

e. 合理利用山地资源。充分利用坡度 15%及以上的山地，提高山地村镇建设用地的开发利用强度。山区村镇建设用地的选择，还应当综合考虑集中连片的优质耕地、区域资源分布、生产力布局、山地建设成本、气候条件、地质条件、地形地貌适宜建设的条件、传染性疾病和有害辐射等影响的区域、保护地域文化的多样性及传统居住习惯和民风民俗等因素。

四、最低生态环保基础设施用地测算技术

1. 基于"反规划"的生态约束区域划定

"反规划"提出城市的建设规划必须以生态基础设施为依据，而不是建立在人口预测和市政基础设施之上（俞孔坚等，2005）。生态基础设施优先的"反规划"理论强调生态基础设施的建立为区域生态系统服务功能的健康和安全提供保障，因此成为城市建设过程中必须明确的"不建设"的刚性界线。

生态约束区划定的目标是维护国土生态系统的良性循环，以人类可持续发展为服务对象，推进区域自然过程和人文过程和谐统一。优先布设生态基础设施用地成为建设滇池流域生态屏障的必然要求，是保障国土生态屏障建设的基础和关键。

优先布设生态基础设施用地，遵循生态优先、以人为本的原则，是一种环境友好型土地利用新模式，有利于预防和减轻湖滨区域土地开发利用可能造成的不良环境影响，维护流域生态系统的稳定性和完整性，是湖滨区域各类国土空间规划中应遵循的一个基本准则。禁止建设区确定思路如图 7-6 所示。

生态基础设施以城市绿化隔离带、禁建区等形式出现，第一个真正意义上的城市绿化隔离带出现在伦敦。1935 年，大伦敦规划委员会就提出要"进行休闲空间和公共资源储备，建立一条开放的绿带空间"。1938 年英国议会通过了绿带法案，并在 1944 年环绕伦敦城建设了一条宽 5 英里（约 8km）的绿带。

巴黎 1934 年也提出划定城市非建设用地区域来限定城市建设范围的规划对策，但在抑制蔓延的同时也阻碍了城市的合理发展。直到 1965 年巴黎开始重视发展，采用多中心

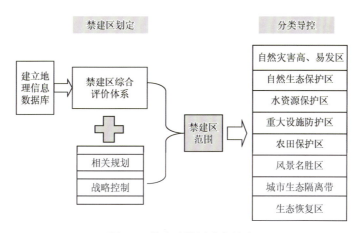

图 7-6　禁止建设区确定思路

及轴向发展模式后，巴黎地区议会在绿化管理处的提议下，对城市边缘地带确定了新的政策，计划在城市聚集区周围开辟一个名副其实的环形绿化隔离带；而完整的环形绿化隔离带规划一直到 1987 年才得到地区议会的通过和批准，涉及地区总面积为 $1187km^2$。

德国鲁尔区也实施了积极的绿色廊道保护规划。鲁尔区的人口将近 600 万，是德国最大的多中心都市地区，当地的区域性规划机构划定了一个由宽阔的绿色廊道组成的网络，以保护自然及半自然地带、农业地带和森林不被开发建设所蚕食。所有 7 条廊道都是南北向的，并由河流连接起来，同时这些绿色廊道把各主要城市分隔开来（图 7-7）。

荷兰的兰斯塔德地区则在一个广泛的城市区域中实施了"绿色心脏"计划。兰斯塔德地区是荷兰的数座城市自愿组成的一个区域城市联盟，总人口 700 万。在马蹄形的城市围合区域中心为兰斯塔德的"绿色心脏"，绿心地区形成以乡村为主的绿色开敞区，农业生产、休闲地带、动植物栖息系统等是其主要功能。兰斯塔德的"绿色心脏"既阻止了快速城市发展活动对绿地的蚕食，又促进了城市内部紧凑型地发展。

美国的马里兰州在 2001 年制定了全州范围的绿图规划，不仅构建了由中心区和廊道组成的绿色基础设施网络，而且在评价生态重要性和开发风险性的基础上设定了保护优先权。

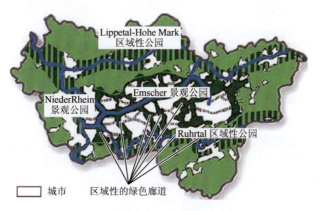

图 7-7　德国鲁尔区绿道控制示意图

昆明市构建的禁止建设区综合评价体系如表 7-15 所示,对城市禁建区范围进行划定。

表 7-15　禁止建设区综合评价体系

类别	小类	禁建因子
建设适宜性	地形条件	坡度>47%,坡度 25%~47%,坡度 15%~25%,坡度 0~15%
	用地风险	高风险区,中风险区,低风险区
	城乡建设	城市,建制镇,村庄
生态敏感性	植被	林地,灌木林,草地,园地
	耕地	农田,旱地
	自然保留地	裸岩石砾地,裸土地,沼泽地
	水体保护	湿地,饮用水源保护区一、二级区,饮用水源保护区三级区,主要水源保护区,水库周边 200m,河流两侧各 50m
城市安全	市政防护	给水厂防护带,污水处理厂防护带,变电站防护带,高压走廊防护带,燃气储气站防护带,垃圾处理厂防护带
	城市隔离带	城市生态隔离带
	交通噪声影响	道路防护带,铁路防护带
城市景观	城市避灾保护	城市主要公园
	风景名胜区保护	一级保护区,二级保护区,三级保护区
	孤立高地保护	孤立高地
	滇池面山保护	滇池面山区
	郊野公园	郊野公园
	五采区恢复	五采区

(1)自然灾害高易发区

地震断裂带两侧各 100m 范围内划定禁建区,严格禁止任何城市建设活动。

(2)自然生态保护区

①生态林地,包括生物多样性价值高的区域、森林覆盖率高生长状况良好的林地区域以及景观生态安全格局中的重要节点,要求尽量减少人类活动,严禁破坏林地的建设行为。②水土保持区,包括坡度大于 25°的所有山地区域以及土壤侵蚀敏感性高的区域,要求严格禁止开发建设。③城市山水景观风貌保护地区,包括重要城市面山地区和滨湖地区,禁止有损生态系统的一切开发活动。

(3)水资源保护区

①饮用水源保护区,应分级划定保护区,并参考《昆明市松华坝水库保护条例》进行分级保护。②非饮用水库水源,应划定相应的管理范围和保护范围,并按照《昆明市中心城区水库保护控制规划》对保护范围内的建设严格控制。③河流保护带,要求按照 28 条主要入滇河道主河段两侧道路和建筑退让河堤不低于 50m,其余一般河道不低于 30m 进行保护。④滇池水体及湖滨带保护范围以环湖路为主线,环湖路与滇池水体保护界桩的水平距离不足 100m 的,以滇池水体保护界桩水平外延 100m 为界。保护区内不得新建、扩

建、改建与滇池保护和治理无关的任何建筑物、构筑物和设施，原有的建筑物、构筑物和设施应当逐步拆除或者搬迁。

（4）重大设施防护区

①公路、铁路防护绿地管制要求：穿越城区的铁路两侧各设置15～30m宽的防护绿带。在城市高速公路与快速路两侧设置50～100m宽的防护绿带。②区域基础设施廊道防护区管制要求：500kV的高压走廊按照75m进行控制，220kV的高压走廊按照40m进行控制，垃圾综合处理区要求有800m的生态隔离带。在电力架空线路保护区范围内不得新建、改建、扩建建筑物。③特殊区域防护带管制要求：中心城区内的工业园区外围均建设50～100m防护性绿化隔离带，机场净空保护区和军事设施防护区应严格遵守相关规划和标准。

（5）农田保护区

按照《土地管理法》、《基本农田保护条例》等相关规定进行管治，依据土地利用总体规划，将基本农田和耕地划入禁建区，按照国家规定进行保护。

（6）风景名胜区

将滇池风景名胜区一级保护区纳入禁建区严格控制，二级、三级保护区按照相关规范进行管理。

（7）城市生态隔离带

城市生态隔离带界线范围内纳入城市禁建区范围，应严格保护各类自然生态用地，控制各项建设开发，杜绝增量建设，积极鼓励采取绿化建设工程措施植树造林。

（8）生态恢复区

对滇池流域范围内五采区（指采石、采砂、采矿、取土及砖瓦窑采区）进行生态恢复，并纳入禁建区严格保护。部分地区按照专项规划要求恢复为郊野公园进行建设。保留一定规模的绿色开敞空间和视线走廊，保持开阔的空间和视野。保护湖滨区域的自然生态环境，维持湖滨城市的生态平衡，从而保护人类聚居环境和生物栖息环境；满足多元化的城市职能需求，维持滨水区的活力（王学海等，2013）。

2. 基于生态指向的城市空间发展模式

我国的经济和城市建设活动空前繁荣。然而，由于在城市规划和建设领域缺乏相应的环境控制和环境规划，在许多城市的总体规划中，对环境保护的论述往往还只停留在各个污染点治理的描述上，这种观念已无法应付日益复杂的城市环境问题。所以，城市的污染也越来越严重，环境问题也越来越多，越来越难以控制，也直接影响了城市的进一步发展。为此，在城市规划领域加强对于环境保护方面的理论和控制手段的研究有着重要的意义。

在基于昆明城市用地适宜性分析的基础上考虑城镇发展因素，例如已经存在的城市发展规划、旅游规划、保护区规划等条件下，通过对生态敏感地区的发展限制等策略，来引导区域发展。以自然地形分隔所形成的地理单元作为城市发展单元，城市空间沿拱王山系与梁王山系之间的谷地南北轴向展开，组团轴线沿昆曲高速公路、昆玉高速公路延伸；城市组团与生态资源保护区间隔分布、平行发展，形成开放的区域空间发展模式。

从市域生态空间格局分析，采取沿轴带状、多组团的空间发展模式将有利于昆明城市空间发展与自然空间相契合，符合"宜居"城市的功能要求，充分体现昆明城市空间形态的自然特色和地域性。

整体的生态基础设施（EI）包含防洪安全格局、生物安全格局、乡土文化安全格局、游憩安全格局、视觉安全格局等五大安全格局，是维护土地生态的安全和健康、维护地域历史文化特征的关键性空间格局，是城市和居民获得持续的自然服务（生态服务）的基本保障，是城市扩张和土地开发利用不可触犯的刚性限制。

（1）生态基础设施布局原则

A. 贯彻"生态优先"的规划思想，坚持绿地建设的延续性原则

适应建设现代新昆明的要求，以创建"国家生态园林城市"为目标，结合昆明实际情况，制定切合实际的分期实施目标，逐步完善城市绿地系统，达到提高城市整体绿化水平和综合生态效应的最终目的。

B. 坚持绿地分布均匀性原则，健全新区的公园绿地系统，满足居民康体娱乐需求。

主城区采用"见缝插绿"的绿化模式，从居民的需求出发，根据可达服务半径分级均衡建设各类绿地，改善从市区到达郊区大型绿地的交通和步行条件，增强绿地的可达性，真正达到"让居者享其乐"的效果，为市民创造更多、更方便的游憩场所和生活环境。

新区绿地建设中，考虑城市未来的拓展方向和模式，应高起点、高标准、高水平地建设城市绿地系统，形成生态空间网络。规划多层次、多类型、平面与立体结合的绿地，合理布局各类城市绿地，发挥各类绿地的生态功能、生产功能、景观功能、游憩功能、娱乐功能、保健功能、防护功能、防灾功能等。

C. 坚持园林绿化和历史文化名城相结合，创造地方特色的原则

功能与景观相结合将使城市自然状况不断改善，通过园林绿地建设与历史文化要素相结合，形成城市特有的绿地景观；弘扬地方文化，改良城市自然景观和人文景观，为人们提供更丰富多彩、更好的生活环境，突出体现昆明园林绿化的特色。

D. 因地制宜，合理利用土地资源

应利用自然地形地貌及植被资源，绿地建设尽可能与山地、湿地、非耕地、河岸、湖池结合，挖掘潜力，开拓空间，发挥绿地的多种效益。昆明市绿化规划指标表如表 7-16 所示。

表 7-16　绿化规划指标表

指标	2010 年	2015 年	2020 年
城市绿地率/%	35	38	40
绿化覆盖率/%	40	45	46
人均公共绿地/m^2	10	11	12

从昆明自然生态环境出发，充分利用其得天独厚的"三面环山，一面临水"的自然风貌特色，塑造中心城外围的绿色生态空间，同时以水道、绿道组成的绿色廊道为纽带，与城区的公园、游园、专用绿地等绿地斑块串联起来，共同构成"生态基质-绿色廊道-绿地

斑块"的绿地系统结构，为形成合理的城市发展框架提供生态依据。

a. 生态基质：

自然生态系统的重要因素是"山、水"，生态基础设施建设就是要立足于良好的生态基质，构筑城镇宏观的绿色生态背景（包括河流水系、滨水地区、山地土丘、生物栖息地等）。

城镇中心区的公园、水系及中心城外围的森林、湿地、果园等形式的生态基质，既保持系统的完整性，又可环绕城区保护中心片区的生态绿化环境，引导城市环境与郊区的半自然生态环境共生。

b. 绿色廊道：

联系相对孤立的绿地斑块之间的线性结构称为廊道。中心城绿色廊道由以河流绿带为主体的水道和以道路绿化为主体的绿道组成，形成网状的绿色走廊，联系散布的块状公园和自然山体、河道，共同形成城市绿色网络。

水道重点建设滇池沿岸 120m 环湖湿地生态带以及流域内河流的滨河绿化景观系统。

绿道以建设包括中心城区的环城路、主要干道以及联系各功能组团的快速道路、过境公路、铁路等的绿化系统为主，布置绿化分隔带、行道树和路侧绿带，由其形成的绿色廊道将成为联系各绿地斑块的主要通道。

c. 绿地斑块：

根据服务等级、服务半径，形成遍布城市的内小外大、内密外疏的绿地斑块系统。中心城绿地斑块系统包括城郊风景公园、市级公园、片区级公园及若干居住区级公园、街头绿地广场、小游园，共同构成"珠落玉盘"的格局。绿地斑块系统与绿色廊道系统相结合，形成"线上缀珠"的绿色空间体系。

（2）城市生态环保基础设施用地类型及标准

无论是旧城改造还是新区开发，都要留有园林建设或绿化建设的必要空地。土地出让要有控制和使用规划，一切建设必须按城市的总体规划进行。在城市建设过程中，注意实现低水平能量消耗，使用可更新能源、地方能源产品和资源再利用技术，使用适当的材料和空间形式，为人们创造安全、健康的居住、工作和游憩空间。

A. 城市中心绿地

现行的法律规范中对绿地服务半径的规定较少，仅在《城市绿地分类标准》中对居住区公园和小区游园规定了服务半径，分别是 0.5～1.0km 和 0.3～0.5km，其原因是"旨在着重强调这类公园绿地都属于公园性质，与居民生活关系密切，必须和住宅开发配套建设，合理分布"。另外也有学者提出了更详细的绿地服务半径的标准（表 7-17、表 7-18）。

表 7-17 绿地服务半径标准参考 1

公园类型	面积规模/hm²	规划服务半径/km	居民步行来园所耗时间标准/min
市级综合公园	≥20	2.0～3.0	25～35
区级综合公园	≥10	1.0～2.0	15～20
专类公园	≥5	0.8～1.5	12～18

续表

公园类型	面积规模/hm²	规划服务半径/km	居民步行来园所耗时间标准/min
儿童公园	≥2	0.7～1.0	10～15
居住小区公园	≥1	0.5～0.8	8～12
小游园	≥0.5	0.4～0.6	5～10

资料来源：李敏. 现代城市绿地系统规划. 北京：中国建筑工业出版社，2002：60.

表 7-18　绿地服务半径标准参考 2

种类			内容
基干公园	住区基干公园	街区公园	主要供街区居住者利用，服务半径 250m，标准面积 0.25hm²
		近邻公园	主要供邻里单位内居住者利用，服务半径 500m，标准面积 2hm²
		地区公园	主要供徒步圈内居住者利用，服务半径 1km，标准面积 4hm²
	都市基干公园	综合公园	主要功能为满足城市居民综合利用的需要，标准面积 10～50hm²
		运动公园	主要功能为向城市居民提供体育运动场所，标准面积 15～75hm²
特殊公园			风致公园、动植物公园、历史公园、墓园
广域公园			主要功能为满足跨行政区的休闲需要，标准面积 50hm² 以上
大规模公园			以满足大城市和都市圈内的休闲需要为目的，根据城市规划，以自然环境良好的地域为主体，包括核心性大公园和各种休闲设施的地域综合体。标准面积 1000hm² 以上
休闲都市			
国营公园			服务半径超过县一级行政区、由国家设置的大规模公园。标准面积 300hm² 以上
缓冲绿地			主要功能为防止环境公害、自然灾害和减少灾害损失，一般配置在公害、灾害的发生地和居住用地、商业用地之间的必要隔离处
都市绿地			主要功能为保护和改善城市自然环境，形成良好的城市景观。标准面积 0.1hm² 以上，城市中心区不低于 0.05hm²
都市林			以动植物生存地保护为目的的都市公园
绿道			主要功能为确保避难道路、保护城市生活安全。以连接邻里单位的林带和非机动车道为主体。标准宽幅为 10～20m
广场公园			主要功能为改善景观、为周围设施利用者提供休息场所

资料来源：陈刚. 从阪神大地震看城市公园的防灾功能. 中国园林，1996，12（4）：59-61.

英国用绿地可达性概念来代替绿地服务半径，并规定了相应的绿地可达性标准：300m 之内至少有一个 2hm² 的绿地；2km 之内至少有一个 20hm² 的绿地；5km 之内至少有一个 100hm² 的绿地；10km 之内至少有一个 500hm² 的绿地（Comber et al.，2008）。

另外，绿地服务半径还可以根据对居民的吸引力的大小再细分为多个区间，如日本的福富氏等的研究表明，儿童公园的吸引圈可分为三个距离段，分别是 100～150m、150～200m 和 200～250m。

苏联的克鲁格梁柯夫也提出了"标准的"和"容许的"两种服务半径（表 7-19）。

表 7-19　绿地服务半径标准参考 3

公园类型	标准服务半径/km	容许服务半径/km
文化休息公园	3.0～4.0	4.0～6.0
游憩公园及全市性大型公园	1.5～2.0	2.0～3.0
区公园及区花园	0.5～0.8	0.8～1.0
街坊间花园	0.3～0.4	0.4～0.5

B. 多功能基本农田

多功能基本农田的定义为：以保障未来一定时期大城市土地资源可持续利用为目标，按照城市发展所需要的生态用地需求，以及城市建设用地隔离和应急农产品需求，依据土地利用总体规划和城市规划，从数量和空间上认定的长期不得占用的或基本农田保护规划期内不得占用的农用地。

第一，基本农田生态功能。生态系统服务功能，是指自然生态系统及其物种所提供的能够满足和维持人类生活需求的条件和过程，它在为人类提供物质资料的同时，还创造和支持了地球生命保障系统，形成了人类生存所必需的环境条件。城市提供生态系统服务功能的用地类型主要包括林地、水体、湿地、农田、人工绿地等。基本农田生态功能，是指把生态重要程度较高的土地资源所在的区域划入基本农田保护区，从而使区域内农地与其他生态用地共同起到维持城市生态环境的作用，包括两层含义：一是基本农田保护区内的农用地所具有的生态服务功能；二是基本农田保护区内，因农用地的特殊保护而得以持续存在的其他生态系统（如山体、水面等）的生态服务功能。

第二，基本农田隔离功能，是指使之分开以免相互影响。在景观生态学中，景观隔离带是指为维护良好的城市生态环境，防止城市建设用地无序蔓延，根据城市建设发展的特征，而在建设组团之间设立的隔离用地。隔离用地类型为非城市建设用地，主要包括各种保护区、林地、公园等隔离屏障。基本农田隔离带，基本农田隔离通过在城市建设用地组团（基础设施用地、城镇用地、工矿用地）周围划定基本农田保护区，从而使基本农田具有隔离和控制城市建设用地无序蔓延的作用。

第四节　生态型城市（镇）建设用地节地研究

一、城市空间增长边界的管理

1. 非建设用地的管理

城市增长边界以外的区域属于非建设用地范围。该区域由于存在多种生态限制要素，生态敏感性高，应优先实施生态保护，进行生态环境建设。根据生态功能的差异性，该区域被划为基本农田保护区、自然保护区、水源保护区、森林公园、郊野公园、生态隔离带等，应分层次进行保护与控制，保证这些非建设用地土地资源的可持续利用。

2. 建设用地的管理

城市增长边界以内的区域总体上被规划成建设用地，但这并不等于可以任意开发建设。该区域内部也存在部分城市建设生态限制因素，因此要根据资源环境条件与生态承载力等，确定城市开发模式、规模与强度。同时，要注重城市绿地建设与环境污染防治，塑造良好的人居环境。

3. 刚性与弹性边界的控制

根据生态管制强度的差异性，城市增长边界分为刚性和弹性两种类型。禁止建设区属于城市发展的刚性边界，是城市的"生态安全底线"，严格不能突破；而限建区属于城市发展的弹性边界，可针对不同的城市发展规模进行相应的调整，从而保证城市增长边界是在刚性的前提下进行弹性地管理，适应城市增长可变的环境。

二、城市空间增长边界的划定与空间布局

1. 城市空间增长边界划定的原则

（1）以生态优先为导向的原则

以城市空间发展适宜性评价为指导，在规划区范围内优先划定城市资源控制范围，将城市可持续发展所依赖的重要自然系统均划为非建设用地，通过对非建设用地的控制，形成生态安全格局。其目的在于明确适宜城市建设的区域，强调要在适当的地方进行高质量城市发展；同时维护和优化区域整体生态结构，发挥自然生态系统服务功能，保障城市发展的生态安全。

（2）集约、节约用地的原则

在控制城市蔓延，保护农地、林地以及开敞空间的同时，并不限制城市的发展，而是通过增加现有建设用地的利用效率满足城市发展对建设用地的需求，即在土地利用规划方案中同时存在限制发展的区域和容纳用地需求的区域。总体规划的最终目的是优化空间结构，即在保证土地利用效率最大化的约束下解决供需平衡，因此在规划中应注重集约用地和节约用地，实现各种用途的土地利用效益最大化。

（3）动态性、时序性的原则

增长边界的划定有一定的规划期限，应规范规划调整的管理程序和技术要求，设定规划调整的阈值（如人口规模、建设用地总量等），当阈值出现时就按设定的程序调整规划，使增长边界具有随社会经济环境的变化而变化的动态性和规划期限顺序后延的时序性。

2. 城市空间布局

（1）城市的空间布局对生态具有一定的影响，所以建立合理的空间布局至关重要。

1）控制密度，取得最佳集聚效应。城市密度是产生集聚效应最直接的原因。城市密度一方面能带来较高集聚经济效益，另一方面也会带来生态环境质量的损害。控制城市密度，主要是控制人口密度，在现阶段看则以降低人口密度为主，为此应采取一整套措施，如严格执行计划生育政策，降低人口自然增长幅度，严格控制人口的机械增长。并对日益

增长的流动人口作出一定控制，建立卫星城镇，鼓励市区人口向近、远郊疏散，适当扩大城市用地，缓解面积不足现象，建立多个分中心，变一中心结构为多中心结构，减轻市中心人口负担，加快城市基础设施建设步伐，特别要改善城市交通状况，加强环境保护与治理，提高城市生态系统人口容纳水平等。在控制人口密度的同时，也要对建筑密度有所控制。应保证日照通风等卫生要求，保证消防、防空和预防自然灾害的要求，满足居民生活休息、活动的需要。并在满足上述条件下，节约工地、节省投资。

2）优化组合，取得最佳相邻效益。一是尽可能成组组合，排除异质，提高均质性。工厂要与工业组合，住宅要与住宅组合，高级商店要与同级商店相邻，从而形成良好的生态经济环境。增强物质实体或建筑单元的外在生态经济效益。二是充分运用生态工艺流程，增加物质利用、循环，减少物质、能量损失。如可将钢厂、发电厂、洗煤场相邻布置，钢厂的冷却水可用于发电厂，再用于洗煤场，实现一水三用，既节约水源、能源，又减少废水排放量。又如可将印刷厂、造纸厂、农药厂、化肥厂紧密布置，印刷厂的高浓度含碱废水可用作造纸厂的碱液，造纸厂的黑色废液可供农药厂生产乳粉，或供化肥厂生产腐殖酸、碱磷肥、黏合剂等。三是相邻与相隔相结合，注意点、线、面的安排，既要形成点群、线群、面群，又要有合理的整体格局，保持相互间的联系。四是利用人工调节手段，使城市物质实体原来产生的负相邻效应转化为正相邻效应。如加强人工绿化，使原先不相适应要求相隔布置的两个物质实体紧邻布置，相互间的有利影响增强，不利影响减弱。

3）合理布局，取得最佳布局效应。城市布局一般要求各功能区力求完整，面积适当。功能区之间有便捷的交通联系，便于城市内部组织生产、生活结合自然条件进行布局，不追求形式上的平衡集中与分散相结合，严重污染环境的工厂应分散布局，考虑长远规划，留有发展余地。城市合理布局的关键是合理构成城市用地比例。要根据城市规模、城市性质、城市布局特点来确定城市用地比例。大城市用地紧张，不能产生经济效益的用地比例可低些，工矿城市工业用地比例应高些，多中心城市由于需要加强联系，道路用地相对单中心城市而言应多些。

（2）城市规划在生态城建设中的龙头作用

1）合理布局城镇体系，促进区域生态平衡。城市规划要依据上一层次的城镇体系，进行以中心城市为基础的城镇布局，确定区域内各城镇的规模、等级、地位、作用和职能分工，对生产力和资源合理配置，以期达到中心城市繁荣发展，辐射带动区域内各城镇和广大农村的发展。根据城市各自的特点进行分级，有重点地建设边贸城镇、水电镇、资源加工镇以及卫星镇等。整体推进城镇建设，实现区域经济、社会、环境的综合平衡和协调发展。

2）合理确定城市规模，引导城市建设资金合理使用。只有合理确定城市规模，才能按适度的规模配套相应的城市基础设施，保证城市建设资金充分发挥效益。如果规模不当，盲目贪大求洋，必然造成人力、物力、财力的极大浪费。近几年在国家的号召下，每个城市大力加强环境综合治理和基础设施建设，为建设生态城市奠定了良好的基础。

3）合理配置基础设施，不断提升城市功能。城市基础设施的配套与完善，是城市功能得以发挥的保证。城市规划要在现状调查的基础上对城市发展进行充分论证，缜密计算，统筹布局交通、能源、给排水、供电、通信、燃气、热力、环境、绿化、抗震、防灾等各项基础设施，使城市功能得到正常发挥。

4）合理制订生态城市规划，完善生态基础设施。在人类对环境的作用中，城市是其作用最为核心的地域，规划者如何在城市的设计与规划中融入可持续发展的理念，是绝对不可忽视的一环。城市生态化，简单地说，就是实现城市社会-经济-自然复合生态系统整体协调而达到一种稳定有序状态的演进过程。在任何情形下，建造一个可持续发展的城市，都需要采用整体规划的原则，它应考虑一个区域的生态环境、经济、社会以及文化因素，并且把这些因素与可持续发展战略联系起来，在区域开发、城市建设和建筑营造各个层面得到全面贯彻。从实际出发搞城市生态化建设，城市生态规划必须先行。这里讲的城市生态规划，不能简单理解为一般的规划设计人员在地形图上的简单勾画、指标上的简单罗列，应当是结合城市实际情况而制订的全面生态城市的可持续发展规划。

三、土地开发强度区划与控制

土地使用强度涉及建设容量和环境容量、交通负荷能力和功能需要等多方面的因素。按照建设用地所能容纳的建筑量和规范要求，通过容积率、建筑密度、建筑高度等指标，对土地开发做出合理的控制和引导，不但可以保证良好的城市空间环境，还可以对投资引导、土地使用效率的提高以及形成合理的城市结构起到积极的作用，利于中心城的土地开发与建设管理。昆明市新一轮的城市总体规划综合评定昆明城市环境对土地开发强度的承载能力，制定出城市用地开发强度区划类型与控制要求如下。

1. 非开发强度地区

规划中规定的城市绿地、水系、开敞空间、生态保护区等，均未划入城市各类开发强度地区，这类地区属于城市的开敞空间、视廊、景观通道、城市隔离带，不得兴建大型建筑（>1000m²），其建设活动要经过生态环境影响评估确定无碍后方可进行。此类地区的容积率在0.1以下，绿地率应大于98%。

2. 各类开发强度地区

（1）高强度开发地区

高强度开发地区指城市重要公共空间节点地区，城市往往在该地区塑造城市标志性建筑，该地区是城市对外展示的窗口和城市最具有活力的地区。该地区主要分布在：沿交通干线（如城市快速路）的重要节点、轨道交通站点周围300m范围地区；围绕大型城市公共中心，包括主城中央商务区（范围为北至人民路，西至华山东路—象眼街—端仕街—祥云街一线，东至白塔路，南至金碧路、拓东路），呈贡新区吴家营市级副中心，巫家坝机场搬迁后建设以会展、商务为主的市级副中心等区域，划为高强度开发地区。

此类地区以高层和超高层建筑为主，容积率上限为6，建筑密度<25%，建筑高度可根据容积率和建筑密度相应控制。应注意处理好交通、停车、开敞空间等问题。用地依照总体规划确定的功能，以商业金融、商务办公、服务、商住等功能为主。

（2）中高强度开发地区

该地区以塑造城市现代化形象为主，鼓励用地复合利用，形成多样性的城市环境和景观。该地区主要分布在围绕高强度开发地区的周边区域，包括主城二环路以内的用地，放射状城市干道两侧用地、规划轨道交通沿线的用地；区级中心周围，包括主城北部区级中心、西部区级中心。

此类地区是以高层建筑为主的公共设施、商住混合区，容积率控制在 3～4，建筑密度 25%～30%，建筑高度 30～100m。

（3）中等强度开发地区

中等强度开发地区包括中心城范围内的主要建设用地，是指除城市特定区域之外的一般地区，该地区是城市环境的重要组成部分，应重点控制建设规模，强调环境建设，协调与生态环境的关系，塑造和谐的城市整体意向。

此类地区是以小高层、多层为主的居住、公共服务设施、文化娱乐等用地功能区，容积率控制在 1.5～2，建筑密度 30%～35%，建筑高度 20～30m。

（4）低强度开发地区

低强度开发靠近山体、重要水域的地区，且属于环境要求极高区域，为低强度开发地区。

此类地区是以低层、多层为主的居住、旅游、休闲、文教、产业研发、工业、仓库等用地功能区，容积率控制在 0.9 以下，建筑密度＜35%，建筑高度 9～20m。

（5）开发强度控制特别区

1）主要指旧城地区，同时也是历史文化名城保护区。规划的基本原则是适当疏解该地区人口，延续城市肌理和环境特色。开发强度不宜过高，不可太低，必须保证旧城的活力、人居环境的改善、历史文化的体现。在进一步的规划设计中结合历史文化名城保护规划确定开发强度。

2）指受特别设施影响、景观环境影响或其他特定因素影响，其开发强度须专项研究确定的区域，主要包括翠湖景观风貌区、正义路传统轴线周围约 300m 范围、草海片区、机场净空影响区域等。

四、立体化利用扩展土地利用空间

对土地立体化利用作如下界定：位于同一平面坐标的土地空间在地表、地上、地下分层进行不同形式的开发利用。从利用形式上看，国内城市的立体化利用形式呈现多样化的趋势。地上空间利用主要包括高压线走廊、立交桥、高架桥、地上轨道高架线路、空中步行连廊、骑街楼、地铁上盖物业等；地下空间利用主要包括地下人防工程、地下步行通道、地下停车场、地下交通枢纽、地下轨道交通、地下商业街、地下市政管线系统、地下市政场站等；垂直式利用常见的形式还有地上、地表、地下综合开发利用的城市综合体。从利用特点上看，目前国内的城市地下空间利用深度以浅层和次浅层区域为主，即地下 10～30m。地铁的建设对于地下空间的开发利用起着巨大的推动作用，受地铁带动，站点地区地下空间开发活跃。高层建筑、高架路、空中花园、人行隧道、地铁、屋面广场、阶商城、建筑中庭和室内步行街等要素，越来越普遍，城市空间有朝着立体化和复合化方向发展的趋势。

从具体建设形式上看，进行两种立体化利用扩展：一方面有效利用城市地上的空间，建造高层建筑物，特别是规划临街、城市中心区位、核心地段高层建筑物实现公用设施、工业用地、绿化的立体化，构建城市立体生态空间；另一方面通过充分利用地下空间，规划发展地下停车场、地下交通网、地下商业及综合服务设施等措施来延伸土地容积率。

1. 城市的立体化开发

传统城市都是沿着二维平面而生长的，街道、广场、园林等城市空间主要在城市地面上发展，城市的各种分项系统分别占据城市土地的二维平面。在城市职能体系日趋复杂的今天，这种方式不仅浪费了有限的土地资源，同时又造成了城市功能不能很好实现。

城市设计的立体化试图在三维的城市空间坐标中化解各种职能矛盾，建立新的立体形态系统，其实质是城市空间的多维度综合利用。例如城市交通系统中不同交通方式的立体切换、建筑跨越交通路线形成整体群组、城市广场高抬或下沉以改善高空和地下的环境质量、自然要素、生态景观与建筑、交通、市政设施的上下层叠等。广州市为了保证解放路南北交通主干道的功能，在几年前就萌生了双层骑楼的构思，把人行道架设在二层，人行天桥跨越车行干道，从而做到人车分流。

立体化的城市设计运用多向度穿插和层叠的手法来整合城市环境，促进土地使用的集约化，实现分合得体、整体有序的目标。随着部分地下人防工程转作商业用途，以及地铁与其上就业联系的加强，城市地下空间的开发进入了新的阶段，城市设计的触角也将深入地下。而地下空间与地面空间和城市上部空间之间的密切联系也为城市设计增添了"竖向形态"的新课题。

（1）城市空间的竖向分区

建筑使用空间与城市公共空间或设施在垂直方向（剖面方向）上下叠置。空间层叠组织方法是城市空间立体化的一种表现形式。它与人们对城市垂直方向空间区位的集训密切相关。在传统城市中，城市人群活动大都集聚在地面范围。随着人们对空间资源的积极探索以及空间开发技术的日益提高，地面上、下部空间正在成为城市空间区位构成的重要组成元素，一般来说，垂直方向的区位构成从上至下可分为以下9个层次：

1）超高层区（超出地面100m以上）独立性较强，其功能以办公为主。

2）高层区（地上9层以上，100m以下），独立性较强，其功能以办公、居住、旅馆为主。

3）中层区（地上5～8层），其功能以办公、商贸、居住、旅馆、商业为主。

4）近地面区（地上2～4层），较强的公共性和开放性，其功能表现为地面功能的延伸。

5）地面层，较强的公共性，在市区核心地段，其功能以商业、娱乐、社交、商务、办公、公共交通为主。

6）地表层（地面以下5m），其功能以主要为政设施、管线、停车场，有时也可作为地面功能的延伸。

7）地下浅层区（地面以下5～10m），其功能以零售、娱乐、停车和行人交通为主。

8）地下中层区（地面以下10～20m），较强的独立性、封闭性，其功能以地铁交通为主，兼零售。

9）地下深层区（地面以下20m），较强的独立性、封闭性，其功能以多层次地铁交通为主。

由此看来，城市空间的垂直区位越是接近地面层，其空间性质越是趋向开放和密集，其区位价值越高，越适合发展城市公共空间。从空间设计角度来讲，其最重要的变革在于将传统集中于地面或近地面以公共性为主的功能元素、环境元素、空间特征及其设计方法向地面上下两极延伸和推展，从而实现城市地面的再造和增值。建筑空间和城市空间的层叠，其实质就是城市空间的垂直运动，并在垂直运动中加强建筑与城市的整合，从而起到改善环境质量，促进城市机体运作便捷和保护自然生态要素等多重作用。这样的例子包括地铁陵园西站直接与广州市中华广场的地下商场相通，并把人流引导至商场的中庭；北京路新大新百货公司的二层商场直接与人行天桥相连等。

（2）城市不同区域的立体开发

A. 城市中心区空间的立体化开发

城市中心区是各种矛盾最集中的地区，因而常常成为城市更新和改造的起点和重点。其立体化开发目的是为了防止中心区的衰退，提高城市空间环境质量。中心区城市空间的立体开发可以从多方面着手进行，包括：第一，以交通改造为动机和结合点，使中心区交通立体化，在地面上最大限度地实现步行化，开发大面积地下空间；第二，向高空争取空间；第三，有计划地向地下拓展空间。

例如，费城是美国第二大城市，在20世纪50~60年代，中心区出现了严重的衰退，于是市政府制订了中心区再开发规划。主要方式是：规定中心区范围，实行步行化；在中心商业区，开发大面积主要用于商业的地下空间，并与地铁交通和地下停车场一起构成了中心区空间立体开发的格局。又如，德国的城市中心区再开发的独特之处：一是，发展城市快速轨道交通，使中心区的交通立体化；二是，大量开发地下空间，使一部分城市功能转入地下，以提高地面上的空间环境质量。日本城市中心区开发的特点是特大城市的多中心再开发。日本国土狭小，而城市化水平很高，城市用地十分紧张。因此它在近年来的城市再开发中全面实行立体化，这也是日本城市中心区再开发的一个特点。即对交通实行立体化改造，结合广场和街道的改造，在地面上建高层建筑的同时兴建地下街，并与高层建筑的地下部分一起，综合利用城市地下空间。

B. 城市广场空间的立体化开发

城市广场是由城市中的建筑物、道路或绿化带围合而成的开放空间，是城市居民社会活动的中心，也是城市公共空间系统中重要的组成部分。广场能够体现城市的历史风貌、艺术形象和时代特色，有的甚至成为城市的标志象征。

现代城市生活，对广场空间不断提出新的要求，现代的城市广场，在功能和形式上都有所发展。功能上，增加了集会活动、交通疏散、办公、文化休息等内容；形式上，也更加开放和多样。历史上形成的传统城市广场较难全面满足这些要求，因此有必要对其加以改造，实行再开发。城市广场的再开发有平面扩展和空间立体化开发两种方式。单纯的平面扩展，广场功能过于单一，空间显得离散；而国内外的实践证明，对广场进行立体化开发，有利于丰富广场功能，节约城市用地，改善交通，为城市增添时代气氛。因此，我们可以将广场的部分功能地下化，在有限的平面内容纳更多的功能，并在地面上留出步行空间，使得广场空间层次丰富、建筑艺术效果得到加强，对城市居民和旅游者产生更大的吸引力。另外，城市广场开发由于拆迁量小，是城市潜藏地下空间资源中最易开发的部分。

西方国家城市广场在二战以前多采用平面型；20 世纪 50～60 年代是平面型向空间型过渡的时期；70 年代以后，大部分倾向于空间型。例如，加拿大温哥华市罗伯逊广场：温哥华市中心的三个街区于 1979 年开发成为一个由政府办公和群众活动相结合的街区，由下沉式的罗伯逊广场和省政府办公楼组成。这部分办公建筑设计成低层平台式，全部屋顶面积都用作绿化景观地。屋顶花园和下沉广场高差 10m 多，由大片台阶衔接，台阶由之字形坡道分割。这两个街区的广场，绿化与建筑群有机融合，可以看作是一个立体公园，是市民十分喜爱的地方。

又如，巴黎列·阿莱（Les Hales）广场，处于历史文化名城巴黎旧城区最核心部位。面对非常困难的保存传统与现代化改造的统一问题，通过立体化的再开发，改变了广场原来的单一功能，实现了交通的立体和现代化，使广场空间容量扩大了 7～8 倍，且提高了环境质量，在城市中心的塞纳河畔开辟出一处难得的文化休憩场所。

国外城市广场立体化开发的例子还有日本神户港湾广场改造等。

我国一些大城市的中心广场，在再开发的过程中，结合对交通实行立体化改造，开发地下空间，以保留广场上的传统空间，并适当增加一些商业饮食等服务设施。例如，上海人民广场的地下商业综合体是目前国内最大的地下商业空间。西安钟鼓楼广场是城市公共空间立体混合开发在国内的一个较成功范例，将空间划分为地下、地面、地上三个层次共分五大部分：绿化主广场、下沉式广场、下沉式步行商业街、地下商城、传统商业楼，在外部空间设计上恢复了广场附近传统建筑的视觉呼应关系，创造了传统而有新意的文化环境。此外还有北京市的西单文化广场。

C. 城市主要街道的立体化开发

城市的街道是由道路和两侧建筑物形成的开敞空间，也是城市空间系统的组成部分。街道空间的立体化开发主要包括：通过交通立体化实现人车分流、创造立体步行空间，并开发地下商业街。此外，建立空中步廊系统，实现交通立体化，人车分流。现代化立体交通体系使城市公共空间相互联系，成为有机网络。例如，美国明尼阿波利斯市首创了一种高架步行系统——"天街"系统（skyway system），用封闭的过街廊将商业中心区内的大部分建筑联系在一起。建筑师华莱士为纽约 White Plain 商业中心所做的空中步道系统在明尼阿波利斯的空中交通的基础下有所发展：其一，完善第二层平面的商业步行系统，增加空中广场，使之与地面体系相似；其二，使附近的居民便利地进入空间走廊系统；其三，在二层平面上尽可能多地开辟公共活动面积。在我国的北京、上海、吉林、长春和哈尔滨等城市，都已有建在街道下的地下商业街区，其中一些还与地下交通相联系，如北京西单地铁站商业街和王府井地下商业街。这些工程的特点是规模大、内容多、水平和垂直方向上的布置都比较复杂。

D. 城市巨型综合体建筑

城市综合体，是在近 40 年间发展起来的一种新的建筑类型，它把商业和其他功能的城市空间综合成一体，是城市空间立体化发展的一种例子。混合功能区理论的产生，直接导致了城市综合体的出现。这是对国际建协（CIAM）提出的分区规划方法无视人们生活现实情况的有力修正，是城市生活的多样化的功能选择了城市空间的立体综合开发。

欧美、日本等地的一些大城市，大新城镇的建设和旧城市中心区的再开发过程中，都建设了不同规模的综合体。其中，把多种不同功能的建筑空间组合在一起的建筑，称为建筑综合体（building complex），不同城市功能也被综合布置在大型建筑物中，称为城市综合体（urban complex），或称为城市混合使用中心；城市若干个综合体，通过地铁交通或立体步道系统连接在一起时，就形成规模更大的综合体群（complex cluster）。

美国城市在高层建筑最集中的中心区，如纽约的曼哈顿区、费城的市场西区、芝加哥的中心区等地，开发高层建筑物的地下空间，形成大面积的地下综合体，如纽约洛克菲勒中心地下综合体。加拿大冬季漫长，气候寒冷，地面交通困难，因此大力开发城市综合体空间，用地下铁道和步行道将综合体及其他建筑物连接起来。例如，蒙特利尔有 6 个大型综合体通过地下连通，形成了包含有商业空间、旅馆、饮食娱乐以及地铁站、车站的巨型综合体群。

借鉴混合功能区理论对我国当前城市公共空间系统建设具有积极意义。我国城市中心区普遍存在人口拥挤、用地紧张的状况，客观上要求城市空间更新在布局形态上摆脱这种困境，充分挖掘城市土地的价值潜能，扩大环境容量。城市综合体的"复合空间"具有多功能、多相性的特点，与我国公共空间布局发展的导向相辅相成。近年来，我国为了解决和缓解城市发展中的矛盾，在某些大城市中建设了综合体建筑。综合体的开发主要集中于中心商业街区，得到大力发展的是城市商业综合体。例如，北京王府井大街的新东安市场中安排了商业、写字办公、旅馆餐饮等功能，建筑内部采用了中庭、室内商业街、屋顶花园等城市空间设计手段，营造大型综合公共中心，大城市中心区的改建中宜采用此种布局形态。例如，上海静安寺地区位于繁华商业区，更新时力求形成以文化、旅游为特色的综合性商业中心，以立体化手段组织有序的交通网络，形成由寺庙、公园和商业空间组成的特色空间综合体。规划中将寺庙底层的大部分城市地下空间作为商业设施，为保证商业空间与周围商业的连续性，在地下结合地铁站、地下停车库等设施设置商业街，使南京路的商业空间不间断。静安公园改为开放型城市绿地，地段内的交通设施包括地铁 2 号线和 6 号线由东西和南北穿过。此外，吉林、鞍山等城市在站前广场建设了地下综合体。

（3）屋顶绿化及垂直绿化

城市屋顶绿化及垂直绿化是充分利用不同城市立地条件，选择攀缘植物及其他植物栽植并依附各种构筑物及其他空间结构的绿化方式，包括立交桥、建筑墙面、坡面、河道堤岸、屋顶、门庭、花架、棚架、阳台、廊、柱、栅栏、枯树及各种假山与建筑设施上的绿化。城市尾顶绿化适用于 12 层以下、40m 高度以下的非坡顶新建、改建建筑物（含裙房）和竣工时间不超过 20 年、屋顶坡度小于 15° 的既有建筑屋顶。建筑物屋顶应能满足绿化对荷载、防水、防腐等功能的要求。

城市屋顶绿化及垂直绿化的一般要求如下：

1）垂直绿化应因地制宜，根据环境条件和景观需要，贯彻适用、安全、美观、经济、适地适树的原则；

2）进行垂直绿化不能影响建筑物和构筑物的强度和其他功能需要；

3）栽植前应对栽植位置的朝向、光照、地势、雨水截流、人流、绿地宽度、立面条件、土壤等状况进行调查。

第四篇　生态经济良性循环的节地技术应用示范项目简介

　　本书研究的评价技术体系与节地技术导则是否能指导地方的实际应用,是否能达到预期的效果?对此课题组从宏观和微观两个层面对研究的技术方法进行示范应用。

第八章 昆明市城乡建设用地增减挂钩潜力测算与空间布局专题研究

本章对应的专题研究是《昆明市城乡建设用地增减挂钩规划》的组成部分。在专题研究中,课题组运用滇池流域生态约束下城-镇-村用地布局模式的情景分析技术和滇池流域生态约束类型区划分的成果,研究分析昆明市滇池流域各乡镇农村建设用地节约集约利用潜力,研究分析昆明市滇池流域各乡镇城-镇-村建设用地布局优化模式,为昆明市城乡建设用地增减挂钩规划与建设用地节约集约利用提供科学依据,其分析结论被吸收进《昆明市城乡建设用地增减挂钩规划》中得到应用。本章是该应用示范研究的要点简介。

第一节 昆明市农村居民点用地的基本情况

一、农村居民点用地总体情况

根据 2011 年土地调查统计数据,昆明市农村居民点用地 44128.6hm²,约占城镇工矿用地(未计风景名胜区及特殊用地)的 41.3%。14 个区县市中寻甸县农村居民点用地总量最高,为 8309.2hm²,禄劝县农村居民点用地占城镇工矿用地的比例最高,为 83.7%。五华区农村居民点用地总量最低,为 636.2hm²,且占城镇工矿用地的比例也最低,为 9.5%。总体来看,社会经济发展水平较低的区县农村居民点用地所占比例都较高。从各区县农村居民点用地占城镇工矿用地总量的比重来看,小于 10.0%的仅有五华区,10.0%~20.0%的仅有盘龙区、西山区和呈贡区,20.0%~30.0%的为官渡区、安宁市。昆明市的农村居民点用地占城镇工矿用地总量比例为 41.3%,除上述的几个区县外,其他 8 个区县均高于昆明市平均水平。昆明市各区县农村居民点用地情况见图 8-1。

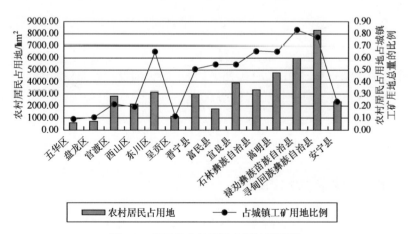

图 8-1 各区县农村居民点用地情况图

二、农村居民点总体空间分布

昆明市共有区市县 14 个，乡镇 129 个，行政村 1301 个，村庄 10264 个，根据云南土地资源中对全省 14 个区市县按地形条件的划分,总体上将昆明市 129 个乡镇划分为坝区、半山区和山区，其划分依据主要根据坝子耕地面积占总耕地面积的比重，将坝子耕地面积占总耕地面积 50.0%以上的区县划分为坝区，30.0%～50.0%划分为半山区，低于 30.0%的为山区。

按此划分标准从总体上看，昆明市属坝区的乡镇有 45 个，半山区的乡镇有 67 个，山区的县区有乡镇 17 个。具体划分如表 8-1 所示。

表 8-1　昆明市乡镇地形分类

坝区	安宁市（太平新城街道办事处、草铺街道办事处、青龙街道办事处、金方街道办事处、禄脿街道办事处、连然街道办事处、县街街道办事处、八街街道办事处）；呈贡区（马金铺街道办事处、吴家营街道办事处、洛羊街道办事处、大渔街道办事处、斗南街道办事处）；官渡区（金马街道办事处、阿拉街道办事处、矣六街道办事处、小板桥街道办事处、关上街道办事处、六甲街道办事处、官渡街道办事处、吴井街道办事处、太和街道办事处）；晋宁县（二街街道办事处、上蒜镇、昆阳街道办事处、新街镇）；石林县（长湖镇、西街口镇、石林镇）；嵩明县（嵩阳镇、小街镇）；五华区（普吉街道办事处、护国街道办事处、华山街道办事处、大观街道办事处、龙翔街道办事处、丰宁街道办事处）；西山区（前卫街道办事处、福海街道办事处、金碧街道办事处、永昌街道办事处、棕树营街道办事处）；寻甸县（鸡街镇、仁德街道办事处、羊街镇）。共计 45 个
半山区	安宁市（温泉街道办事处）；呈贡区（七甸街道办事处、龙城街道办事处）；东川区（汤丹镇、拖布卡镇、铜都街道办事处）；富民县（东村乡、罗免彝族苗族乡、款庄乡、赤鹫乡、永定街道办事处）；官渡区（大板桥街道办事处）；晋宁县（晋城镇、双河彝族乡、六街镇）；禄劝县（翠华镇、九龙镇、茂山镇、中屏镇、屏山街道办事处、转龙镇、皎平渡镇、撒营盘镇）；盘龙区（茨坝街道办事处、双龙街道办事处、松华街道办事处、龙泉街道办事处、青云街道办事处、拓东街道办事处、鼓楼街道办事处、东华街道办事处、联盟街道办事处、金辰街道办事处）；石林县（大可乡、圭山镇、鹿阜街道办事处、板桥镇）；嵩明县（杨林镇、滇源镇、阿子营乡、牛栏江镇）；五华区（莲华街道办事处、沙朗街道办事处、厂口街道办事处、黑林铺街道办事处、红云街道办事处）；西山区（碧鸡街道办事处、团结街道办事处、海口街道办事处、马街街道办事处）；寻甸县（甸沙乡、先锋乡、柯渡镇、凤合镇、功山镇、金源乡、河口镇、倘甸镇、七星镇）；宜良县（竹山镇、马街镇、汤池镇、九乡彝族回族乡、耿家营彝族苗族乡、北古城镇、狗街镇、匡远街道办事处）。共计 67 个
山区	东川区（红土地镇、舍块乡、因民镇、阿旺镇、乌龙镇）；富民县（散旦乡）；晋宁县（夕阳彝族乡）；禄劝县（马鹿塘乡、乌东德镇、乌蒙乡、雪山乡、云龙乡、汤朗乡、则黑乡、团街镇）；寻甸县（六哨乡、联合乡）。共计 17 个

昆明市共有面积为 44128.6hm² 的农村居民点，其中位于坝区的有 13762.0hm²，占居民点总面积的 31.2%，位于半山区的有 25973.0hm²，占居民点总面积的 58.9%，位于山区的有 4393.8hm²，占居民点总面积的 10.0%。

第二节　农村居民点整理潜力测算

一、农村居民点整理理论潜力测算

所谓农村居民点整理的理论潜力，是指不考虑农村居民点整理的限制因素，单纯依据农村人口的预测和规划目标年人均农村居民点建设用地标准来测算的农村居民点整理潜力。一般测算的潜力只是在理论层面上反映农村居民点的整理潜力，其实现的难度较大，是一种理想状态下的农村居民点整理潜力。

在昆明市规划期人均农村居民点用地标准的制定方面，考虑到昆明市的地形、民族等实际情况，分坝区、半山区和山区并结合少数居民聚居等情况，选择宽松、适中、较严格的三个标准。

根据昆明市各区县土地利用总体规划中有关 2020 年总人口、城镇化水平预测的数据，结合昆明市农村人均居民点建设用地宽松、适中、较严格三个指标分级标准，对全市各乡镇规划目标期的农村居民点整理理论潜力进行测算。

从测算结果来看，昆明市坝区、半山区和山区的农村居民点整理理论潜力是逐渐上升的，这主要是由于昆明市主要以山区为主，坝区和半山区的乡镇较少造成的，具体可见表 8-2。

表 8-2　昆明市分地貌的农村居民点整理理论潜力

地理位置	乡镇数量/个	理论潜力高/hm²	理论潜力中/hm²	理论潜力低/hm²
坝区	45	4593.1	4276.7	3785.3
半山区	67	7453.6	7081.4	6578.7
山区	17	861.4	844.5	824.1
总计	129	12908.1	12202.6	11188.1

二、农村居民点用地增减挂钩现实潜力分析

1. 滇池流域内区域的现实潜力分析

昆明市的农村居民点现实潜力测算分为滇池流域内和滇池流域外两部分来计算。滇池流域内的主要基于生态约束分区，构建评价指标体系，通过 ArcGIS 来分析计算。流域内农村居民点由于布局分散、数量多、规模小、基础设施落后的特点，对区域生态环境造成了一定的影响。鉴于此，研究立足于生态保护，在生态约束下建立潜力评价体系，开展滇池流域农村建设用地整理的现实潜力研究。

（1）滇池流域内生态约束区的划分

滇池流域内生态约束区分为低生态约束区、中生态约束区、高生态约束区、极高生态约束区。

（2）生态约束下滇池流域内现实潜力分析指标体系的构建

基于生态约束的滇池流域农村居民点适宜性评价，是建立在滇池流域生态约束区基础上，通过筛选影响农村居民点布局的主要自然与社会经济因素，来分析评价滇池流域农村居民点的布局优化情况，从而实现城-镇-村联动下的节地目的，其具体适宜性评价体系可见图 8-2，指标因素分类标准见表 8-3。

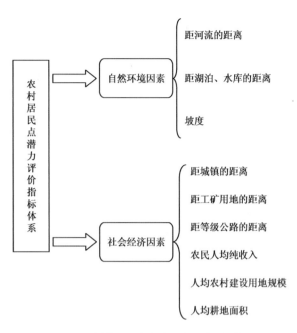

图 8-2　农村居民点潜力评价指标体系图

表 8-3　指标因素分类标准

目标层	准则层	指标层	分类标准	评价分值	权重
		自然保护区	禁止建设	0	
禁止建设区		基本农田保护区	禁止建设	0	
		水源保护区	禁止建设	0	0
		地质灾害易发区	禁止建设	0	
			>100	2	
			0～100	3	
		距河流的距离/m	50～70	4	0.132
			30～50	5	
			≤30	2	
			>2000	2	
			1500～2000	3	
农村居民点适宜评价	自然环境因素	距湖泊、水库的距离/m	1000～1500	4	0.128
			500～1000	5	
			≤500	2	
			0°≈8°	5	
			8°≈15°	4	
		坡度	15°≈25°	3	0.148
			25°≈35°	2	
			35°以上	1	

目标层	准则层	指标层	分类标准	评价分值	权重
			≤500	5	
			500～1000	4	
		距城镇的距离/m	1000～2000	3	0.112
			2000～5000	2	
			>5000	1	
			≤200	5	
			200～500	4	
		距工矿用地的距离/m	500～1000	3	0.114
			1000～1500	2	
			>1500	1	
			<1000	5	
		距国道、省道缓冲的距离/m	1000～1500	4	0.104
			1500～2000	3	
农村居民点适宜评价	社会经济因素		≥2000	2	
			≥5000	5	
			3500～5000	4	
		农民人均纯收入/元	2500～3500	3	0.08
			1000～2500	2	
			<1000	1	
			<150	5	
		人均农村居民点用地规模/m²	150～240	4	0.81
			240～290	3	
			>290	2	
			≥10	5	
			5～10	4	
		人均耕地面积/亩	1.5～5	3	0.072
			0.5～1.5	2	
			<0.5	1	

（3）滇池流域内农村居民点整理现实潜力评价结果分析

滇池流域主要涉及的行政区包括五华区、盘龙区、官渡区、西山区、呈贡区、晋宁县和嵩明县。利用 ArcGIS 软件的分析计算，得到的昆明市滇池流域内农村居民点现实潜力如表 8-4 所示。从表中可以看出位于主城区的五华区拆迁面积是最少的，仅为 24.5hm²；官渡区的潜力是最大的，达到 1250.3hm²，其次是呈贡区和晋宁县，分别为 887.2hm² 和 667.8hm²。

表 8-4　滇池流域内各行政区农村居民点整理现实潜力　　　　（单位：hm²）

	五华	呈贡	官渡	嵩明	晋宁	盘龙	西山
现实潜力	24.5	887.2	1250.3	217.0	667.8	112.7	484.9

2. 昆明市农村居民点整理现实潜力结果分析

（1）综合流域内外的计算结果

将滇池流域内和滇池流域外的整理现实潜力进行加汇得到昆明市的农村居民点整理现实潜力，高、中、低三种方案下的结果分别为 9754.3hm²、9486.0hm²、9120.2hm²。

从区县来看，西山区和官渡区的农村居民点整理现实潜力相对较大，都在 1000.0hm² 以上，最大的官渡区的整理现实潜力为 1522.8hm²，最小的盘龙区的整理现实潜力为 212.4hm²，具体见表 8-5。

表 8-5　昆明市各区县不同方案农村居民点整理现实潜力　　　　（单位：hm²）

行政区	现实潜力（高方案）	现实潜力（中方案）	现实潜力（低方案）
昆明市	9754.3	9486.0	9120.2
五华区	218.4	213.0	207.4
盘龙区	217.5	212.4	207.3
官渡区	1567.9	1522.8	1463.0
西山区	1021.1	986.5	940.3
东川区	501.1	501.1	501.1
呈贡区	888.9	887.5	887.5
晋宁县	765.6	765.6	754.6
富民县	300	300	300
宜良县	632.7	632.7	632.7
石林县	566.6	566.6	535.4
嵩明县	445.0	389.2	303.3
禄劝县	666.75	666.75	666.75
寻甸县	979.2	881	782.7
安宁市	983.5	960.8	938.1

从各乡镇农村居民点整理现实潜力中方案来看，西山区海口街道办事处的现实潜力依然最大，为 501.6hm²，是仅有的一个现实潜力在 500.0hm² 以上的乡镇。西山区团结街道办事处、官渡区大板桥街道办事处等 6 个乡镇的农村居民点整理现实潜力也相对较大，均为 200.0～500.0hm²。而呈贡区龙城街道办事处、官渡区关上街道办事处、五华区红云街道办事处及黑林铺街道办事处、禄劝县雪山乡、五华区莲华街道办事处、盘龙区茨坝街道办事处 7 个乡镇的农村居民点整理现实潜力较小，均在 10hm² 以下，分别为 0.3hm²、3.0hm²、5.1hm²、6.3hm²、7.2hm²、8.6hm²、9.8hm²。且有 62 个乡镇的农村居民点整理现实潜力在

100.0hm^2 以下。

（2）农村居民点整理现实潜力分级

根据农村居民点整理现实潜力的数量，可将其分为五个等级：第一级，农村居民点整理现实潜力为 500.0hm^2 以上，仅有西山区海口街道办事处；第二级，农村居民点整理现实潜力为 200.0～500.0hm^2，包括西山区团结街道办事处、官渡区大板桥街道办事处等 6 个乡镇；第三级，农村居民点整理现实潜力为 100.0～200.0hm^2，包括官渡区小板桥街道办事处、寻甸县仁德街道办事处等 15 个乡镇；第四级，农村居民点整理现实潜力为 100.0hm^2 以下，包括宜良县北古城镇、安宁市太平街道办事处等 62 个乡镇；第五级，无潜力级，包括西山区棕树营街道办事处和永昌街道办事处等 15 个乡镇。

第三节　昆明市农村居民点空间布局分析

一、农村居民点现状空间布局分析

1. 农村居民点的规模情况

昆明市农村居民点用地为 44128.6hm^2，有农村居民点图斑个数 55004 个，平均图斑面积 0.8hm^2。从区县来看，富民县平均农村居民点图斑面积最小，为 0.4hm^2，嵩明县最大，为 1.8hm^2。从乡镇来看，东川区的舍块乡平均农村居民点图斑面积最小，为 0.2hm^2，官渡区的关上街道办事处最大，为 7.0hm^2。全市按自然村计算的平均规模为 5.1hm^2，行政村平均规模为 37.7hm^2。

2. 农村居民点用地与耕地面积的对比情况

根据云南省 2011 年土地调查统计数据，昆明市全市耕居比为 10.0，只有东川区、寻甸县、宜良县和石林县的耕居比高于昆明市整体水平，分别为 10.5、12.4、13.2 和 17.3；其余区县的耕居比均低于市平均水平，其中官渡区和西山区的耕居比最小，均为 3.6。从全市的乡镇来看，石林县的长湖镇、西街口镇和寻甸的甸沙乡的耕居比较高，均在 25 以上，分别为 29.4、29.3、26.0；五华区的莲华街道办事处、盘龙区青云街道办事处和官渡区的小板桥街道办事处耕居比较低，均在 1 以下，分别为 0.3、0.8 和 0.9。整体来看，全市范围内社会经济水平较好的乡镇，耕居比都较低。

对于耕居比小的地区，农村居民点整理能够增加耕地，缓解紧张的人地关系，并可更好地得到农户的理解，从而有利于整理的推行和实现潜力的充分利用。

3. 人均农村居民点占地情况

昆明市共有农村居民点 44128.6hm^2，农村人口 3010121 人，人均居民点用地为 146.6m^2。从区县来看，昆明市内呈贡区人均居民点用地面积最小，在 100m^2 以下，仅为 83.6m^2；官渡区和西山区的人均居民点用地面积最大，均在 200m^2 以上，分别为 201.7m^2 和 243.0m^2。

二、农村居民点在各类建设用地管制区域的分布

根据云南省 2011 年土地调查数据库统计数据，昆明市共有 44128.6hm² 农村居民点，其中分布在允许建设区内的农村居民点面积为 37420.2hm²，占居民点总面积的 84.8%；分布在有条件建设区内的农村居民点有 208.1hm²，占居民点总面积的 0.5%；分布在限制建设区内的农村居民点有 6285.9hm²，占居民点总面积的 14.2%；分布在禁止建设区内的农村居民点有 214.5hm²，占居民点总面积的 0.5%（表 8-6）。根据《云南省城乡建设用地增减挂钩试点工作实施办法（暂行）》中的第十二条规定：建新区必须安排在土地利用总体规划确定的城镇建设用地区、村镇建设用地区及独立工矿用地区内，原则上安排在允许建设区内，农村土地整治中建设用地复耕已完成的，也可安排在有条件建设区内，禁止占用基本农田。

表 8-6　昆明市各区县各类建设用地管制区域内农村居民点分布

行政区	允许建设区内农村居民点		有条件建设区内农村居民点		限制建设区内农村居民点		禁止建设区内农村居民点		农村居民点总面积/hm²
	面积/hm²	比例/%	面积/hm²	比例/%	面积/hm²	比例/%	面积/hm²	比例/%	
昆明市	37420.2	84.8	208.1	0.5	6285.9	14.2	214.5	0.5	44128.6
五华区	562.8	88.5	16.3	2.6	54.4	8.5	2.8	0.5	636.2
盘龙区	640.7	87.9	23.4	3.2	33.6	4.6	31.5	4.3	729.3
官渡区	2667.0	94.5	11.3	0.4	144.0	5.1	0.3	0.0	2822.6
西山区	2017.6	93.7	23.1	1.1	45.7	2.1	66.2	3.1	2152.5
东川区	2695.3	86.5	0.0	0.0	417.6	13.4	2.5	0.1	3115.4
呈贡区	789.3	68.3	27.4	2.4	326.5	28.3	11.7	1.0	1154.9
晋宁县	2621.6	85.9	4.71	0.2	423.8	13.9	1.43	0.1	3051.5
富民县	1729.5	97.2	1.7	0.1	47.9	2.7	0.02	0.0	1779.1
宜良县	1191.5	30.3	81.3	2.1	2646.1	67.3	13.63	0.4	3932.6
石林县	3083.0	91.8	0.0	0.0	270.8	8.1	6.07	0.2	3359.9
嵩明县	4498.4	94.2	0.0	0.0	278.4	5.8	0.00	0.0	4776.8
禄劝县	5302.8	89.0	3.8	0.1	607.4	10.2	45.52	0.8	5959.6
寻甸县	7364.1	88.6	1.9	0.0	914.7	11.0	28.50	0.3	8309.2
安宁市	2256.9	96.1	13.2	0.6	74.9	3.2	4.23	0.2	2349.2

三、农村居民点在不同地貌类型区域的空间分布

根据本书对昆明市地形的分类，昆明市共有 44128.6hm² 农村居民点，其中位于坝区的有 13762.0hm²，占居民点总面积的 31.2%；位于半山区的有 25973.0hm²，占居民点总面积的 58.9%；位于山区的有 4393.8hm²，占居民点总面积的 10.0%。具体见表 8-7。

表8-7　农村居民点不同地域空间布局

地形分类	乡镇个数	农村居民点面积/hm²	占居民点总面积比例/%
坝区	45	13762.0	31.2
半山区	67	25973.0	58.9
山区	17	4393.8	10.0
合计	129	44128.6	100.0

四、滇池流域生态约束下城-镇-村优化布局的时空演化模拟

高原湖泊流域土地利用格局和城-镇-村建设用地扩张，与湖泊水环境具有关联性。必须控制湖滨区域城-镇-村建设用地规模，节约集约利用土地，为湖滨留出足够的生态用地和绿色空间，维持湖泊流域生态系统的良性循环，才能保证高原湖滨地区经济发展及城市化与高原湖泊生态保护相协调。利用 CA 模型模拟空间系统复杂变化和 Markov 模型模拟梳理变化的双重优势，在 Markov 模型分析的基础之上，加入具有空间模拟能力的 CA 模型，对滇池流域内生态约束下的城-镇-村布局进行优化模拟，以支持滇池流域城乡建设用地的优化，在 CA-Markov 模型中，利用土地适宜性评价建立 CA 模型的转换规则。适宜性评价采用多因子评价（MCE）方法。

优化土地资源空间配置是滇池流域生态约束下城-镇-村集约用地模式运作的重点，主要研究区域内土地资源数量、质量及其分地利用方式。要做到区域内土地利用时空结构的最优化，需要从两个方面着力解决土地资源优化配置问题以及区域内土地综合整治空间优化布局和建设用地城乡区域空间优化配置问题（图8-3）。探明开发利用的潜力，是优化配置的基础，要在坚持"建设用地不增加，耕地面积不减少"的原则下转变土地利用方式。

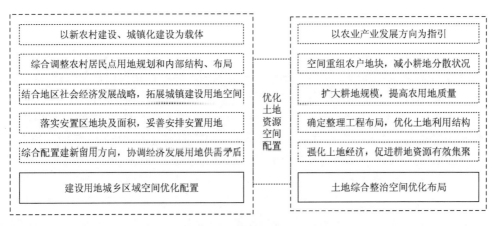

图8-3　优化土地资源空间配置思路和内容

滇池流域生态约束下城镇村集约用地模式应该符合以下基本要素：①具有足够的生态用地和完整的生态景观网络，能够保证城镇村发展不破坏滇池流域生态系统，不影响滇池生态环境的良性循环；②建设用地节约集约利用，能够在人口增长、经济发展的形势下，

使滇池流域的城乡建设用地不增加或少增加，人口和产业集中度上升，城-镇-村紧凑度和综合容积率均有所提高；③城镇村体系规模等级结构合理，职能分工明确，空间布局紧凑有序、错落有致，形成有机联系的网络体系。

根据数据库图层，整理得到 15 个滇池流域专题图。它们是：20 世纪 80 年代昆明主城区道路、2002 年昆明主城区道路、2010 年昆明主城区道路、滇池流域水系、滇池流域数字高程模型、滇池流域内线状地物、土地利用现状地类图、土地利用规划地类图、建设用地管制区、规划基本农田保护区、滇池流域生态隔离带、滇池流域三圈层次图、滇池流域风景区规划、滇池流域规划湿地、滇池流域适建区等。

生态约束下的集约发展模式，即生态约束与城市集约发展管制相结合的综合发展模式。其原则是，在集约发展模式基础上，以保护滇池水质等生态环境为前提，限制城-镇-村发展占用生态用地，提高城-镇-村建设用地集约利用水平。即加入所有限制因素（水面、水库水塘、湖滨湿地、限制发展的城-镇-村等），通过限制因素图层的设置，将各种发展模式与 CA-Markov 模型相结合，预测不同情景下滇池流域的城市（镇）扩展与城-镇-村体系发展。

若按照昆明市城市规划对滇池流域到 2020 年不超过 620km^2 城镇村建设用地面积预测，可以采取按可能扩张的百分比累计＞80%这种发展可能模式，到 2020 年滇池流域城-镇-村建设用地面积 608.1km^2。在保留大部分的生态用地，特别是保护滇池周边绝对禁止建设的湿地、湖滨保护带前提下，城市内部结构和布局以及城市（镇）外部形态将比较紧凑；并在此基础上，进一步提高城市（镇）综合容积率，提高土地利用强度，将达到既保护滇池流域生态，又保障城市（镇）发展，同时土地利用也最集约的多重目标。

根据滇池流域生态约束下城-镇-村集约用地模式的模拟分析，可以在空间上初步确定滇池流域各区县和乡镇城-镇-村优化空间布局的格局。并在此基础上，按照城乡建设用地增减挂钩的基本原则，初步划定滇池流域各区县和乡镇在保持一定量生态用地和提高城-镇-村建设用地节约集约利用水平前提下，需要拆迁旧村的空间布局和需要迁村并点建新村或在城镇规划区建新区的空间布局。形成滇池流域内城乡建设用地增减挂钩的拆旧与建新区总体布局初步方案如下：

昆明市在滇池流域内的 7 个区县都有城乡建设用地增减挂钩拆旧建新安排，总拆旧面积为 941.7hm^2，建新面积为 957hm^2，具体分布情况见表8-8。

五华区城乡建设用地增减挂钩拆旧区集中分布在沙朗街道办事处，拆旧面积为109.4hm^2，建新区也主要分布在沙朗街道办事处，建新面积为160.3hm^2；盘龙区城乡建设用地拆旧区主要分布在双龙街道办事处和松华街道办事处，拆旧面积为 105.3hm^2，建新区主要分布在双龙街道办事处，建新面积为 125.5hm^2；官渡区城乡建设用地增减挂钩项目集中分布在大板桥街道办事处，拆旧面积为 28.6hm^2，建新区也主要分布在大板桥街道办事处，建新面积为 25.6hm^2；西山区城乡建设用地增减挂钩拆旧建新集中分布在碧鸡街道办事处，拆旧面积为 27.2hm^2，建新区主要分布在前卫街道办事处和碧鸡街道办事处，建新面积为 106.7hm^2。

呈贡区城乡建设用地拆旧区主要分布在斗南街道办事处、大渔街道办事处、洛羊街道办事处、马金铺街道办事处和吴家营街道办事处，总拆旧面积为 129hm^2，建新区主要分布在大渔街道办事处、马金铺街道办事处和七甸街道办事处，总建新面积为 97.8hm²；晋宁县城乡建设用地增减挂钩拆旧区主要分布在昆阳街道办事处、上蒜镇和新街镇，拆旧面积为 423.1hm²，建新区主要分布在晋城镇和昆阳街道办事处，建新面积为 341.8hm²；嵩明县城乡建设用地增减挂钩拆旧区主要分布在阿营子镇和小街镇，拆旧面积为 119.1hm²，建新区主要分布在小街镇，面积为 90.5hm²。

表 8-8　滇池流域内各行政区拆旧建新面积　　　　　（单位：hm²）

	五华区	盘龙区	官渡区	西山区	呈贡区	晋宁县	嵩明县
拆旧面积	109.4	105.3	28.6	27.2	129	423.1	119.1
建新面积	160.3	125.5	25.6	106.7	97.8	341.8	90.5

五、农村居民点整治空间布局分析

　　城乡建设用地增减挂钩是依据土地利用总体规划，通过建新和拆旧、土地复垦等措施，最终实现增加耕地有效面积、提高耕地质量、节约集约利用建设用地、城乡用地布局更合理的目标。目前，农村居民点多呈"满天星"的布局，对于如何合理地进行农村居民点整治没有明确的原则与方法，在实际工作中存在较大的随意性和主观性。因此，合理进行农村居民点整治对于城乡建设用地增减挂钩的顺利实施和农村居民点的合理布局具有极其重要的意义。

　　通过空间布局分析，主要是寻找和发现现有农村居民点空间分布是否存在不合理现象，并在数据库和图件中予以调整。空间布局分析包括：①零星农村建设用地分析；②禁止建设区内农村居民点用地分析；③基本农田保护区内的农村居民点用地分析；④农村居民点整治地块选址适宜性评价等。

第九章　昆明市晋宁县三多村的生态型村庄建设规划

第一节　项目概况

一、区位概况及项目背景

1. 晋宁县区位概况

晋宁县位于云南省中部滇池西南岸,东经102°13′~102°52′,北纬24°24′~24°48′。东邻澄江县,南连玉溪市红塔区和江川区,西与安宁市、峨山县、易门县接壤,北和西山区、呈贡区交界,总面积1230.86km²,其中山区、半山区占70%。县境狭长,东西横距66km,南北纵距33km,地形南高北低,河流大多由南向北汇入滇池。南部的大梁子海拔2468m,为全县高点,北部滇池沿岸湖滨盆地海拔1888m,地势最低处为与易门县毗邻的夕阳乡小石板河,海拔1340m。

2. 三多村概况

三多村位于晋宁县上蒜镇的西南部,距晋宁县城15km,距镇政府所在地3km。三多村东邻宝兴,南邻柳坝,西邻余家海,北邻滇池。

3. 项目背景

针对高原湖滨生态脆弱的城市化地区城-镇-村发展与湖泊湿地生态保护的尖锐矛盾,从构建生态和谐视角,研究高原湖滨区的城-镇-村用地扩张对湖泊生态的影响关系,探寻湖滨城市化地区生态约束要求以及节地与生态、经济社会协调发展的综合评价方法,研制生态约束下高原湖滨城市化地区节地技术导则,在云南省昆明市滇池湖滨区域典型村(晋宁县)进行技术实施示范方案设计。

本项目选择具有典型性的昆明滇池流域作为生态型城市化地区研究样本,从生态经济良性循环角度,开展高原湖区生态型城市化地区典型城-镇-村节地技术与示范研究,其成果不仅事关云南省社会经济可持续发展的大局,对全国众多湖泊生态脆弱区域的城市化地区城镇村节地也具有重要的指导和技术示范作用,为我国湖滨生态型城市化地区和谐生态经济的形成和城乡建设用地节约集约利用提供技术参考。

二、项目现状分析

1. 地形地貌

三多村村庄建设用地(以下简称"规划区")位于昆明市晋宁县上蒜镇三多村村委会。该地块呈锥形,南北长900m,东西最宽处480m,最窄处50m。地势西高东低,最高点海拔1968.75m,最低点海拔1921.87m,平均海拔1930m,大部分用地坡度在8°以下。用地为中等切割中低山缓地区。

2. 现状用地

规划区现状以村民居住用地为主，村中零星分布着一些公共服务设施。用地地势西高东低，过境交通相对便利。外部生态环境较好。

3. 现状存在问题

1）村庄基础设施建设落后，排水与污水处理系统不够完善，环境卫生差，村庄整体环境较差。

2）文化、娱乐活动的场地和公共空间比较匮乏。

3）道路等级低，路面质量差，道路不成系统，许多道路较窄、巷道不贯通，交通不畅。

4）村庄缺乏统一规划，村内无序建设，建筑过度密集，建筑质量普遍较低，无相应的建筑安全间距，不利于消防、抗震防灾。

三、规划总则

1. 规划依据

1）《中华人民共和国城乡规划法》；

2）《城市居住区规划设计规范》；

3）《镇规划标准》；

4）《村庄整治技术规范》（GB50445—2008）；

5）《昆明市农村住宅建设管理办法》（2008 年）；

6）《昆明城市总体规划修编（2008—2020）》；

7）《滇池流域生态约束下的农村建设用地节地技术导则》；

8）1∶500 数字地形图。

2. 规划原则

1）规划要切实贯彻"生产发展、生活宽裕、乡风文明、村容整洁、民主管理"的要求，充分调动村民的积极性和创造性，以发展农村经济为中心，以增加村民收入和改善村民生产生活条件为重点，加强基础建设，发展社会事业，推进村民民主政治和精神文明建设。

2）规划要坚持一切从农村实际出发，尊重村民意愿的原则，按照构建和谐社会和建设节约型社会的要求，实事求是，量力而行。要确立村民在村庄规划建设中的主体地位，充分调动村民自主自愿建设家园的积极性，激发村民自主、自强、勤勉、互助的精神，使村民在建设新农村的过程中提高自身的综合素质，让村民得到实际利益。

3）规划中注重与社会发展规划、土地利用总体规划以及各项专业规划的结合，并适应市场经济条件下村庄建设的新特点，突出基础设施和土地开发的调控，把村庄各项发展目标落实到土地空间上，切实加强规划实施的可操作性。

4）着眼于居民生活水平提高后消费结构的变化，把改善居民生活质量放在第一位，规划解决好事关居民当前和长远利益的村庄建设重大问题，努力创造有利于人们生产、生活的宜居环境。

5）建立经济、资源和环境协调发展的资源配置机制和功能机制。合理利用土地和水资源，保护和改善村庄生态环境，促进规划区的可持续发展。

6）根据本村的功能和特点，注意村庄风格、标志性建筑、交通网络、绿化格局、村庄色彩等方面的规划设计，塑造富有特色的村庄整体风貌。

3. 规划目标

规划本着以人为本的科学发展观，以建设社会主义新农村为基本目标，积极推进三多村社会环境的更新与发展，力求为村民创造一个优美、舒适、注重生态平衡、可持续发展的新型居住环境。

1）使规划区成为晋宁农村节地建设的典范。规划充分考虑村民的行为模式和行为轨迹，通过物质条件的创造和建设，将村民生活的各方面有序地组织起来，创造一个合理、有序、富有人情味的居住空间环境。

2）将规划区规划成布局合理、生态环境优美、配套服务设施齐全，具有一定超前性、导向性，具有较高的舒适性、安全性和地区特色的空间环境。

4. 规划理念

（1）延续村庄传统

规划遵循原有的村庄发展肌理，保持原有的村庄格局。在原有地形地貌的基础上，以多种建筑户型单元为母体，形成活泼紧凑、自由多变的村落形态。

（2）渗透田园风光

结合规划区所处的地形条件，将农耕文化元素融入新村规划，在规划区周围位置保留较大的田园。将田园景观引入组团内部，形成田园风光与现代高品质生活于一体的新型农民社区。

（3）促进邻里交流

规划依旧遵循独门独院的居住形态，适当调整部分居民的入户方向，形成几户一合院，促进邻里之间的交流，促使庭院空间的共享。

（4）创造宜居环境

规划对环境进行整体性设计和立体性设计，使居住片区内、外环境相互渗透，从而创造一个完整的居住环境。将外围绿带引入规划区，开辟绿地和游憩空间，既改善外围环境，又为村民提供良好的居住环境空间。

第二节　规划基本要素

一、规划结构与布局

1. 规划结构

规划结合该地块的地形地貌特点，由道路围合，形成带状新村。在规划区西南部布置公共活动中心、活动场地、绿地、休闲设施。用地功能分区主要划分为入口区、居住片区、公共活动区。居住片区布置在规划区道路两侧，公共建筑主要集中布置在规划区西北部。

2. 规划布局

规划采用"一横一纵多组团"的布局结构，通过东西—南北向的道路将用地划分为三个大的片区，同时结合山体林地形成良好的居住环境和独具风格的新农村特色。

（1）入口区

规划通过对道路系统的分析，规划区东侧设有两个出入口，它们是规划区内部空间与外围空间的过渡，也是规划区空间序列的前奏。主入口广场，规划设置牌坊及绿化空间，是规划区的对外窗口，与外围空间起到景观交融的作用。

（2）公共活动区

公共活动区设置村民活动中心、幼儿园、配套商业、配套服务、卫生所、管理用房、公共活动场地、休闲场地等设施。公共设施集中设置形成规模，成为村庄的公共活动中心与景观中心，与住宅区的组团绿地联为一体，既满足村民交往活动的需求，又保证较多的住户获得良好的空间景观。

（3）住宅片区

规划结合地形特点和当地农村住宅的建设特点，采用规整的行列式布局。住宅以独院独户为主，每户宅基地面积 $100m^2$ 以内，建筑面积为 $200m^2$ 以内，布局采用前院后宅形式，院内主要布置农用车停放场地、生活休闲场地及禽舍。每组庭院依路布置，形成不同特点的空间层次，形成丰富多变的住宅群体空间。

规划在保证每个住宅单元院落安全、宁静和私密性的同时为村民提供更多的活动交往空间，提高居住环境及邻里认同感。

规划建立有序列户外空间的住宅区，在住宅边上形成半公共的、亲密的和熟悉的空间，可以使居民们更好地相互了解，且可以建立对公共空间的从属感，实际上扩大了住宅的范围，这就加强了村民的集体责任感，就可能防止破坏和犯罪，使村民得到安全保护。

二、道路交通规划

1. 道路系统

规划区道路系统分为三级，即过境道路、主干道路、次级道路。

（1）过境道路（12m）

规划区内自北向南有一条北至上蒜镇、南至其他村的过境道路，由于车流量较小，道路宽度在 12m 左右，满足交通的需求，同时与乡村道路相联系，为三多村提供良好的交通条件。

（2）主干道路（9～12m）

规划区内主干道路网格局为"一横一环"形式，把村内各组团有机地连接起来，考虑到区内主干道服务及公共服务区，交通流量较大，道路宽度做到规划为12m。

（3）次级道路（3～6m）

依托主干道，小组团内部环形的次级道路系统与各住宅单元联系。

2. 停车场场地规划

规划区内停车主要采用入户停车与路边停车相结合的形式，以满足村民停车方便及安全的要求，同时在路边也可考虑车辆临时停放。

三、景观及绿地系统规划

1. 绿地系统规划

规划区结合主入口在规划区西侧组织绿地开敞空间，形成收放自如、丰富多彩的绿化景观系统。居住庭院内部通过加强内部庭院绿化的方式，将绿化、儿童游戏、老年活动、邻里交往等融为一体，同时结合房前宅后绿化，平台、阳台、屋顶、墙体的垂直绿化以及行道树的种植，共同构成点、线、面相结合的绿化系统。规划在村中的居住片区和公共设施用地附近设置公共绿地，以达到改善居住环境的目的。规划村庄沿道路两侧规划控制1～4m用地，设置道路绿化用地，增加绿化面积，布置多处街头绿地。结合村庄外围自然地形，进行全方位生态建设，形成对村庄的绿色围合，并与村庄绿地系统共同形成良好的村庄生态环境。树种选择上建议以当地树木为主，以草坪为点缀，充分协调环境，注重营造绿色空间。

2. 景观空间规划

规划强调主入口，利用入口空间围合及入口广场的精心设置充分展示规划区的入口空间，并以色彩鲜明的牌坊标志物突出规划区的可识别性。规划区空间舒朗而富于变化，再加上小区标志、绿地小品、住宅立面细部、林荫道和院落等的精心规划和设计，力求突出规划区居住环境的高品位和文化性。规划区的主色调是绿色草坪和树林，浅暖色的墙面，蓝色的天空为背景，使不同组团的不同院落在外观上具有显著的特点和识别性。

四、公用及基础设施规划

1. 道路竖向规划

（1）现状分析

现状地形起伏较小，地势大致是由西向东倾斜。现状海拔变化范围为1948～1928m，高差不大。现状地形主要为缓坡地。

（2）竖向规划

1）规划充分利用现状地形，尽可能使道路纵坡均衡、场地填挖方数量较小，并与现状地形地物协调一致，场地规划标高与片区周围现状标高顺畅衔接，有利于近期建设与可持续发展。

2）道路网平面布置通达、顺畅，根据地块的功能和各条道路的交通流量确定不同的道路横断面宽度，并在合适的位置布置机动车停车场。

3）道路最大纵坡为 2.0%，最小纵坡为 1.21%，尽可能在保证道路纵坡满足技术要求的同时，使道路及场地填挖方数量较小。

4）竖向设计采用高程箭头法，根据现状地形标高，在满足排水纵坡的条件下，确定规划区内道路及场地规划标高、坡度、坡向。

5）今后实施时，要求在下一步市政工程设计中，详细收集有关资料，仔细推敲，认真设计，并结合周边河道的水文情况，合理结合山坡地形，最终确定片区内道路及场地设计标高，以保证排水畅通和节约投资的要求。

2. 给水排水工程规划

（1）给水工程规划

A. 用水量预测

规划区用水量预测按综合生活用水定额和规划用地用水指标计算确定。规划区内主要用水由以下几大部分组成：①综合生活用水；②浇洒道路绿化用水；③未预见及管网遗漏用水。综合用水定额取 150L/（人·d），浇洒道路绿化用水指标取 0.2 万 m^3/（km^2·d），未预见及管网遗漏用水，按 1-2 项总和的 15%计。规划区总人数为 220 人。规划区用水量估算结果见表 9-1。

表 9-1　用水量预测计算表

用水项目	用水指标	用水量（m^3/d）
居民日常生活用水	150L/（人·d）)	305
浇洒道路绿化用水	0.2 万 m^3/（km^2·d）	40
未预见及管网遗漏用水	以上总用水量的 15%	52
合计		397

根据核算，规划区最高日生活用水量约为 397m^3/d，规划区最高日时变化系数取：K_h=1.6，日变化系数取 K_d=1.4。

规划区室外消防用水量，根据《建筑防火设计规范》（GBJ16—87）和规划区性质、规模等确定。按同一时间火灾次数为一次，一次灭火用水量为 10L/s，火灾延续时间为 2h考虑，因此，规划区室外消防水量为 72m^3。消防水量作为清水池常备水量，不计入规划区总用水量中。

B. 水源规划

水源从市政管网直接引入。

C. 供水设施规划

规划区采用生活、消防共用的给水系统。规划区内给水管网布置成环状，局部为枝状，保证用水的安全可靠。在规划区西北方向高处设立 100m^3/d 蓄水池一座，给水主管采用高密度聚乙烯 PE 给水管，管径 DN150-DN300，布置在机动车下时管顶覆土不小于 0.7m，并按相关规范设置阀门井等给水设施。管网压力应满足区内最不利点末端水头不小于 0.1mPa，管网工作压力不超过 0.6mPa。在给水管道不超过 120m 距离远处布置室外消火栓，每个消火栓保护半径不超过 150m，满足消防要求。

（2）排水工程规划

A．排水体制

为保证规划区具备良好的生态、卫生环境，规划区采用雨、污完全分流排水体制。

B．污水工程规划

a．污水量预测：最高日污水量按最高日用水量的 80%确定，根据估算，规划区污水量约 317.6m³/d。

b．污水设施规划：污水主干管沿规划区道路及地形坡向铺设，污水集中收集后向东南排入规划污水处理站处理后排放，污水管可采用钢筋混凝土圆管，推荐采用高密度聚乙烯中空缠绕塑料排水管。污水管应每隔 30～40m 设检查井或沉砂（检查）井，在管径变化处、交汇处设检查井。考虑竖向管线综合，污水管管顶覆土按不小于 1.5m 控制。

在规划区东南面低点处，设立污水处理站一座，处理规模 65m³/d，采用地埋式一体化生化污水处理站，占地面积约 130m²。

C．雨水工程规划

a．雨水量计算：由于当地无暴雨强度公式，雨水量的计算参考采用昆明暴雨强度公式：

$$q=700\times(1+0.775\lg P)/t_1^{0.496}$$

其中，设计重现期 P 取 1 年，雨水初期汇流时间 t_1 取 15min。

雨水管流量计算公式：

$$Q=\psi \cdot q \cdot F$$

式中，Q——降雨量（L/s）；

　　　　ψ——综合径流系数，取 0.6；

　　　　q——暴雨强度；

　　　　F——汇流面积（hm²）。

b．雨水设施规划：结合规划道路和自然地形设置雨水排放系统，雨水尽量就近排入规划区外围低地。雨水管采用钢筋混凝土圆管。雨水管应每隔 25～30m 设检查井沉砂（检查）井，在管径变化处、交汇处设检查井。考虑竖向管线综合，雨水管管顶覆土按不小于 1.1m 控制。

3．电力电信工程规划

（1）规划设计依据

1）《JGJ/T16—92》民用建筑电气规范；

2）《GB50052—95》供配电系统设计规范；

3）《GB/50293—1999》城市电力规划规范；

4）《城市基础设施工程规划手册》。

（2）电力工程规划

1）负荷等级——规划区内负荷以居住负荷为主，并有少量公建负荷，用电负荷按三类负荷进行考虑，无特殊供电要求。

2）负荷预测——负荷预测采用需用系数法。负荷估算：负荷采用每户负荷指标法进行估算。负荷指标按照 8kW/户，公共建筑指标选 50W/m²，共计 3264kW。

3）高压供电——根据负荷计算结果，规划确定设置 10/0.4kV 变电所，变电容量 400kVA，安装方式为室内安装。

4）低压配电——低压组网采用以 10kV 公共变配电室为中心树干式结线方式。以低压干线（三相四线制铜芯电缆）引至村内各低压电缆分配电箱（落地安装），单台电缆配电箱供电户数宜在 24 户以内，再以低压分支线（单相铜芯塑料软线）引入各户。接地系统采用 TN-C-S 接地系统，除变压器中性点接地外，各电缆分配电箱及入户处均应重复接地。

5）功率补偿——采用变压器低压侧集中补偿方式，将整体功率因数提高至 0.9 以上。

6）线路敷设——规划区外 10kV 线路采用架空引入。村内低压干线穿保护管暗埋敷设。低压分支线可穿保护管沿墙明敷。

（3）电信工程规划

1）随着电信业的不断发展，光纤通信因其通信容量大、信号衰减小、保密性及抗电磁干扰性强、成本不断下降等优越性，逐步取代同轴电缆而实现全光缆化网络已成为必然趋势。

2）规划以发展光纤接入网为主。村内设置一套通信光交箱，其程控容量为 100 线对。入村电信及广电光缆架空引入。

3）村内弱电干线采用穿保护管暗埋敷设。有线电视电缆与通信电缆同路由敷设。分支线路可穿保护管沿墙明敷。

4．环卫设施规划

（1）垃圾收集与运输

生活垃圾以垃圾箱收集为主，沿主要道路根据服务半径 50～80m 一个的标准设置。村民居住区内按每 10～20 户设一个垃圾桶。完善环卫设施，实行垃圾分类收集处理，倡导低碳节能。主要道路两侧及各类公共设施、广场、停车场等的出入口附近应按国家规范要求设置废物箱，并注意垃圾箱的外形及色彩。

在村内的南北两端分别设置 2 个封闭式垃圾转运站，占地面积不小于 10m²。增设环卫车，垃圾集中收集运至垃圾处理场处理，实行日产日清制度，保证村庄环境整洁良好。垃圾运输以保护环境、减少运距、因地制宜为原则，垃圾运输应配以封闭垃圾收集车，同时要提高机械化运输效率和卫生水平。

（2）公共厕所

在村内结合公共活动场地、公共绿地、公共建筑设置公厕，共布置 4 处，要求达到二类公厕标准，其建筑形式应与周边建筑相协调。每座建筑面积 30～60m²，可与垃圾收集点布置在一起，与其他建筑物的距离不少于 30m。可建生物净化和真空环保式公厕。

5．环境保护规划

（1）规划目标

根据规划范围生态环境现状,三多村的大气环境质量应达到国家《环境空气质量标准》(GB3095—1996)规定的一级标准要求,水环境质量应达到国家《地表水环境质量标准》(GB3838—2002)规定的Ⅱ类以上水质标准要求;声环境质量达到国家《城市区域环境噪声标准》(GB3096—93)规定的相应功能区域环境噪声标准要求。

（2）大气环境保护

逐步改变现有农户的能源使用结构,提高燃煤燃烧效率,鼓励使用优质清洁能源,减少废气排放量。大力保护村域周边林木资源,加强植树造林和封山育林,提高森林植被覆盖率,改善大气环境质量。

（3）水环境保护

对规划区内所产生的污水,全部统一收集,汇入污水处理设施,处理达标后,用于村内的果园浇灌,实现污水再生利用,减少污水排放。

加强对现有水体水面的保护,在规划范围开发建设过程中严禁侵占、污染水面。大力开展节水、水污染防治宣传教育工作,提倡节约用水,建立行之有效的节水措施。

尽快完成村庄的排水工程建设,将居民的生活污水统一收集至污水处理设备,污水处理达到国家排放标准后方可排放,防止水塘、地下水的水质受侵蚀污染。

6. 综合防灾规划

（1）消防规划

A. 建筑消防设计

规划执行《建筑设计防火规范》(GB50016—2006),建筑耐火等级为二级以上。利用整体道路网,在各区域内形成顺畅的消防环线。单体建筑均按建筑防火规范要求进行设计。

B. 消防给水设计

整个规划区内设室外和室内消火栓两套系统。室外消火栓按规范要求布置;建筑单体根据不同情况按规定设室内消火栓系统。室外消防用水和生活用水共网,也可利用村内水体作为消防水源。地上式消火栓结合主次道路布置,与给水管同步实施。主要建筑物、公共场所按规范设置消防通道、消防设施。

（2）防洪规划

依据《防洪标准》(GB50201—94),村庄防洪设计标准为 20 年一遇。山洪防治上,采用以"预防为主"的行动策略,及早对山洪的多发区采用工程技术手段进行处理,并结合现有水系设置防洪道和泄洪口,拓宽防洪沟。

（3）防震规划

村庄工程建设按烈度Ⅶ度设防,设计基本地震加速度值为 0.05g,按标准设置有关设施。结合绿地和广大自然农田,形成临时避震疏散场地。

（4）地质灾害防治规划

建立比较完善的灾害防治和监督管理体系。开展山体滑坡专项调查,对在地质灾害多发区和可能导致地质灾害发生的工程建设项目,必须实行建设用地地质灾害危险性评估。

第三节　农村住宅设计

一、设计原则

农村住宅不是城市住宅的简单复制或转型,其设计的关键在于尊重村民的生活、居住习惯,在符合其生活模式的基础上,顺应现代生活的功能发展需求,创造宜居的居住空间环境。农村住宅单体设计遵循的原则,体现在以下几个方面。

1)遵循节能、节地、节水、节材的原则建设节能省地型住宅。

2)遵循适用、经济、安全、美观的原则。

3)住宅平面设计应尊重村民的生产方式和生活习惯,满足村民的生产生活需要,同时注重加强引导卫生、科学、舒适的生活方式。

4)住宅建筑风格应适合农村特点,体现地方特色,并与周边环境相协调。保护具有历史文化价值和传统风貌的建筑。

二、设计目标

(1)空间功能的可变性和多样性

在住宅的设计中充分考虑发展的可能性,因此在空间布置和组合上考虑功能的可变性和多样性。如在建筑的入口设计上,院落式的过渡空间在满足使用习惯外,还可以兼做停车使用;而沿街的空间也可作商铺,对其居住环境也不会造成太大的影响。

(2)保持与传统村镇空间的协调

户型设计上,尊重昆明地域特色,着重考虑三多村的民居特点,采用院落布局方式,使之与传统的村镇空间格局协调,形成丰富的空间与景观,户型组合能形成较好的空间肌理。

(3)满足可行性和实施性的要求

建筑材料选用毛石、砖、木材、青瓦等普通和便宜的地方性材料,建筑结构采用砖混结构,易于操作实施,建筑设计上功能明确,流线清晰,具有结构简单、可操作性强等特点,满足较高可行性和实施性的要求。

(4)满足农业生产的要求

为了满足村民生产性的需求,住宅布局有庭院空间,设置有杂物院和杂物间,家畜、禽的饲养空间和农具堆放空间,户型设计上避免脱离农村实际情况,具有区别于城市住宅的基本特征,满足村民的生产和生活。

(5)积极利用可再生能源和清洁能源

农村生物资源丰富、阳光充足,太阳能、沼气使用极具条件,这些优势可以充分利用,这样既能满足各种生活的需求,有效改变农村脏乱差的环境,同时也达到了节能和环保的目标，体现了新农村建设的生态功能。

三、户型设计

从滇池之滨到杞麓湖畔，极具特色的传统民居"一颗印"在昆明周边及滇中地区大量分布。"一颗印"四周房屋向内围成院落，很适合昆明周边的气候特点和农村生活、生产方式的需要，适合于独家独户生活习惯，占地紧凑，平坝地区和山区都相宜。

设计取材于"一颗印"这种最适合于昆明地方特点的居住形式，结合其优点的同时优化发展了其功能及造型，力图体现符合现代发展、与时俱进的"一颗印"住宅理念。

户型平面设计中继承传统"一颗印"的 U 形平面，同时也分解出单户的 L 形平面，两个 L 形平面又组成 U 形平面，拼接灵活多变。同时结合现代居住的需要实现动静分区、人畜分离。内外廊结合，让房间集中并尽量减少外廊长度，这样可以解决传统"一颗印"存在的交通面积偏大、噪声干扰、热工性能不好等问题。

总平面布置中充分考虑节地这一重要因素。户型设计中有意识地把户型的进深设计为12~15m，这样在总图布置中，能实现户型拼接的模数化、统一化，达到节地的最佳效果。同时 U 形、L 形的平面组合方式灵活多变，能形成丰富多彩的空间形式。

建筑立面提取传统"一颗印"造型元素，结合现代建筑大开窗、线条简洁等特点，并采用退台设计手法，充分利用露台作为农作物晾晒场。屋面采用平坡结合，既解决了排水问题，又丰富了立面造型。

四、节能技术的应用

（1）建筑主要采用砌体结构体系，建筑材料可就地取材，节约成本的同时易于施工；另外考虑到不同居民的需求，采用框架结构体系，进行完善的力学分析，增加结构合理性和安全性，提高建造速度。

（2）昆明地区的太阳能资源极其丰富，太阳能集热板的使用，既合理地利用了太阳能，又减少了其他能源的消耗。太阳能利用的整体设计，使太阳能热水器利用和建筑外形统一，在满足人们生活热水需要的同时又能达到实用美观的效果。

（3）通过设置沼气池，与厕所、养殖形成生物质能循环系统，实现资源的循环利用，既拓展了产业链，又使农民增收节支，并且可以保护生态环境。

（4）设置雨水收集系统，采用蓄水、保水材料，收集的雨水，可作为绿化用水，亦可用来清洗农具、禽舍等，达到节约用水、充分利用水资源的目标。

五、技术经济指标

规范项目的技术经济指标如表 9-2 所示。

表 9-2　技术经济指标表

项目	数量	单位

	规划范围面积	62.30	hm²

续表

	项目	数量	单位
	村庄建设用地面积	14.21	hm²
	节地面积	2.09	hm²
	总建筑面积	95923	m²
	住宅面积	84940	m²
其中	公建面积	6433	m²
	农副产业建筑面积	4950	m²
	居住户数	416	户
其中	院落式住宅	344	户
	公寓式住宅	72	户
	居住人数	1456	人
	户均人口	3.5	人/户
	平均层数	3	层
	容积率	0.68	
	建筑密度	29.83	%
	绿地率	30	%

第十章 晋宁县上蒜、新街 2 个镇拆旧地块生态复垦设计

第一节 拆旧区概况

项目拆旧区涉及上蒜镇、新街镇 2 个镇 9 个村民委员会,各村民委员会社会经济情况详见表 10-1。

表 10-1 项目拆旧区各权属主体社会经济情况

权属主体 \ 指标	总人口/人	农业人口/人	劳动力/人	耕地总面积/hm²	人均耕地面积/(hm²/人)	经济总收入/万元	人均纯收入/万元
上蒜镇牛恋村民委员会	2896	2486	1584	117.3330	0.048	5424	0.234
上蒜镇河泊村民委员会	3408	3329	2267	165.8000	0.0493	4957	0.2618
上蒜镇石寨村民委员会	2853	2720	1720	147.9000	0.05467	4336	0.2657
新街镇海晏村民委员会	1349	1832	1356	84.2000	0.0633	2039	0.3500
新街镇团山村民委员会	1833	1832	1356	130.6670	0.0666	5456	0.3726
新街镇沙堤村民委员会	3632	3632	2469	189.2667	0.0520	3132	0.3653
新街镇安乐村民委员会	2023	2015	1624	91.26667	0.0453	3027	0.348
新街镇三合村民委员会	3098	3093	2227	152.0667	0.0493	4764	0.3726
新街镇梁王村民委员会	1139	1130	810	75.8000	0.0667	3111	0.3549

根据"四退三还一护"工程的要求,滇池保护界桩外延 100m 以内区域(如遇环湖公路在界桩外延 100m 范围内的,以环湖公路为界限)的所有建筑物都需要拆除。《生态型城市化地区典型城镇村节地技术与示范》——晋宁县上蒜、新街、晋城 3 个镇拆旧地块生态复垦设计方案拆旧区涉及上蒜、新街 2 个镇,拆旧区面积约 21.0946hm²,搬迁安置共 774 户,2574 人。拆旧区共分为 15 个地块,环滇池布置,分别属于晋宁县上蒜、新街 2 个镇,其涉及 9 个村民委员会 15 个村民小组。

各拆旧地块地理坐标和所在村民委员会情况见表 10-2。

表 10-2 拆旧地块地理位置坐标和权属

片区名称	经纬度范围	位置	权属
上蒜镇牛恋村民委员会小渔村地块	东经 102°41′11.05″~102°41′20.48″,北纬 24°41′30.85″~24°41′43.40″	牛恋村民委员会牛恋村	牛恋村民委员会
上蒜镇河泊村民委员会大河尖村地块	东经 102°41′02.91″~102°41′07.70″,北纬 24°42′10.12″~24°42′15.38″	河泊村民委员会大河尖村	河泊村民委员会

片区名称	经纬度范围	位置	权属
上蒜镇河泊村民委员会大咀头地块	东经 102°40′27.01″～102°40′23.84″，北纬 24°42′17.75″～24°42′30.46″	河泊村民委员会大咀头村	河泊村民委员会
上蒜镇河泊村民委员会河泊村地块	东经 102°14′19.37″～102°41′23.01″，北纬 24°43′52.04″～24°43′54.98″	河泊村民委员会河泊村	
上蒜镇石寨村民委员会下海埂村地块	东经 102°41′19.34″～102°41′28.28″，北纬 24°43′55.02″～24°44′02.87″	石寨村民委员会下海埂村	石寨村民委员会
新街镇梁王村民委员会梁王村采石场地块	东经 102°40′51.86″～102°40′06.05″，北纬 24°42′40.58″～24°42′50.43″	梁王村民委员会梁王村东面	梁王村民委员会
新街镇海晏村民委员会小海晏村地块	东经 102°41′21.93″～102°41′24.90″，北纬 24°44′32.25″～24°44′37.68″	海晏村民委员会小海晏村	海晏村民委员会
新街镇海晏村民委员会大海晏村地块	东经 102°41′30.18″～102°41′34.86″，北纬 24°44′41.74″～24°44′46.95″	海晏村民委员会大海晏村	
新街镇团山村民委员会杨叉沟村、冷库地块	东经 102°41′51.22″～102°42′01.80″，北纬 24°45′09.48″～24°45′14.61″	团山村民委员会杨叉沟村以东	团山村民委员会
新街镇沙堤村民委员会花椒咀村地块	东经 102°42′08.29″～102°42′13.23″，北纬 24°45′28.59″～24°45′32.21″	沙堤村民委员会花椒咀村	
新街镇沙堤村民委员会兴龙村地块	东经 102°42′09.33″～102°42′15.67″，北纬 24°45′40.78″～24°45′47.57″	沙堤村民委员会兴龙村	沙堤村民委员会
新街镇沙堤村民委员会黄家地村地	东经 102°42′31.62″～102°42′38.58″，北纬 24°45′55.47″～24°46′06.75″	沙堤村民委员会黄家地村	
新街镇安乐村民委员会安乐地块	东经 102°43′34.80″～102°43′36.54″，北纬 24°45′55.47″～24°46′06.75″	安乐村民委员会安乐村	安乐村民委员会
新街镇三合村民委员会下村地块	东经 102°44′15.95″～102°44′20.66″，北纬 24°46′23.41″～24°46′27.30″	三合村民委员会下村	
新街镇三合村民委员会牛头村地	东经 102°44′54.92″～102°44′00.26″，北纬 24°46′27.90″～24°46′31.84″	三合村民委员会牛头村	三合村民委员会

拆旧地块总面积 21.0946hm^2，建设规模为 20.8865hm^2。

特别说明：在上蒜镇牛恋村民委员会小渔村复垦地块和上蒜镇河泊村民委员会河泊村复垦地块共有 0.2081hm^2 的水泥道路（宽 4m），位于农村宅基地内部，但该道路与项目区外其他道路形成联通，为与今后开展湖滨生态旅游相衔接，本次复垦将其保留，不纳入项目建设规模。

第二节　复垦适宜性评价分析

1. 土地适宜性评价原则

1）符合土地利用总体规划，并与其他规划相协调原则；

2）因地制宜原则；

3）土地复垦耕地优先和综合效益最佳原则；

4）主导性限制因素与综合平衡原则；

5）复垦后土地可持续利用原则；

6）经济可行、技术合理性原则；

7）社会因素和经济因素相结合原则。

2. 评价体系和评价方法

（1）评价体系

评价体系分为二级和三级体系两种类型。

二级体系分成两个序列，土地适宜类和土地质量等，土地适宜类一般分成适宜类、暂不适宜类和不适宜类，类别下面再续分若干土地质量等。土地质量等一般分成一等地、二等地和三等地，暂不适宜类和不适宜类一般不续分。

三级体系分成三个序列，土地适宜类、土地质量等和土地限制型。土地适宜类和土地质量等续分与二级体系一致。依据不同的限制因素，在土地质量等以下又分成若干土地限制型。

本复垦方案评价体系采取三级体系。

（2）评价方法

评价方法分为定性和定量法分析两类。定性方法是对评价单元的原土地利用状况、土地损毁、公众参与、当地社会经济等情况进行综合定性分析，确定土地复垦方向和适宜性等级。定量分析包括极限条件法、综合指数法与多因素综合模糊法等，具体评价时可以采用其中一种方法，也可以将多种方法结合起来用。

极限条件法的计算公式为

$$Y_i = \min(Y_{ij})$$

其中，Y_i——第 i 个评价单元的最终分值；

　　　　Y_{ij}——第 i 个评价单元中第 j 参评因子的分值。

综合指数法的计算公式为

$$R(j) = \sum_{i=1}^{n} F_i W_i$$

其中，$R(j)$——第 j 单元的综合得分；

　　　　F_i，W_i——分别是第 i 个参评因子的等级指数和权重值；

　　　　n——参评因子的个数。

根据项目区的实际情况和复垦后的土地用途，本复垦方案采用综合指数法。

3. 土地复垦适宜性评价步骤

土地复垦适宜性评价的步骤包括：在拆旧区现状的基础上，确定评价对象和范围；综合考虑复垦区的土地利用总体规划、公众参与意见以及其他社会经济政策因素，初步确定复垦方向，划定评价单元；针对不同的评价单元，建立适宜性评价方法体系和评价指标体系；评定各评价单元的土地适宜性等级，明确其限制因素；确定各评价单元的土地复垦方向，划定土地复垦单元。

（1）评价范围和初步复垦方向的确定

根据国家的政策，尽量多恢复耕地，土地受污染、不适用为耕地的，以生态修复为主，最大化对损毁的土地进行恢复，因此土地复垦范围主要是对拆旧地块的土地进行复垦，对不具有复垦可能性的土地不进行复垦分析，不列入复垦范围。

（2）评价单元的划分

评价单元是土地适宜性评价的基本单元，是评价的具体对象。土地对湿地、农、林、牧业利用类型的适宜性和适宜程度及其地域分布状况，都是通过评价单元及其组合状况来反映的。评价单元的划分与确定应在遵循评价原则的前提下，根据评价区的具体情况来决定。

1）综合分析原则。复垦土地单元的形成，除受区域气候、地貌、土壤、水文、地质等自然成土因素的影响外，更重要的是受人为因素的影响，如土地损毁类型、损毁程度和利用方式等。故其质量状况是各因素综合作用的反映。这就要求在进行复垦土地适宜性评价单元类型划分时，要结合各因素之间的相互关系、组合方式以及对土地质量的影响考虑。

2）主导因素原则。在综合分析的基础上，对不同时期、不同部位出现的参评单元类型的主导因素作出较为准确的判断，尤其要注意同一参评单元类型在复垦不同空间的主导因素的转换。

3）最佳效益原则。在若干个土地单元类型中，应该筛选出通过复垦可产生经济、生态和社会三大效益高度统一的单元类型，而且应与该区域的土地生态环境相协调一致。即此单元的复垦还应充分考虑经济条件，以最小的复垦投入获得最大的产值，减少自然灾害和促进社会进步的生态效益和社会效益。

4）因地制宜的原则。在评价损毁土地适宜性评价时，应当分别根据评价区域性和差异性等具体条件确定其利用方向，不能强求一致。

5）自然属性与社会属性相结合，以自然属性为主的原则。待复垦土地的评价，一方面要考虑其自然属性（土地质量），同时也要考虑社会属性，如社会需要、资金来源等。在评价时应以自然属性为主来确定复垦方向，但也必须顾及社会属性的许可。

（3）划分方法

目前，从国内外工作实践来看，待复垦土地评价单元的划分大致有四种方式：一是以土地类型单元作为评价单元，以土壤、地貌、植被和土地利用现状的相对一致性作为划分依据；二是以土壤分类单元作为评价单元，划分依据是土壤分类体系；三是以使用功能作为评价单元；四是以行政区划单位作为评价单元。本项目待复垦区土地适宜性评价单元划分方法采取第四种，即以行政区划单位为评价单元。

（4）划分结果

根据使用行政区划单位划分，分为：上蒜镇牛恋村民委员会小渔村复垦地块、上蒜镇河泊村民委员会大河尖村复垦地块、上蒜镇河泊村民委员会河泊村复垦地块和上蒜镇石寨村民委员会下海埂村复垦地块、新街镇梁王村民委员会梁王村采石场复垦地块、新街镇海晏村民委员会小海晏村复垦地块、新街镇海晏村民委员会大海晏村复垦地块、新街镇团山村民委员会杨叉沟村和冷库复垦地块、新街镇沙堤村民委员会花椒咀村复垦地块、新街镇沙堤村民委员会黄家地村复垦地块、新街镇沙堤村民委员会兴龙村复垦地块、新街镇安乐村民委员会安乐村复垦地块、新街镇三合村民委员会下村复垦地块、新街镇三合村民委员会牛头村复垦地块，共 15 个评价单元。

4. 复垦利用方案选择

方案 1：复垦为湿地。湿地是位于陆生和水生生态系统之间的过渡性地带，以水生植物为植物优势种，底层土主要是湿土，湿地对水源要求较高。

方案 2：复垦为耕地。耕地是以种植农作物为主的土地，对地形坡度、土地的耕作层、土壤肥力、有机质含量、水分、通透性等理性具有较高的要求。

方案 3：复垦为园地。园地是种植以采集果、叶、根茎等为主的多年生木本和草本植物的土地，对海拔、土壤肥力、气候、光照条件、温度、水分、经营管理等条件具有较高的要求。

方案 4：复垦为林地。林地是指生长乔木、竹类、灌木、沿海红树林的土地。一般情况下，林地对土地理性要求比耕地、园地的要求低。但培育林地时所选树种对气候、水文、排水等条件要求较高，以最大限度地保证树苗成活率。另一方面，大面积的林地具有涵养水源、保持水土、净化空气、美化环境的优点。

方案 5：复垦为牧草地。牧草地是指生长草本植物为主、用于发展畜牧业的土地。一般情况下，牧草地对土地（尤其是土壤）的理性要求低于耕地、园地的要求，但牧草对海拔、气温和日照等条件的要求较高；与此同时，牧草地主要用于发展畜牧业，调整产业结构。

拆旧地块总体坡度为 2°～20°，年均降雨量约 1654.6mm。此外，项目区周边无大型工矿企业，区内土地资源通过土地平整和土壤培肥、翻耕等措施，完全可满足植物生长需求。因此项目区土地具备的自然条件较优越，复垦后土地均能达到上述后 4 个复垦方案的基本要求。但是根据项目区拆旧地块实际情况和优先复垦为耕地原则，将拆旧区土地复垦为耕地和林地，配套建设田间道路和水利设施，保证复垦后耕地的质量，保障土地资源的可持续利用。

5. 土地适宜性评价因素的选择

参评因素应选择那些对土地利用影响明显而相对稳定的因素，以便通过因素指标值的变动判定土地的适宜状况。

根据云南省实施土地复垦的经验，对于复垦为湿地的部分，选取两大类参评因素（非生物因素和生物因素）共 8 项参评因子，非生物因素为水文与排水条件、水质、地形坡度、年平均降雨量、土壤质地及有效土层厚度；生物因素为植物种类和动物种类（表 10-3）。

复垦为林地的区域共选出 5 项参评因子（限制因素），分别为：地形坡度、有效土壤厚度、土壤盐咸化程度、灌溉条件、基岩裸露。

表 10-3　复垦土地主要限制因素的湿地等级标准

限制因素及指标		湿地评价	限制因素及指标		湿地评价
	≤200mm：干旱地区	不		<3°	1
年平均降雨量	200～400mm：半干旱地区	不	地形坡度	4°～7°	2
	400～800mm：半干旱、半湿润地区	3		8°～15°	3

续表

限制因素及指标		湿地评价	限制因素及指标		湿地评价
年平均降雨量	800～1600mm：湿润地区	2	地形坡度	16°～25°	不
	≥1600mm：丰水地区	1		25°～35°	不
水质	III级	1		>35°	不
	IV级	2	水文与排水条件	不淹没或偶然淹没，排水条件好	3/不
	V级	3		季节性短期淹没，排水条件较好	3
土壤质地	壤土	1		季节性较长期淹没，排水条件差	2
	黏土、沙壤土	2		长期淹没，排水条件很差	1
	重黏土、沙土	3		>100	1
	沙质土、砾质	3/不	植物种类	99～50	2
有效土壤厚度/cm	>100	1		<10	3
	99～60	2		>100	1
	59～30	3	动物种类	99～50	2
	10～29	3		<10	3
	<10	不			

项目区滇池界桩以内区域土地质量总体上较好，水文与排水条件也较好，适宜作为湿地，另外新街镇沙堤村民委员会兴龙村地块和新街镇沙堤村民委员会黄家地村地块的条件也较好，优先复垦为湿地，种植水草籽。新街镇梁王村民委员会梁王村采石厂地块以及调查界桩线以外的区域考虑到水分条件的限制，考虑将其复垦为林地，种植乔木。

第三节　复　垦　措　施

1. 复垦原则

（1）自然恢复为主的原则

湖滨带生态修复应遵守湖滨地质发育特点，遵循湖滨带水-陆生态系统的作用及演化规律，充分发挥自然恢复的能力。

（2）保护优先的原则

湖滨带生态修复应注意对湖滨带自然状态良好的区域的保护，避免对其进行干预或干扰。

（3）生态功能保护为主的原则

坚持以湖滨带生态功能保护为主，避免利用湖滨带对流域污水进行拦截净化。

（4）生境改善先行的原则

依据生境决定生态系统的原理，控制湖滨带内、外围污染源，恢复湖滨生境，为湖滨带生态修复创造条件。

（5）整体设计、分阶段修复的原则

全湖湖滨带生态修复应进行整体设计，充分考虑湖滨带对湖泊的生态环境影响；同时应充分考虑湖泊整体的富营养化水平及其变化，对生态修复分阶段进行，以适应湖滨生态自然演变的规律。

（6）避免引入外来种的原则

湖滨带生态修复应充分利用流域内土著物种进行生态修复，避免引入外来物种。

2. 复垦质量要求

本工程项目主要是对拆旧区建筑及构筑物进行拆除、垃圾清理、场地平整、客土回填后，按照要求将其作为湿地和林地使用。

1）复垦为湿地区域：地表土壤厚度为 20～40cm；

地表要平整，水源水质要有保证，土壤有机质大于 6，PH 达到 4～7，利于水生作物生长。

2）复垦为林地：地表土壤厚度不小于 30cm；

栽植林木标准：因地制宜选择树种品种，适地栽植苗木，优先选择乡土树种，推荐树种中山杉。植树密度 2500 株/hm²，植树穴坑按照 0.5m×0.5m×0.5m 规格进行设计，种植株、行距 2m×2m。

林木管护标准：对栽植林木进行林木管护，当年造林成活率达 85% 以上，2 年后保存率达 80% 以上，2 年后郁闭度 0.30 以上。

3. 复垦措施

复垦为湿地的部分主要是在滇池界桩线以内的区域（如遇道路则以道路为界）和有长流水作为水源保证的部分，将其复垦为湿地，散播水草籽；剩余的部分全部复垦为林地并栽种乔木。

湿地区域的水源保证：除了新街镇沙堤村民委员会兴龙村复垦地块和新街镇沙堤村民委员会黄家地村复垦地块是靠流经该区块的沟渠提供水源保证外，其余湿地均依靠滇池季节性涨水或引水入滇工程实施后使滇池水位上涨对湿地提供季节性或长期淹没。

项目区土地复垦面积 20.8865hm²，复垦率为 99.01%。复垦规划为：湿地 8.2950hm²，有林地 12.5916hm²。根据项目施工的特点和当地的实际情况，提出土地复垦的措施主要有工程技术措施和生物措施。

（1）工程技术措施

1）村落基底改造设计清除民房人工填筑的直立砌石基础，就近抛填在湖滨区，使湖滨带滩地恢复成原有平缓渐变、高低错落自然的岸坡；将宅基按自然坡比拆除至水面以下，上部石料与宅基内的土料混合后，就地抛填在宅基外侧，形成斜坡。这样既不影响湖滨带生态结构的完整恢复，又适当保留了村落下部基础，发挥其护岸固岸与消浪的作用，为水生植物的生长与恢复创造有利条件。拆除建筑物、构筑物之后，需进行场地平整，为保证接下来生物工程的顺利实施，仍需要进行 30cm 的土壤回填。

2）工程技术措施的主要路线和方法为：建筑物拆除→垃圾清运（部分就近抛填）→场地平整→客土回填 30cm（湿地区域进行松土）。

a. 清理工程。建筑物拆除 208865m²，垃圾清运 68956m³，将拆除的部分废弃物拉运至就近的湖滨区进行抛填，使湖滨带滩地恢复成原有平缓渐变、高低错落自然的岸坡。

b. 土壤重构工程。针对复垦区域 20.8865hm² 进行 30cm 客土回填；进行推平，平整深度为 30cm，然后对复垦为湿地的区域进行松土，翻耕深度不小于 30cm，对复垦为林地的区域进行 30cm 覆土，客土回填 75104m³。

（2）生物措施

工程复垦措施实施后，必须采取生物措施，恢复植被，有效控制项目区的水土流失，改善项目区的生态环境。生物措施的实施是实现土地复垦的关键环节。植物物种选择上，以生物多样性保护为主的修复区，应根据历史调查数据，确定合理的物种数及种类，在此基础上，尽量多地选择物种；以入湖径流净化为主的修复区，应选择污染物富集能力强的本土物种；以水土保持与护岸为主的修复区，应选择固土能力强的物种，也就是筛选先锋种。筛选先锋种应考虑水生植物生物学特性、耐污性及对 N、P 去除能力和生态系统演替规律，并遵循：满足功能需求、本地种优先、适应当地环境、最小风险和最大效益原则。

A. 湿地水生植物工程设计

a. 立地条件。

项目区属低纬度高原亚热带季风气候区，多年平均气温为 15.7℃，平均最高气温 21.6℃，平均最低气温 9.7℃，极端最高气温 31.6℃，极端最低气温-6.2℃，平均无霜期 313d，年气温变化平稳，干湿季分明，多年平均降雨量 907.1mm，干季（11 月至翌年 4 月）的平均值为 120mm，占全年降雨量的 13.3%，雨季（5 月至 10 月）平均降雨量 780mm，占全年降雨量的 86.7%。地处湖滨区，湿地区域临接滇池，有水源保证。复垦后土壤质地仍为红壤，PH 为 5～7，滇池水质为Ⅴ级，满足大多数水生植物的生长需求。湿地区域选择水草作为主要的湿地植被。

b. 水草撒播工艺。

草籽撒播前要求场地平整、表层土壤已翻松、杂物已剔除，施以除杂草药物，然后根据待播的场地，准确地称量草籽，做好记录。水草籽撒播要把握好播种质量，并要搞好种子处理和催芽。可将经过精选消毒的水草籽装入尼龙纤维编织袋中，放入盛有温水的容器中，通过搅拌将水温调至 35～36℃，浸种 4h，起水后稍滤干水，趁热马上用农膜包裹 5～6 层，放在干燥避风处，四周及顶层用稻草等松软保温质覆盖保温。以后每隔 8h 将种子与袋子一起放入 35℃的温水中浸 2～3min，沥水后仍照旧包好保温堆放，继续保温催芽，经过 48～52h，即可全部破胸出芽。可抢晴天及时播种，天气不好则保温摊芽。

c. 撒播标准。

水草籽的撒播按照 30kg/hm² 的标准，种子可以经过催芽处理后再进行撒播，这样可以保证水草的成活率。

d. 抚育管理。

播种后前 5～7d，仍需做到科学控水，之后需要追施一次肥料，并注意防治病虫害。经常对其进行巡逻观察，发现问题及时解决并做好记录。

B. 林地植树工程设计

a. 立地条件。

项目区属低纬度高原亚热带季风气候区，气候资源丰富，类型多样，有明显的"立体季风"特征，冬无严寒，夏无酷暑，多年平均气温为 15.7℃，平均最高气温 21.6℃，平均最低气温 9.7℃，极端最高气温 31.6℃，极端最低气温-6.2℃，平均无霜期 313d，年气温变化平稳，干湿季分明，多年平均降雨量 907.1mm，干季（11 月至翌年 4 月）的平均值为 120mm，占全年降雨量的 13.3%，雨季（5 月至 10 月）平均降雨量 780mm，占全年降雨量的 86.7%。地处湖滨区，总体地势平坦，坡度为 3°～5°，海拔为 1887～1895m，土壤以红壤土为主。

b. 树种选择。

根据滇池生态建设的要求以及到目前为止在滇池湖滨生态湿地建设过程中积累的技术经验，主要选择中山杉作为水土保持林树种进行种植。

中山杉为落羽杉属树种，是杉科落叶或半常绿乔木，原产北美洲和墨西哥。其不仅具有生长快、树型优美、材质优良、抗风性强、适应性广等优点，而且耐湿性强，在地下水位较高的地方亦可以生长，即使在短期积水浸泡的情况下也能安全度过，可广泛应用于平原绿化造林、农田林网、沿海防护林带及城市绿化。此外，根据昆明市滇池生态研究所长期以来做的大量试验、示范项目证明，中山杉不仅能在污水中生长，而且还是做家具的优质木材，是湿地经济开发与利用的理想树种。

c. 种植标准。

种植方式：挖穴、带土移植苗木、造林，造林季节为每年的 11 月至翌年 4 月底均可。

为保证成活率和栽后较快恢复生长，尽量要做到随挖、随种、随养护，雨天和土壤湿度过大时都不宜种植；栽后需立即浇水，水量要充足，使根系能与穴周围土壤接触，以便很快吸水恢复生长。若受到其他工程的完成工期的限制，不能在正常季节种植，那么就需要采取非种植季节植树的措施：①必须带有完好的大于正常季节一个规格的土球；②进行强度修剪，只保留原有树冠骨架；③剪后栽毕立即对树干和二级枝缠以稻草绳或塑料薄膜，以防失水；④夏季每天不少于 3 次对树冠喷雾保湿。

种植密度：造林密度株行距为 2m×2m（行距×株距），即每公顷种植苗木约 2500 株，每个坑穴开挖断面尺寸为 0.5m×0.5m×0.5m（长×宽×深）。

d. 抚育管理。

首先要及时检查树体有无伤口或腐烂部位，用药处理，对直径 10cm 以上的大树冬季用石灰进行涂白，清除越冬病原虫卵。

在栽后第一年特别注意水分的供应，要保证树木伏旱不缺水。浇水要一次浇透，防止地表径流损失。

在树冠尚未密闭的情况下，树木周围往往杂草丛生，需每月松土除草一次，或采用不伤树木的除草剂（但不能达到疏松土壤的目的）。

在栽后的一二年内最好适当施肥，以有机肥为主，每株施 0.5～1kg 饼肥或 10～15kg 农家肥，在树干两侧沟施。

落羽杉属树种病虫害较少，但在进行中山杉苗圃育苗和小苗移栽时注意地老虎噬食根部表皮导致苗木死亡，在整地时可施呋喃丹杀虫；另外在造林时要注意间作物的选择，有的间作物的害虫也会危害中山杉。

中山杉种植措施见表 10-4。

表 10-4　植物措施配置情况表

立地条件特征	平均海拔 1877～1895m，红壤，偏酸性，土层厚度≥0.3m
植物名称及比例	中山杉
株行距	2m×2m
初植密度	2500 株/hm²
整地	块状整地，挖坑 50cm×50cm×50cm
苗木	乔木半年生容器苗，灌木 1m 左右的容器苗
种植季节	植苗在雨季进行
抚育管理	造林次年补植，第二、第三年每年夏季除草培土 1 次；防病虫害、防牲畜和人为损害措施，注意施肥，根据需要修枝

4. 管护措施

（1）总体要求

以保障整个工程区的稳定性和工程效益的持续性为目标，在对工程区生态环境监测的基础上，建立合理的管理机制，通过对基底、植被、外来物种、区域内人为活动的日常管理，使得生态修复后的湖滨带趋于自我维持的状态。

（2）管理经费与机制

在工程设计时，应测算工程管理所需经费、设备、人员，明确工程建成后的管理机制。

（3）工程生态环境监测

应至少进行湖泊高、中、低水位下的 3 次监测。

（4）日常管理技术要求

植被群落管理主要包括对生长较好区植被的保育，对生长过于旺盛区植被的收割管理、对所有植被在枯死期的收割移除，对长势较差区的植被补植，对所有植被进行病虫害的防治，对工程区内外来物种进行严格控制和清除。

在水质净化功能区，对于植被生物量过大的局部区域，在生长旺盛期（7～8 月）进行适当的收割调整，保证水生植物有合适的现存量，起到抑制藻类生长，吸收、吸附和拦截营养盐及颗粒物的作用；在植被枯死期（一般在 10 月至翌年 2 月），实施收割并将植物残体及时移出湖滨带。病虫害防治应以防为主，早观察、早发现，要防早、治小，将病虫害控制在发展初期。除了尽早发现病虫害，还要慎重对待，科学防治，尽量采用生物控制的方法，利用虫害天敌等驱虫治病，减少农药施用量，保护环境。及时清除外来入侵物种，连同垃圾清理时同步清除，防止对湖滨带生态系统产生危害。对于湖滨带内的死亡水生植物和枯枝败叶要及时清理，防止产生二次污染。具体按以下措施进行管护。

1) 水草播种后，要及时监测其发芽及生长状况，对不理想的区域进行补种。还需注意病虫害的防治，每亩可以用 100g 药剂，兑水 50～60kg，在晴天下午三点以后喷施两次，间隔 7d 一次。树苗栽种以后，及时浇水灌溉（可以用农用车拉水浇灌）特别是在幼苗的保苗期和干旱、高温季节，造林后及时灌水 2～3 次，乔木每次每穴 20kg，灌木每次每穴 10kg，干旱年份增加灌水次数；春季注意多浇水，一般春季 5～7 次，秋季 4～5 次；项目区夏季降水较多，可适当减少浇水，主要为保证苗木不受损；浇水 1～2d 后检查是否有裂缝、塌陷现象，一旦发现应及时培土压实。

2) 对缺苗处或草籽萌发率低处进行补植或补撒，并人工穴内除草（杂草铺放在穴内，以减少蒸发）。

3) 新造幼林或幼草要封育，严禁放牧，要除草松土，防止鼠害兔害，并对病虫害及缺肥症状进行观察，记录，一旦发现，立即采取喷农药或施肥等相应措施；每年穴内除草，定时整形修枝。

4) 建立监测系统，对复垦区的植被生长进行监测记录，如有不良情况，及时解决。

（5）人为活动管理

A. 人为损坏活动的管理

定期巡查并防止居民对湖滨植被采收等人为损坏的活动。

B. 放牧等人类活动的管理

定期巡查并禁止工程区的放牧活动。

C. 垃圾清理

在径流入口有设置格栅处，每天清理垃圾，水生植物残体按垃圾处理。定期清理湖滨带外围输移进入湖滨的垃圾。

第四节　复垦工程量和投资估算

1. 工程量测算

项目区 15 个地块，复垦面积共 20.8865hm²，复垦为湿地 8.2950hm²，林地 12.5916hm²。

建筑物拆除 208865m²，垃圾清运 689560m³，场地平整 20.8865hm²，将拆除的废弃物拉运至晋宁县市政重点工程配套项目临时用地堆放。针对复垦区域进行 30cm 客土回填；对复垦为湿地的区域进行松土，进行 30kg/hm² 的水草籽撒播，对林地区域进行乔木种植，种植密度以 2500 株/hm² 为基准，栽种乔木 12.5916hm²，合计 31482 株。各地块具体工程设计见表 10-5，工程量计算以上蒜镇牛恋村民委员会小渔村复垦地块工程量计算为例，详见表 10-6。

表 10-5　各复垦单元工程设计情况表

复垦单元	土壤重构工程（湿地）/m³	土壤重构工程（林地）/m³	植被重建工程（水草）/hm³	植被重建工程（树木）/株	清理工程（建筑物拆除）/m³
上蒜镇牛恋村民委员会小渔村复垦地块	4629	7382	1.03	6152	9200
上蒜镇河泊村民委员会大咀头村复垦地块	4459	165	0.99	138	4267
上蒜镇石寨村民委员会下海埂村复垦地块	0	1639	0.00	1366	2916
新街镇海晏村民委员会小海晏村复垦地块	0	1441	0.00	1201	2279
新街镇团山村民委员会杨叉沟村、冷库复垦地块	825	2060	0.18	1716	5924
新街镇沙堤村民委员会兴龙村复垦地块	7400	0	1.64	0	6548
新街镇安乐村民委员会安乐村复垦地块	330	2137	0.07	1781	2628
新街镇三合村民委员会牛头村复垦地块	0	2548	0.00	2124	1408
上蒜镇河泊村民委员会大河尖村复垦地块	148	3941	0.03	3284	7074
上蒜镇河泊村民委员会河泊村复垦地块	9711	2971	2.16	2476	14542
新街镇梁王村民委员会梁王村采石场复垦地块	0	11510	0.00	9592	82
新街镇海晏村民委员会大海晏村复垦地块	3063	0	0.68	0	2209
新街镇沙堤村民委员会花椒咀村复垦地块	574	908	0.13	756	1217
新街镇沙堤村民委员会黄家村复垦地块	6187	0	1.37	0	5076
新街镇三合村民委员会下村复垦地块	0	1076	0.00	896	3586
合计	37326	37778	8.30	31482	68956

表 10-6　上蒜镇牛恋村民委员会小渔村复垦地块工程量汇总表

序号	名称及规格	工程量	单位
一	上蒜镇牛恋村民委员会小渔村复垦地块		
（一）	土壤重构工程（湿地）		
（1）	1m³ 挖掘机挖装自卸汽车运土运距 1.5～2km，自卸汽车柴油型载重量 8t	30.86	100m³
（2）	推土机推土（一、二类土）推土距离 10～20m 基价×0.8，推土机功率 74kW 推土机推松土	15.43	100m³
（二）	土壤重构工程（林地）		
（1）	1m³ 挖掘机挖装自卸汽车运土运距 1.5～2km，自卸汽车柴油型载重量 8t	73.82	100m³

序号	名称及规格	工程量	单位
（三）	植被重建工程（水草，树木）		
（1）	覆土撒播（水草籽）	1.0289	hm²
（2）	栽植乔木（裸根胸径在6cm以内）	61.52	100株
（四）	清理工程（建筑物拆除）		
1	建筑物拆除		
（1）	砌体拆除水泥浆砌砖	14.54	100m³
（2）	机械拆除无钢筋混凝土	23.38	100m³
（3）	机械拆除有钢筋混凝土	8.08	100m³
（4）	1m³挖掘机挖装自卸汽车运土（垃圾填埋）运距0.5～1km，自卸汽车柴油型载重量8t	46	100m³

2. 投资估算

（1）基础单价编制依据

A. 人工单价

本项目人工单价按全国各地区工资区类别表划分为十类工资区，本项目属六类工资区，养老保险甲类工按《云南省劳动和社会保障厅文件》云劳社办〔2005〕231号相关规定，取费费率为20%，住房公积金甲类工按《住房公积金管理条例》规定，取费费率为5%，经计算甲、乙类的工资分别为52.05元/工日、39.61元/工日（表10-7、表10-8）。

表10-7　甲类工预算工日单价计算表

序号	项目	计算式	单价/（元/工日）
1	基本工资	540.00元×1.0000×12÷（250−10）	27.000
2	辅助工资	（1）＋（2）＋（3）＋（4）	6.689
（1）	地区津贴	0.00元×12÷（250−10）	0.000
（2）	施工津贴	3.5×365×95.00%÷（250−10）	5.057
（3）	夜餐津贴	（4.5＋3.5）÷2×20.00%	0.800
（4）	节日加班津贴	27.000×（3−1）×11÷250×35.00%	0.832
3	工资附加费	（1）＋（2）＋（3）＋（4）＋（5）＋（6）＋（7）	18.360
（1）	职工福利基金	（27.000＋6.689）×14.00%	4.716
（2）	工会经费	（27.000＋6.689）×2.00%	0.674
（3）	养老保险费	（27.000＋6.689）×20.00%	6.738
（4）	医疗保险费	（27.000＋6.689）×10.00%	3.369
（5）	工伤、生育保险费	（27.000＋6.689）×1.50%	0.505
（6）	职工失业保险基金	（27.000＋6.689）×2.00%	0.674
（7）	住房公积金	（27.000＋6.689）×5.00%	1.684
合计	人工工日预算单价	1＋2＋3	52.05

表 10-8 乙类工预算工日单价计算表

序号	项目	计算式	单价/（元/工日）
1	基本工资	445.00 元×1.0000×12÷（250−10）	22.250
2	辅助工资	（1）＋（2）＋（3）＋（4）	3.384
（1）	地区津贴	0.00 元×12÷（250−10）	0.000
（2）	施工津贴	2.0×365×95.00%÷（250−10）	2.890
（3）	夜餐津贴	（4.5＋3.5）÷2×5.00%	0.200
（4）	节日加班津贴	22.250×（3−1）×11÷250×15.00%	0.294
3	工资附加费	（1）＋（2）＋（3）＋（4）＋（5）＋（6）＋（7）	13.972
（1）	职工福利基金	（22.250＋3.384）×14.00%	3.589
（2）	工会经费	（22.250＋3.384）×2.00%	0.513
（3）	养老保险费	（22.250＋3.384）×20.00%	5.127
（4）	医疗保险费	（22.250＋3.384）×10.00%	2.563
（5）	工伤、生育保险费	（22.250＋3.384）×1.50%	0.385
（6）	职工失业保险基金	（22.250＋3.384）×2.00%	0.513
（7）	住房公积金	（22.250＋3.384）×5.00%	1.282
合计	人工工日预算单价	1＋2＋3	39.61

B. 材料单价

本项目主要材料预算价格参照《云南省建设工程材料及设备价格信息》（2014 年 4 月）的预算价格。主要材料的预算价格如表 10-9 所示。

表 10-9 材料预算价格计算表

名称及规格	单位	价格/元	
		预算价格	材料限价
主要材料			
柴油	kg	8.64	4.50
树苗	株	15.00	5.00
次要材料			
水草籽	kg	25.00	——
水	m³	2.00	——
电	kW·h	0.58	——
风	m³	0.10	——

C. 施工机械台班单价

本项目执行土地开发整理项目《机械台班定额》，按一、二类费用分别计算，详见表 10-10。

表 10-10　机械台班预算单价计算表

定额编号	机械名称及规格	台班费/元	一类费用小计/元	二类费用													
				二类费合计/元	人工费		动力燃油费小计/元	汽油/		柴油		电		水		风	
					工日/d	金额/元		数量/kg	金额/元	数量/kg	金额/元	数量/(kW·h)	金额/元	数量/m³	金额/元	数量/m³	金额/元
1004	单斗挖掘机油动斗容1m³	764.51	336.41	428.10	2.00	104.10	324.00			72.00	324.00						
1013	推土机功率59kW	377.56	75.46	302.10	2.00	104.10	198.00			44.00	198.00						
4012	自卸汽车柴油型载重量8t	522.57	206.97	315.60	2.00	104.10	211.50			47.00	211.50						
1014	推土机功率74kW	559.09	207.49	351.60	2.00	104.10	247.50			55.00	247.50						
6001	电动空气压缩机移动式3m³/min	140.71	28.92	111.79	1.00	52.05	59.74					103.00	59.74				
1052	手持式风镐	36.24	4.24	32.00			32.00									320.00	32.00

（2）费用构成及取费标准

结合生产建设项目土地复垦工程特点，土地复垦工程费用可由工程施工费、设备费、其他费用等组成。

A. 工程施工费

工程施工费由直接费、间接费、利润和税金组成。

a. 直接费。直接费包括直接工程费和措施费。

①直接工程费：直接工程费由人工费、材料费、施工机械使用费组成。

人工费＝Σ分项工程量×分项工程定额人工费。

分项工程定额人工费是人工单价与定额消耗标准的乘积。

材料费＝Σ分项工程量×分项工程定额材料费。

人工工日单价，分甲、乙两类技术等级，根据《土地开发整理项目预算定额标准》，按晋宁地区工资类别为六类计取，计算结果如下为：甲类为 52.05 元/工日；乙类为 39.61 元/工日。

定额材料费按是定额中各种材料概算价格与定额消耗量的乘积之和。材料概算价格应按当地物价部门提供的市场指导价。主要材料预算价格依据近期晋宁县价格信息确定关系主材单价，价格计取其到达工地价，已含运杂费、保险费、采购及保管费。

施工机械使用费根据财政部、国土资源部《土地开发整理项目施工机械台班费定额》，机上人工费按甲类工标准计取。

②措施费：措施费包括临时设施费、冬雨季施工增加费、夜间施工增加费、施工辅助费、特殊地区施工增加费和安全施工措施费。其中特殊地区施工增加费因项目地处西南，按规定不计列，其他按《暂行规定》取值（表 10-11）。

表 10-11　临时设施费费率表

序号	工程类别	计费基础	费率/%
1	土方工程	直接工程费	2
2	石方工程	直接工程费	2
3	砌体工程	直接工程费	2
4	混凝土工程	直接工程费	3
5	农用井工程	直接工程费	3
6	其他工程	直接工程费	2
7	安装工程	直接工程费	3

冬雨季施工增加费：按费率 0.7%～1.5%的规定结合项目施工组织设计，取值为 0.7%，计费基础为直接工程费。

夜间施工增加费：仅对混凝土等连续施工作业部分，建筑工程按直接工程费的 0.2%计算，安装工程按直接工程费的 0.5%计算，本工程不计。

施工辅助费：建筑工程及安装工程费率分为直接工程费的 0.7%和 1.0%。

特殊地区施工增加费：本工程不计取。

安全施工措施费：按直接工程费的百分比计算，其中：安装工程为 0.3%，建筑工程为 0.2%。故措施费费率取值见表 10-12。

表 10-12　措施费费率表　　　　（单位：%）

序号	工程类别	计费基础	临时设施费	冬雨季施工增加费	施工辅助费	安全施工措施费	合计费率
1	土方工程	直接工程费	2	1.1	0.7	0.2	4
2	石方工程	直接工程费	2	1.1	0.7	0.2	4
3	土石方工程	直接工程费	2	1.1	0.7	0.2	4
4	混凝土工程	直接工程费	3	1.1	0.7	0.2	5
5	农用井工程	直接工程费	3	1.1	0.7	0.2	5
6	其他工程	直接工程费	2	1.1	0.7	0.2	4
7	安装工程	直接工程费	3	1.1	1.0	0.3	5.4

b. 间接费。间接费包括规费和企业管理费。结合土地复垦的特点，间接费取费详见表 10-13。

表 10-13　间接费费率表

序号	工程类别	计费基础	费率/%
1	土方工程	直接费	5
2	石方工程	直接费	6
3	砌体工程	直接费	5
4	混凝土工程	直接费	6
5	农用井工程	直接费	8
6	其他工程	直接费	5
7	安装工程	人工费	65

c. 利润。施工企业完成所承包工程获得的盈利。取费依据财政部、国土资源部《土地开发整理项目预算定额标准》（财综〔2011〕128 号），按直接费与间接费之和的 3% 计取。

d. 税金。依据项目所在地的税收计取办法和土地开发整理行业规定，税金按国家税法规定应计入工程造价内的营业税（3%）、城市维护建设税（1%）、教育费附加（3%）征收，云南省根据云政办发〔2005〕93 号文，云南省各行业工程建设项目还需计取地方教育附加，地方教育附加按 2% 的标准征收，详见云财综〔2011〕46 号文的相关规定。

本工程项目地为农村，计取"三税"税率的标准为 3.22%；增加地方教育费附加后综合税率调整为 3.28%，故：税金=（直接费+间接费+利润）×税率 3.28%。

B. 设备费

设备费由设备原价、运杂费、运输保险费、采购及保管费组成。

C. 其他费用

其他费用由前期工作费、工程监理费、竣工验收费和业主管理费组成。

a. 前期工作费。前期工作费指土地开发整治项目在工程施工前所发生的各项支出。包括土地清查费、土地复垦方案编制费、项目勘测费、设计费以及为保证项目开展的科学研究试验等费用。取费依据财政部、国土资源部《土地开发整理项目预算定额标准》财综〔2011〕128 号标准：

①土地清查费按照工程施工费的 0.5% 计算。土地清查费=工程施工费×费率（0.5%）。按照取费标准计算得到金额为 3.91 万元。

②土地复垦方案编制费以工程施工费与设备购置费之和作为计费基数，采用分档定额计费方式计算，各区间按内插法确定。本项目工程施工费与设备购置费之和为 781.75 万元，大于 500 万元，因此按照取费标准计算得到金额为 5.85 万元。

③项目勘测费按工程施工费的 1.5% 与（项目工程属于丘陵地区，要乘 1.1 的系数）。项目勘测费=工程施工费×费率（1.65%）。按照取费标准计算得到金额为 12.90 万元。

④设计费以及为保证项目开展的科学研究试验等费用以工程施工费与设备购置费之和作为计费基数，采取分档定额计费方式计算（项目地貌类型为丘陵/山区的可以乘以 1.1 的调整系数），各区间按内插法确定。本项目工程施工费与设备购置费之和为 781.75 万元，大于 500 万元，因此按照取费标准计算得到金额为 23.46 万元。

b. 工程监理费。工程监理费指项目承担单位委托具有工程监理资质的单位，按国家有关规定进行全过程的监督与管理所发生的费用。取费依据财政部、国土资源部《土地开发整理项目预算定额标准》财综〔2011〕128 号标准，以工程施工费与设备购置费之和作为计费基数，采用分档定额计费方式计算，各区间按内插法确定。本项目工程施工费和设备费之和为 781.75 万元，大于 500 万元，采用分档定额计费方式计算得到金额为 17.63 万元。

c. 竣工验收费。竣工验收费=工程复核费+竣工验收与决算费+项目决算编制与审计费+土地重估与登记费+标识设定费。

①工程复核费以工程施工费与设备购置费之和作为计费基数，采用差额定率累进法计算。本项目工程施工费与设备购置费为 781.75 万元，因此按照差额定率累进法计算得到金额为 5.33 万元。

②竣工验收与决算费以工程施工费与设备购置费之和作为计费基数，采用差额定率累进法计算。本项目工程施工费与设备购置费为 781.75 万元，因此按照差额定率累进法计算得到金额为 10.66 万元。

③项目决算审计费以工程施工费与设备购置费之和作为计费基数，采用差额定率累进法计算。本项目工程施工费与设备购置费为 781.75 万元，因此按照差额定率累进法计算得到金额为 7.54 万元。

④整理后土地的重估与登记费以工程施工费与设备购置费之和作为计费基数，采用差额定率累进法计算。本项目工程施工费与设备购置费为 781.75 万元，因此按照差额定率累进法计算得到金额为 4.94 万元。

⑤标识设定费以工程施工费与设备购置费之和作为计费基数，采用差额定率累进法计算。本项目工程施工费与设备购置费为 781.75 万元，因此按照差额定率累进法计算得到金额为 0.83 万元。

d. 业主管理费。业主管理费取费依据财政部、国土资源部《土地开发整理项目预算定额标准》财综〔2011〕128 号标准，按工程施工费、设备购置费、前期工作费、工程监理费、竣工验收费之和作为计费基数，采用差额定率累进法计算。本项按照差额定率累进法计算得到金额为 23.85 万元。

（3）估算结果

按照上述依据，经测算，项目总投资为 929.63 万元，单位面积投资为 29672.29 元/亩，复垦周期为 1 年。具体投资详见表 10-14 和表 10-15。

表 10-14　土地复垦投资估（概）算总表

序号	工程或费用名称	预算金额/元	各项费用占总费用的比例/%
1	工程施工费	781.75	84.09
2	设备购置费	0.00	0.00
3	其他费用	120.80	12.99
4	不可预见费	27.08	2.91
总计	总投资	929.63	100.00

表 10-15　土地复垦投资估（概）算总表

序号	费用名称	计算式	预算金额	各项费用占其他费用的比例/%
1	前期工作费	（1）＋（2）＋（3）＋（4）＋（5）	50.02	41.41
（1）	土地清查费	施工费×0.50%	3.91	3.24
（2）	项目可行性研究费	5.00＋1.50÷500×（施工费＋设备费－500）	5.85	4.84
（3）	项目勘测费	施工费×1.65%	12.90	10.68
（4）	项目设计与预算编制费	[14.00＋13.00÷500×（施工费＋设备费－500）]×1.1	23.46	19.42
（5）	项目招标代理费	（施工费＋设备费）×0.50%	3.91	3.24
2	工程监理费	12.00＋10.00÷500×（施工费＋设备费－500）	17.63	14.60
3	竣工验收费	（1）＋（2）＋（3）＋（4）＋（5）	29.30	24.26
（1）	工程复核费	3.50＋（施工费＋设备费－500）×0.65%	5.33	4.41
（2）	工程验收费	7.00＋（施工费＋设备费－500）×1.30%	10.66	8.83
（3）	决算编制与审计费	5.00＋（施工费＋设备费－500）×0.90%	7.54	6.24
（4）	整理后土地重估与登记费	3.25＋（施工费＋设备费－500）×0.60%	4.94	4.09
（5）	标识设定费	0.55＋（施工费＋设备费－500）×0.10%	0.83	0.69
4	业主管理费	14.00＋（施工费＋设备费＋1＋2＋3＋5－500）×2.60%	23.85	19.74
5	拆迁补偿费		0.00	0.00
总计	-	-	120.80	100.00

参 考 文 献

陈锋. 2007. 科学发展观与城市规划[M]. 北京：中国计划出版社.

陈刚. 1996. 从阪神大地震看城市公园的防灾功能[J]. 中国园林, 4：59-61.

陈兴雷, 李淑杰, 郭忠兴. 2009. 吉林省延边朝鲜族自治州土地利用与生态环境协调度分析[J]. 中国土地科学, 7：66-70+78.

城市用地竖向规划规范（CJJ83—99）[S]. 北京：中国建筑工业出版社.

城镇污水处理厂污染物排放标准（GB18918—2002）[S].

崔东旭, 齐慧峰, 江海涛. 2006. 村庄规划与住宅建设[M]. 济南：山东人民出版社：58-68.

但承龙, 王群. 2002. 西方国家与中国土地利用规划比较[J]. 中国土地科学, 1：43-46+48.

地表水环境质量标准（GB3838—2002）[S].

董秀茹, 石水莲, 王秋兵. 2006. 土地集约利用与生态环境的辩证关系研讨[J]. 水土保持应用技术, 03：33-34.

国家技术监督局, 中华人民共和国建设部. 1993. 建筑气候区划标准（GB50178—93）[S].

国土资源部办公厅. 2009. 国土资源部办公厅关于印发市县乡级土地利用总体规划基数转换与各类用地布局指导意见（试行）的通知（国土资厅发〔2009〕10号）[S].

胡馨, 张安明. 2010. 基于熵值法的农村居民点集约利用评价—以重庆市黔江区为例[J]. 中国农学通报, 24：358-362.

黄继辉, 张绍良, 侯湖平. 2007. 城市土地集约利用驱动力系统分析[J]. 广东土地科学, 1：21-24.

蒋克彬, 彭松, 张小海, 等. 2009. 农村生活污水分散式处理技术及应用[M]. 北京：中国建筑工业出版社：11, 75.

黎夏, 叶嘉安. 1999. 约束性单元自动演化CA模型及可持续城市发展形态的模拟[J]. 地理学报, 04：3-12.

李德一, 张树文. 2010. 生态约束的哈大齐区域城市土地开发适宜性评价[J]. 水土保持研究, 17（5）：207-211.

李敏. 2002. 现代城市绿地系统规划[M]. 北京：中国建筑工业出版社.

李宪文, 林培. 2001. 国内外耕地利用与保护的理论基础及其进展[J]. 地理科学进展, 4：305-312.

李雪瑞. 2010. 天津市土地利用变化与城市扩展研究[D]. 北京林业大学.

李振宇, 周静敏. 2013. 不同地域特色的农村住宅规划设计与建设标准研究[M]. 北京：中国建筑工业出版社：12-16.

廖青月, 陈宗祥, 刘友兆. 2010. 基于BP神经网络模型的城市土地集约利用中观评价研究[J]. 资源开发与市场, 12：1089-1092+1153.

廖日红, 申颖洁. 2010. 北京市农村污水综合治理技术指导手册[M]. 北京：中国水利水电出版社：18, 84.

刘丰, 刘静玲, 张婷, 等. 2010. 白洋淀近20年土地利用变化及其对水质的影响[J]. 农业环境科学学报, 10：1868-1875.

刘吉伟, 陈常优. 2008. 新密市农村居民点用地集约利用研究[J]. 农村经济与科技, 05：46-47+56.

刘杰. 2008. 小城镇土地集约利用的内涵与影响因素分析[J]. 国土资源, S1：10-11.

刘盛和, 吴传钧, 陈田. 2001. 评析西方城市土地利用的理论研究[J]. 地理研究, 1：111-119.

刘盛和. 2004. 中国城市化水平省际差异的成因探析[J]. 长江流域资源与环境, 6：530-535.

刘小平, 黎夏, 彭晓鹃. 2007. "生态位"元胞自动机在土地可持续规划模型中的应用[J]. 生态学报, 6：2391-2402.

刘新卫. 2006. 我国土地资源集约利用概述[J]. 国土资源情报, 3：7-13.

刘阳, 吴钢, 高正文. 2008. 云南省抚仙湖和杞麓湖流域土地利用变化对水质的影响[J]. 生态学杂志, 3：447-453.

罗鸿铭. 2004. 城市土地资源集约化配置模式与利用策略选择[J]. 现代财经（天津财经学院学报）, 7：22-25.

骆中钊, 韦明, 吴少华. 2008. 新农村住宅方案100例[M]. 北京：中国建筑工业出版社：10-16.

马佳. 2008. 新农村建设中农村居民点用地集约利用研究[D]. 华中农业大学.

米格尔·鲁亚诺. 2007. 生态城市—60个优秀案例研究[M]. 吕晓惠, 译. 北京：中国电力出版社.

宋观平, 冉瑞平. 2010. 湖南省城市土地集约利用空间差异研究[J]. 中国农学通报, 23：446-450.

孙伟, 陈雯, 段学军, 等. 2007. 基于生态-经济重要性的滨湖城市土地开发适宜性分区研究—以无锡市为例. 湖泊科学, 19（2）：190-196.

孙志波, 许月明. 2007. 城市土地集约利用现状评价研究—以保定市为例[J]. 安徽农业科学, 15：4576-4578.

汤铭潭. 2006. 小城镇规划技术指标体系与建设方略[M]. 北京：中国建筑工业出版社.

天津市环境保护科学研究院, 北京国环清华环境工程设计研究院有限公司. 2012. 农村生活污水处理项目建设与投资技术指南（征求意见稿）[R]..

王家庭, 季凯文. 2008. 城市土地集约利用动力机制研究[J]. 城市问题, 8：9-13+39.

王静, 程烨, 刘康, 等. 2003. 土地用途分区管制的理性分析与实施保障[J]. 中国土地科学, 3：47-51.

王静, 邵晓梅. 2008. 土地节约集约利用技术方法研究：现状、问题与趋势[J]. 地理科学进展, 3：68-74.

王俊起. 2010. 农村户厕改造[M]. 北京：中国建筑工业出版社：5-8.

王丽萍, 周寅康, 薛俊菲. 2005. 江苏省城市用地扩张及驱动机制研究[J]. 中国土地科学, 6：26-29.

王如松, 徐洪喜. 2005. 扬州生态市建设规划方法研究[M]. 北京：中国科学技术出版社：232.

王晓艳, 邓良基, 郑华伟, 等. 2008. 成都市土地集约利用水平及影响因素[J]. 国土资源科技管理, 3：69-73.

王学海, 和艳, 李迎彬. 2013. 城市禁建区规划实践—以昆明中心城区禁建区划定为例[J]. 城市规划, 4：43-49.

韦东, 陈常优, 屠高平. 2007. 影响城市土地集约利用的因素研究—以我国 30 个特大城市为例[J]. 国土资源科技管理, 02：12-16.

吴郁玲, 曲福田. 2007. 中国城市土地集约利用的影响机理：理论与实证研究[J]. 资源科学, 6：106-113.

夏运生, 李阳红, 史静, 等. 2010. 滇池宝象河流域土壤磷的累积及吸附特征研究[J]. 土壤学报, 2：325-333.

肖喜学. 2013. 香港的"大"与北京的"小"—高密度城市生存智慧[J]. 广西城镇建设, 12：18-23.

徐巨洲. 1999. 有关经济全球化与城市发展问题的若干困惑[J]. 城市规划, 11：8-11+64.

杨树海. 2007. 城市土地集约利用的内涵及其评价指标体系构建[J]. 经济问题探索, 1：27-30.

于春艳. 2005. 城市土地集约利用探讨[J]. 安徽农业科学, 7：1333-1334.

俞孔坚, 李迪华, 刘海龙. 2005. "反规划"途径 [M]. 北京：中国建筑工业出版社.

俞孔坚, 王思思, 李迪华, 等. 2010. 北京城市扩张的生态底线—基本生态系统服务及其安全格局[J].城市规划, （2）：19-24.

云南省第十一届人民代表大会常务委员会. 2012. 云南省滇池保护条例》（2012 年 9 月 28 日云南省第十一届人民代表大会常务委员会第三十四次会议通过）[S].

张安录. 2000. 美国农地保护的政策措施[J]. 世界农业, 1：8-10.

张翠翠. 2009. 城市土地集约利用与生态化建设协调发展研究[D].西北大学.

张换兆, 郝寿义. 2008. 城市空间扩张与土地集约利用[J]. 经济地理, 3：419-424.

张宇硕, 白永平. 2010. 甘肃省城市土地利用集约度时空差异研究[J]. 现代城市研究, 12：71-77.

章剑龙, 吕成文. 2007. 安徽省城市扩展及驱动力分析[J]. 安徽师范大学学报（自然科学版）, 6：708-711.

赵丽, 付梅臣, 张建军, 等. 2008. 乡镇土地集约利用评价及驱动因素分析[J]. 农业工程学报, 2：89-94.

中国科学院生态环境研究中心, 重庆大学. 2010. 西南地区农村生活污水处理技术指南（试行）[R].北京：中华人民共和国住房和城乡建设部.

中华人民共和国环境保护部. 2010. 农业固体废弃物污染控制技术导则（HJ 588—2010）[S].北京：中国环境科学出版社.

中华人民共和国环境保护部. 2010 农村生活污染控制技术规范（HJ 574—2010）[S]. 北京：中国环境科学出版社.

中华人民共和国住房和城乡建设部, 中华人民共和国国家质量监督检验检疫总局. 2008. 村庄整治技术规范（GB 50445—2008）[S]. 北京：中国建筑工业出版社.

中华人民共和国住房和城乡建设部. 2010. 农村住房建设技术政策（试行）[S]..

中华人民共和国住房和城乡建设部. 2011. 村庄污水处理设施技术规程（CJJ/T 163-2011）[S].北京：中国建筑工业出版社.

中华人民共和国住房和城乡建设部. 2011. 镇（乡）村绿地分类标准（CJJ/T 168—2011）[S].北京：中国建筑工业出版社.

中华人民共和国住房和城乡建设部. 2012. 环境卫生设施设置标准（CJJ 27—2012）[S].北京：中国建筑工业出版社.

中化人民共和国国土资源部. 2088. 建设用地节约集约利用评价规程（TD/T 1018—2008）[S].

中化人民共和国国务院. 1998. 基本农田保护条例（1998 年 12 月 27 日国务院第 257 号令）[S].

周海丽, 史培军, 徐小黎. 2003. 深圳城市化过程与水环境质量变化研究[J]. 北京师范大学学报（自然科学版）, 2：273-279.

周建春, 朱道林, 郭旭东. 2012. 村镇土地集约利用结构优化与调控技术[M]. 北京：中国财政经济出版社, 100-105.

朱喜刚. 2005. 城市空间集中与分散论[M].北京：中国建筑工业出版社.

《昆明市水资源公报 2011》[R].

ChapinF S Jr，Kaiser E J. 1967. Urban Land Use Planning（3rd ed.）[M]. University of Illinois Press.

Comber A，Brunsdon C，Green E. 2008. Using a GIS based net work analysis to determine urban green space accessibility for different ethnic and religious groups[J]. Landscape and Urban Planning，86（I）：103-114.

Mander U，Jagonaegi J. 1988. Network of Compensative Areas as an Ecological Infrastructure of Territories[C]. Connectivity in Landscape Ecology，Proceedings of the 2nd International Seminar of the International Association for Landscape Ecology，Ferdin and Schoningh，Paderborn：35-38.

Selm A，Van J. 1988. Ecological Infrastructure：a Conceptual Framework for Designing Habitat Networks. In Schrieber[C]. K.-F. （ed.），Connectivity in Landscape Ecology，Proceedings of the 2nd International Seminar of the International Association for Landscape Ecology. Ferdin and Schoningh，Paderborn：63-66.

Smyth A J，Damasky J，S Rendjiam M J，et al. 1993. FESLM：An international frame work for evaluating sustainable land management[R].World Soil Resources Reports.